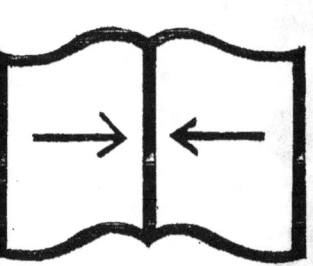

RELIURE SERRÉE
Absence de marges
intérieures

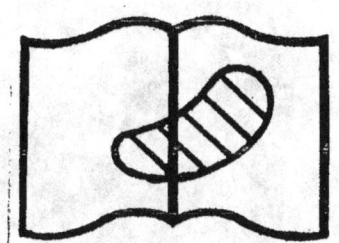

Illisibilité partielle

Début d'une série de documents
en couleur

VALABLE POUR TOUT OU PARTIE
DU DOCUMENT REPRODUIT

XAVIER DE MONTÉPIN

LE MARIAGE DE LASCARS

I

PARIS

LIBRAIRE DE LA SOCIÉTÉ DES GENS DE LETTRES
3, PLACE DE VALOIS, PALAIS-ROYAL

1889
Tous droits réservés.

LIBRAIRIE E. DENTU, ÉDITEUR, PALAIS-ROYAL

ROMANS DE XAVIER DE MONTÉPIN

Collection grand in-18 jésus, à 3 francs le volume.

LA SORCIÈRE ROUGE.	3 vol.	LA BALADINE.	2 vol.
LE VENTRILOQUE.	3 vol.	LES AMOURS D'OLIVIER.	2 vol.
LE SECRET DE LA COMTESSE.	2 vol.	SON ALTESSE L'AMOUR.	6 vol.
LA MAITRESSE DU MARI.	1 vol.	LA MAITRESSE MASQUÉE.	2 vol.
UNE PASSION.	1 vol.	LA FILLE DE MARGUERITE.	6 vol.
LE MARI DE MARGUERITE.	3 vol.	MADAME DE TRÈVES.	2 vol.
LES TRAGÉDIES DE PARIS.	4 vol.	LES PANTINS DE MADAME LE DIABLE.	2 vol.
LA VICOMTESSE GERMAINE (suite des Tragédies de Paris).	3 vol.	LA MAISON DES MYSTÈRES.	2 vol.
LE BIGAME.	2 vol.	UN DRAME A LA SALPÊTRIÈRE.	2 vol.
LA BATARDE.	2 vol.	SIMONE ET MARIE.	6 vol.
UNE DÉBUTANTE.	1 vol.	LE DERNIER DUO D'HALLALI.	4 vol.
DEUX AMIES DE St-DENIS.	1 vol.	LE SECRET DU TITAN.	2 vol.
SA MAJESTÉ L'ARGENT.	5 vol.	LA DEMOISELLE DE COMPAGNIE.	4 vol.
LES MARIS DE VALENTINE.	2 vol.	LES AMOURS DE PROVINCE.	3 vol.
LA VEUVE DU CAISSIER.	2 vol.	LA PORTEUSE DE PAIN.	6 vol.
LA MARQUISE CASTELLA.	2 vol.	LE CRIME D'ASNIÈRES.	2 vol.
UNE DAME DE PIQUE.	2 vol.	LE ROMAN D'UNE ACTRICE.	3 vol.
LE MÉDECIN DES FOLLES.	5 vol.	DEUX AMOURS.	2 vol.
LE PARC AUX BICHES.	2 vol.	P.-L.-M.	6 vol.
LE CHALET DES LILAS.	2 vol.	LA VOYANTE.	4 vol.
LES FILLES DE BRONZE.	5 vol.	LES FILLES DU SALTIMBANQUE.	2 vol.
LE FIACRE N° 13.	4 vol.	LES DESSOUS DE PARIS.	6 vol.
JEAN-JEUDI.	2 vol.	LE GROS LOT.	3 vol.
		LE TESTAMENT ROUGE.	6 vol.

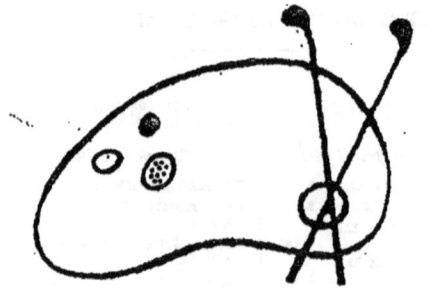

Fin d'une série de documents en couleur

LES
PIRATES DE LA SEINE

I

LIBRAIRIE E. DENTU, ÉDITEUR

DU MÊME AUTEUR

	fr.		fr.
Les Amours d'Olivier (suite et fin de la *Baladine*), 3ᵉ édit., 2 vol.	6	La Maîtresse masquée, 3ᵉ édit., 2 vol.	6
Les Amours de Province, 2ᵉ édit., 3 vol.	9	La Marquise Castella, 3ᵉ éd., 2 vol.	6
La Bâtarde, 3ᵉ édit., 2 vol.	6	Le Mari de Marguerite, 14ᵉ édit., 3 vol.	9
La Baladine, 3ᵉ édit., 2 vol.	6	Les Maris de Valentine, 8ᵉ édit., 2 vol.	6
Le Bigame, 6ᵉ édit. 2 vol.	6	Sa Majesté l'Argent, 9ᵉ édit., 5 vol.	15
La Voyante, 2ᵉ édit., 4 vol.	12	Le Médecin des Folles, 5ᵉ édit., 5 vol.	15
I. — Blanche Vanbaron, 2 vol.		P.-L.-M., 3ᵉ édit., 6 vol.	18
II. — L'Agence Rodille, 2 vol.		I. — La Belle Angèle, 2 vol.	
Le Crime d'Asnières, 4ᵉ édit., 2 vol.	6	II. — Rigolo, 2 vol.	
I. — L'Entremetteuse.		III. — Les Yeux d'Emma-Rose, 2 vol.	
II. — La Rastaquouère.			
Le chalet des Lilas, 3ᵉ édit., 2 vol.	6	Les Pantins de Madame le Diable, 4ᵉ édit., 2 vol.	6
Une Dame de Pique, 3ᵉ édit., 2 vol.	6	Une Passion, 4ᵉ édit., 1 vol.	3
Une Débutante, 3ᵉ édit., 1 vol.	3	Le Parc aux Biches, 3ᵉ édit., 2 vol.	6
La Demoiselle de Compagnie, 3ᵉ édit., 4 vol.	12	La Porteuse de Pain, 3ᵉ édit., 6 vol.	18
Le dernier duc d'Hallali, 3ᵉ édit., 4 vol.	12	Le Roman d'une Actrice, 3ᵉ édit., 2 vol.	6
Deux Amies de St-Denis, 4ᵉ édit., 1 vol.	3	I. — Paméla des Variétés.	
Deux Amours, 4ᵉ édit., 2 vol.	6	II. — Madame de Franc-Boisy.	
I. — Hermine.		Le Secret de la Comtesse, 5ᵉ édit., 2 vol.	6
II. — Odille.		I. — Le Capitaine des Hussards.	
Un Drame à la Salpêtrière, 2ᵉ édit., 2 vol.	6	II. — Armand.	
Le Fiacre nᵒ 13, 6ᵉ édit., 4 vol.	12	Le Secret du Titan, 2ᵉ édit., 2 vol.	6
La Fille de Marguerite, 3ᵉ édit., 6 vol.	18	Simone et Marie, 3ᵉ édit., 6 vol.	18
Les Filles de Bronze, 5ᵉ édit., 5 vol.	15	Son Altesse l'Amour, 4ᵉ édit., 6 vol.	18
Les Filles du Saltimbanque, 2ᵉ édit., 2 vol.	6	La Sorcière Rouge, 4ᵉ édit., 3 vol.	9
I. — La Comtesse de Kéroual.		Les Tragédies de Paris, 7ᵉ édit., 4 vol.	12
II. — Berthe et Georgette.		Le Ventriloque, 4ᵉ édit., 3 vol.	9
Jean-Jeudi, 5ᵉ édit., 2 vol.	6	I. — L'assassin de Mariette.	
Madame de Trèves, 8ᵉ édit., 2 vol.	6	II. — La femme du Prussien.	
La Maison des Mystères, 2ᵉ édit., 2 vol.	6	III. — Le Mari et l'Amant.	
La Maîtresse du Mari, 5ᵉ édit., 1 vol.	3	La Veuve du Caissier, 2ᵉ édit., 2 vol.	6
		La Vicomtesse Germaine, 7ᵉ édit., 3 vol.	9

ÉMILE COLIN. — IMPRIMERIE DE LAGNY.

XAVIER DE MONTÉPIN

LES
PIRATES
DE LA SEINE

I

PARIS
E. DENTU, ÉDITEUR
LIBRAIRE DE LA SOCIÉTÉ DES GENS DE LETTRES
3, PLACE DE VALOIS, 3

1880
(Tous droits réservés)

LES
PIRATES DE LA SEINE*

UNE LETTRE

Retournons de quelques heures en arrière et rejoignons l'héroïne de ce récit, Pauline Talbot baronne de Lascars, au moment où son mari venait de la quitter, la laissant anéantie et brisée sur un sopha dans son appartement de l'hôtellerie du *Faucon-Blanc*. — La jeune femme resta longtemps immobile et muette, la tête renversée en arrière, parmi les flots de ses cheveux dénoués. — De grosses larmes s'échappaient de ses paupières rougies et roulaient sans interruption sur ses joues, comme les perles d'un collier dont le fil est rompu. — Peu à peu un état de violente agitation ner-

* L'épisode qui commence ce récit est intitulé : *Le Mariage de Lascars*.

veuse vint remplacer cette navrante prostration ; — sa poitrine se souleva, ses sanglots éclatèrent, elle se tordit les mains à plusieurs reprises, en balbutiant d'une voix à peine distincte :

— Oh! mon Dieu... Seigneur mon Dieu... ne me prendrez-vous pas en pitié !...

Après avoir poussé ce gémissement d'angoisse, Pauline quitta son siège ; — elle marcha pendant quelques instants dans la chambre, elle appuya son front brûlant contre les vitres de l'une des fenêtres, puis elle alla s'asseoir à une petite table sur laquelle se trouvaient une écritoire, du papier et des plumes ; — elle saisit une de ces plumes qu'elle trempa dans l'encre avec une vivacité fébrile et elle se mit à écrire rapidement. — Nous allons mettre à profit nos privilèges de romancier, pour lire par-dessus son épaule, et pour reproduire les lignes douloureuses que sa plume laissait tomber sur le papier en même temps que ses larmes :

« Ma bonne Audouin, ma seconde, ma véritable mère, mon unique amie en ce monde, je viens, hélas ! te causer aujourd'hui le plus profond chagrin que tu puisses ressentir... Je viens te dévoiler dans toute son horreur une vérité que tu soupçonnais peut-être déjà, mais que du moins je m'étais juré de te cacher toujours... La force et le courage me manquent aujourd'hui pour tenir mon serment... — Il faut que tu saches tout... — mon cœur trop gonflé déborde... — il me semble qu'en le versant dans le tien, je trouverai la seule consolation, le seul soulagement que je puisse espérer encore... Ma mère, mon amie, ta pauvre enfant est la plus malheureuse des créatures... ses souffrances sont si poignantes, ses tortures sont si cruelles, que de toute son âme elle appelle la mort à son secours, car la mort c'est le calme, c'est l'oubli, c'est le repos... Ecoute-moi, ma bonne Audouin, et toi qui me connais, juge de ce que je dois éprouver quand il me faut accuser celui dont je porte le nom, quand il me faut m'avouer à moi-même et t'avouer à toi, qu'il est indigne, non-seulement de ma tendresse mais encore de mon estime... Le baron de Lascars ne m'a jamais aimée... — le roman de son amour ne fut qu'un long mensonge... — son prétendu désintéressement ne fut qu'une odieuse comédie... — je me croyais pauvre, il me savait riche de toute la fortune de mon malheureux oncle Philippe Talbot... — Le baron de Lascars, le jour où il me conduisait à l'autel, avait dans son portefeuille le testament qui m'instituait légataire universelle du frère de mon père, de mon unique parent, tué en duel ou plutôt assassiné, quelques jours à peine avant mon mariage, par un ami, par un complice de mon mari.. Tu te demandes sans doute comment il se fait que cet effroyable secret soit connu de moi?... — Voici ma réponse : — Cet ami, ce complice de Roland, un misérable qui se nomme le chevalier de la Morlière, furieux de voir repousser ses demandes d'argent incessantes, m'a tout révélé par vengeance... — C'est la main du baron de Lascars qui conduisait l'épée du chevalier de La Morlière... — l'héritage de mon oncle m'arrivait rouge de sang ! C'est hideux, n'est-ce pas?... c'est infâme !... — Ecoute encore... je n'ai pas fini... Cet héritage, ces millions, se fondirent entre les doigts de monsieur de Lascars comme se fond la cire au milieu d'un brasier ; — les prodigalités les plus folles, les recherches inouïes d'un luxe sans égal, le jeu, la débauche, que sais-je?... en dévorèrent une partie... — Des spéculations insensées, par lesquelles Roland sans doute espérait relever sa fortune, achevèrent sa ruine... — criblé de dettes, traqué, harcelé, sans ressources possibles, sans espoir légitime, il lui fallut quitter la France en fugitif il y a un mois et il partit en m'emmenant avec lui. Tu connais mon cœur et mon âme, ma bonne Audouin, comme une mère connaît le cœur et l'âme de sa fille... — le luxe n'a rien qui me tente, tu le sais, la fortune n'a rien que je regrette, la misère n'a rien qui m'effraie... — Un honnête homme de qui je serais aimée me dirait : — *Nous sommes pauvres, il faut travailler pour vivre...* — Je lui répondrais fermement et joyeusement : — *Travaillons !...* Non, cent fois non !... ce n'est pas de la pauvreté que j'ai peur, Dieu m'en est témoin ! C'est de la honte, et je ne sais quel funeste pressentiment me dit que la honte est proche... — A mes douleurs sans nombre une douleur s'ajoute, la plus poignante, la plus aiguë !... — Je vais être mère ! — Comprends-tu ?... Je vais être mère ! — Mon être tout entier devrait tressaillir à cette pensée... hélas ! et cette pensée me tue !... — L'enfant qui va venir au monde, la chair de ma chair, l'âme de mon âme, n'aura pour héritage dans l'avenir que le nom déshonoré de son père. Cette nouvelle que je te donne, cette grande et désolante nouvelle, Roland vient de l'apprendre de moi... — il est resté impassible et glacial en m'écoutant... — Je suis tombée à ses genoux, je l'ai supplié, non pour moi, mais pour mon enfant, de modifier sa vie, *d'abandonner les routes dangereuses*, de marcher désormais dans le sentier que suivent les gens d'honneur... — il a souri dédaigneusement, il a haussé les épaules avec une pitié méprisante... — il m'a répondu, d'une voix ferme et d'un air assuré : *Mon enfant sera riche...* Mon

Dieu... mon Dieu... voilà ce qui m'épouvante !... — Cette richesse sur laquelle il compte et qu'il semble certain de posséder bientôt, d'où viendra-t-elle ?... où la prendra-t-il ?... — à quels expédients pleins de danger et de honte aura-t-il recours pour se la procurer ?... — voilà l'énigme terrible !... — Lorsque j'en cherche le mot, ma tête s'égare ; — je frissonne... l'idée du crime et celle de l'expiation viennent m'assaillir... — Mon mari me fait peur.

. . . .

Pauline allait continuer ; — elle fut interrompue par un coup léger frappé à la porte de la chambre. — Elle releva ses beaux yeux humides et elle murmura :
— Entrez...

La porte s'ouvrit pour laisser passer une jeune fille d'une vingtaine d'années, blanche et blonde, aux joues habituellement roses comme des pommes d'api, et très jolie sous son costume coquet de paysanne alsacienne. Cette jeune fille, née en France, aux environs de Strasbourg, et nièce du sommelier d'Otto Butler, faisait partie du personnel de l'hôtellerie du *Faucon-Blanc* en qualité de femme de chambre; elle était spécialement chargée du service de l'appartement numéro 16, occupé par le baron et la baronne de Lascars ; elle s'était prise d'une profonde tendresse pour Pauline dont elle voyait bien la tristesse et qui lui témoignait une grande bienveillance. Elle semblait en ce moment sous le coup d'une émotion vive et pénible ; — les roses de son teint avaient disparu : — ses mains tremblaient ; son visage exprimait l'effroi. Malgré les préoccupations personnelles qui la dominaient, madame de Lascars remarqua du premier coup d'œil le trouble de la jeune fille.
— Mon Dieu — lui demanda-t-elle vivement — mon

Dieu, qu'avez-vous donc, ma gentille Gretchen ? vous voilà pâle et bouleversée.

— Ah ! madame la baronne... madame la baronne... balbutia la jolie camériste avec un redoublement d'embarras... J'ai bien du chagrin, allez...

— Du chagrin, mon enfant ?... — répéta Pauline. Vous !

— Oh ! oui.

— Et pourquoi ?

— Parce que je vous aime de tout mon cœur, madame la baronne, comme la meilleure et la plus belle dame que je connaisse, et que cependant je vais vous faire beaucoup de peine.

— Vous allez me faire de la peine, mon enfant... répéta Pauline fort étonnée — je ne puis vous croire, chère petite.

— Hélas ! rien n'est plus vrai, cependant, mais ce sera bien sans le vouloir...

— Expliquez-vous, Gretchen... expliquez-vous vite, je vous en prie... — vous m'inquiétez plus que je ne saurais dire...

— Madame la baronne, je suis un messager de mauvaises nouvelles.

— De mauvaises nouvelles qui me concernent ?

— Pas absolument, madame la baronne, mais cela revient au même, puisqu'il est écrit que la femme et le mari ne font qu'un.

Pauline devint plus pâle encore qu'elle ne l'était avant d'entendre ces paroles.

— Il s'agit de monsieur de Lascars ? s'écria-t-elle.

— Oui, madame la baronne.

— Il lui est arrivé malheur ?... — il est blessé, grand Dieu ?... Mort peut-être ?... — balbutia Pauline.

— Ni blessé, ni mort... — répliqua Gretchen — le malheur dont je parle n'est pas encore arrivé, mais il est tout proche... tout proche...

— Mon enfant, vous me faites mourir d'épouvante et d'anxiété... — que dois-je croire?... — Quel est ce malheur?...

— Madame la baronne, voici ce que je sais... — C'est une histoire qui vient d'arriver... Elle n'est pas longue... Je supplie madame la baronne de m'écouter sans impatience...

— Dites, Gretchen, et dites vite... au nom du ciel !...

— Il y a tout au plus une demi-heure, — commença la jeune fille, — je rangeais du linge dans une pièce qui communique avec le petit bureau de M. Butler, le maître du *Faucon-Blanc*. J'entendis quelqu'un entrer dans le bureau où M. Butler se trouvait seul. — Je suis un peu curieuse, il faut bien que je m'en accuse; — je m'approchai de la porte de communication qui n'était pas fermée tout à fait ; — je regardai par l'entrebâillement, et je vis un grand vilain homme maigre et blafard, qui me fait peur chaque fois qu'il vient ici et que je le rencontre... Comme cet homme est toujours habillé de noir de la tête aux pieds, et que nous ne savons pas son nom, nous l'appelons *le Corbeau* quand nous parlons de lui à l'office...

Pauline, craignant de voir la jeune fille s'égarer dans un luxe d'inutiles détails, murmura :

— Au fait, mon enfant, au fait.

— J'y arrive... répondit Gretchen — *le Corbeau* est tout bonnement un agent de police.

La baronne tressaillit comme si l'étincelle d'une pile de Volta venait de la toucher en plein cœur.

— Un agent de police... répéta-t-elle d'une voix mal assurée.

— Oui, madame, et très connu dans la ville, je vous assure... — Monsieur Butler n'aime pas les visites de ce genre... — il était mécontent, je le devinais bien à sa mine, mais il n'osait pas le laisser voir trop clairement... Le Corbeau lui parla d'abord de choses et d'autres et, comme ces choses ne m'intéressaient guère, j'allais cesser de prêter l'oreille, quand j'entendis prononcer le nom de M. le baron de Lascars.

Pauline eut un nouveau tressaillement.

— Je me remis à écouter plus que jamais, reprit Gretchen, — mais malheureusement le Corbeau et monsieur Butler parlaient bas de temps en temps, et je perdis bien des mots de l'entretien ; — le Corbeau voulait savoir une foule de choses sur M. de Lascars... — Il ne se lassait pas de questionner, si bien que cet interrogatoire impatienta notre maître qui s'écria : — *Pourquoi diable m'en demandez-vous si long à propos de ce gentilhomme ?* et le Corbeau répondit : *Parce que ce gentilhomme est un dangereux coquin.*

Pauline poussa un faible cri, et la pâleur de son visage céda la place à la plus ardente rougeur. — La malheureuse femme ne savait que trop bien à quoi s'en tenir sur le compte du baron, mais, pour la première fois depuis son mariage, elle venait d'entendre accoler tout haut les plus flétrissantes épithètes à ce nom qui était le sien... La sensation fut effroyablement aiguë, comme celle que produit un fer rouge appliqué sur une blessure saignante.

II

GRETCHEN

Gretchen était intelligente ; — elle comprit le mal qu'elle venait de faire à la jeune femme, — elle en eut le cœur serré, des larmes vinrent à ses yeux, et saisissant la main blanche et effilée de Pauline qu'elle appuya contre ses lèvres et qu'elle couvrit de baisers, elle balbutia :

— Oh ! madame, madame, pardonnez-moi, je vous en supplie... — J'ai parlé légèrement... je n'ai pas réfléchi que les gens comme le Corbeau ont des façons de parler grossières, et qu'il ne fallait point répéter les choses telles que je les avais entendues...

— Ma chère enfant — répondit Pauline en embrassant au front la blonde jeune fille, — vous vous alarmez à tort... — Vos paroles m'ont douloureusement émue, cela est vrai, mais je sens bien que je dois m'attendre à souffrir souvent ainsi... — Non seulement vous n'êtes point coupable, mais encore vous me rendez un service immense, car il faut que je connaisse

la vérité tout entière, si pénible qu'elle doive être...
— Continuez donc ce que vous avez commencé, et ne me cachez rien... ne me déguisez rien...
— Puisque vous le voulez, madame la baronne — reprit Gretchen — je vous dirai les choses très exactement, et comme ma mémoire me les rappellera... — Monsieur Butler demanda : — « Qu'a donc fait le baron
» de Lascars pour être un si dangereux coquin ?... »
— Le Corbeau tira de sa poche un portefeuille et il étala sur le bureau, devant mon maître, une foule de papiers, en disant : — « Vous voyez bien toutes ces
» traites ?... — Oui... — Eh bien ! elles sont fausses...
» — Le baron compte en recevoir les fonds demain
» matin, par la poste, mais il compte sans son hôte...
» — Les banquiers, fort heureusement pour eux, ont
» éventé la mèche... — Les fausses lettres de change
» sont arrivées aujourd'hui même au chef de la police
» et le baron, au lieu de toucher une grosse somme à
» son réveil, ne fera qu'un saut de son lit à la prison !...
» Peste, il allait bien, ce jeune seigneur ! — Savez-
» vous qu'il y en a là pour plus de cent mille livres !...
» — Monsieur Butler leva les mains et les yeux au ciel :
» — Cent mille livres ! — s'écria-t-il. — Tout autant.
» — Le baron est-il dans son appartement ?... — Non.
» — Vous en êtes sûr ? — Oui, parfaitement sûr... il
» est sorti, voici tout au plus une demi-heure, avec un
» de ses amis, le vicomte de Cavaroc, qui l'est venu
» prendre. — Rentrera-t-il cette nuit ?... — Je n'en
» sais rien... — Dans tous les cas nous ferons bonne
» garde et l'officier de police arrivera ici au point du
» jour... La capture est des plus importantes, vous le
» comprenez, je vous réponds bien que nous ne la
» manquerons pas. » Là-dessus le Corbeau quitta

monsieur Butler, et je n'eus plus qu'une idée fixe, madame la baronne, celle de vous prévenir sans perdre un instant de ce qui se passait. Je me hâtai de ranger mon linge afin de ne point inspirer de défiance à mon maître qui surveille tout par lui-même, et qui certainement aurait voulu savoir pourquoi je quittais ma besogne inachevée... Je me glissai ensuite hors de l'office sans faire de bruit, je montai l'escalier rapidement, je frappai à votre porte, et vous en savez aussi long que moi...

— Merci, mon enfant... merci mille fois, murmura Pauline dont les larmes coulaient avec abondance — je n'oublierai jamais, non jamais, la preuve d'affection que vous venez de me donner, et j'en serai reconnaissante jusqu'à mon dernier jour...

— Hélas ! madame la baronne, ce que j'ai fait est bien peu de chose... j'aurais voulu pouvoir davantage...

— Dieu vous récompensera, Gretchen, du touchant intérêt que vous témoignez à une pauvre femme bien malheureuse...

— Madame la baronne a-t-elle quelques ordres à me donner?... — demanda la jeune fille — Veut-elle que j'aille avertir M. le baron, afin qu'il se tienne sur ses gardes et ne rentre pas à l'hôtellerie?...

— Le prévenir, c'est impossible... — Où est-il en ce moment?... Je l'ignore... — Reviendra-t-il avant le jour?... Je ne le sais pas...

— Ainsi donc, je ne puis rien faire pour être utile à madame la baronne?...

— Vous pouvez me rendre un service...

— Un service !... lequel? — parlez, madame, parlez, je suis prête... de quoi s'agit-il?...

— Il s'agit de sortir un instant de cette maison, et de vous assurer si l'homme que vous nommez le *Corbeau* rôde sur la place, et si les abords de l'hôtellerie sont surveillés... — Le pouvez-vous et le voulez-vous ?...

— J'y cours à l'instant, madame, et je reviendrai tout à l'heure avec une réponse bonne ou mauvaise...

Gretchen quitta la chambre. — Avant que cinq minutes se fussent écoulées, elle reparut.

— Eh bien ? — lui demanda Pauline.

— Madame la baronne — répliqua tristement la blonde enfant — je vous apporte une mauvaise nouvelle...

— Dites sans crainte cette nouvelle, Gretchen... — J'ai la force de tout entendre...

— Le Corbeau et deux autres hommes de la même espèce se cachent sous les portes des maisons voisines... — Il est impossible de sortir de l'hôtellerie ou d'y rentrer sans passer sous leurs yeux...

Pauline pencha sa tête sur sa poitrine.

— Allons... — balbutia-t-elle — tout est perdu !... — Dieu est juste... — Le crime a été commis... la punition ne se fera pas attendre ! — j'ai méprisé l'avertissement que Dieu m'envoyait... j'ai mérité ma part de souffrance...

Gretchen, comprenant que sa présence n'était plus utile, quitta discrètement la chambre, en jetant sur la malheureuse jeune femme un regard empreint de la plus tendre pitié. Pauline, à bout de force et de courage, se laissa tomber à genoux ; — elle cacha sa tête entre ses mains et éleva longuement son âme vers le ciel. Un peu ranimée par cette prière ardente, elle prit place sur le sopha et s'absorba dans une rêverie muette, où plutôt dans une sorte d'engourdissement physique et moral qui n'était ni la veille ni le sommeil, et qui lui laissait percevoir, d'une façon très nette et très distincte, la sensation de la douleur et de l'angoisse. Deux ou trois heures s'écoulèrent ainsi. Pauline fut rappelée à elle-même par le bruit d'une porte qui s'ouvrait ; — elle fit un mouvement brusque, elle se retourna et elle vit en face d'elle son mari qui la regardait d'un air étonné.

— Eh quoi — s'écria-t-il — encore debout, ma chère enfant ! quelle sottise !... Pourquoi ne vous êtes-vous pas couchée, ainsi que je vous l'avais recommandé d'une façon très formelle et très positive avant de sortir !

Pauline, au lieu de répondre, courut à la première porte, celle qui donnait sur l'escalier ; — elle fit tourner la clef dans la serrure et poussa les verrous intérieurs, de manière à rendre impossible toute surprise immédiate. — Lascars la regardait faire avec une stupeur grandissante.

— Ah çà ! ma chère, — lui demanda-t-il au moment où elle revint auprès de lui — que signifie ceci ?... — Devenez-vous folle ? — Parole d'honneur, je suis presque tenté de le croire...

Pauline attacha sur son mari ses yeux secs, étincelants de fièvre et chargés de mépris...

— Monsieur — lui dit-elle d'une voix brève, et timbrée si étrangement qu'il eut peine à la reconnaître — monsieur vous êtes perdu...

Lascars, ne soupçonnant pas la vérité terrible, ne prévoyant même aucun danger, ne sourcilla point. — Un sourire ironique vint à ses lèvres, il haussa les épaules et demanda :

— Quelle est cette raillerie ?

— Monsieur — continua Pauline sans même paraître avoir entendu l'interruption de son mari — vous comptez recevoir de l'argent demain... — une somme considérable... — Cent mille livres, je crois...

Lascars fit un geste de stupeur.

— C'est vrai... — répliqua-t-il — j'attends cent mille livres... Mais comment pouvez-vous savoir ?...

Au lieu de répondre, Pauline continua :

— Cet argent n'arrivera pas...

— C'est impossible ! — s'écria le baron — tout à fait impossible !... Les traites valaient de l'or en barre...

— Les traites étaient fausses... — interrompit la jeune femme.

Lascars devint livide et toute son assurance disparut.

— Fausses... — balbutia-t-il — grand Dieu que m'apprenez-vous ? Croyez bien que j'ignorais...

— Assez de mensonges, monsieur ! assez d'infamies ! — reprit violemment Pauline — vous le saviez !... Ces traites ont été fabriquées par vous...

— Pauline, que dites-vous ! je vous jure... Ne croyez pas... — Je vais, du reste, écrire à l'instant et les redemander aux banquiers...

— Il est trop tard...

— Trop tard ! — répéta le baron tout effaré — pourquoi trop tard ?

— Les banquiers ont dépisté le faussaire... — Les traites sont entre les mains du chef de la police de cette ville.

— La police ! — fit Lascars d'une voix presque éteinte — la police se mêle de mes affaires ! la police s'occupe de moi !

— Ordre est donné de s'emparer de vous aujourd'hui même, au point du jour...

— Mais alors... alors... je suis perdu !

— Ne vous l'ai-je pas dit tout à l'heure ?

— C'est à peine s'il me reste le temps de fuir ?...

— Fuir ? et comment ? — les abords de l'hôtellerie sont surveillés... — des agents apostés dans les ténèbres font le guet sur la place...

Lascars se frappa le front avec désespoir.

— Je ne veux cependant pas tomber vivant aux mains de ces gens-là ! — cria-t-il — dussé-je me faire sauter le crâne, je ne me laisserai point emprisonner... juger... condamner...

Pauline ne répondit pas...

— Et pourtant il faut que je vive... — continua le baron — il le faut... je veux vivre !... je suis loin de l'âge où l'on meurt ! — je suis jeune pour longtemps encore !... Oh ! je m'échapperai... je m'échapperai...

— De quelle manière ? — demanda la jeune femme.

Lascars enfonça dans ses cheveux ses deux mains frémissantes, et sembla faire appel à tout son sang-froid, à toute sa présence d'esprit. — Illuminé sans doute par une inspiration soudaine, il plaça derrière un meuble le seul flambeau dont la bougie fût allumée, de manière à plonger momentanément la chambre dans une obscurité presque complète. Il s'approcha ensuite de l'une des fenêtres, il l'ouvrit sans bruit et il se pencha au dehors. Cette fenêtre donnait sur un jardin assez vaste dépendant de l'hôtellerie et entouré par une muraille de clôture qui longeait une ruelle toujours déserte, même en plein jour. Un voile de ténèbres opaques enveloppait ce jardin ; — aucun bruit, même le plus léger, même le plus insaisissable, ne troublait le silence profond de la nuit.... Un espace de vingt-quatre pieds environ séparait les fenêtres du second étage des plates-bandes garnies de fleurs qui formaient au rez-de-chaussée une ceinture odorante et multicolore.

— De ce côté le chemin doit être libre... — murmura Lascars.

Il s'élança dans la chambre à coucher — il arracha d'une main frémissante les draps et les rideaux du lit qu'il divisa en plusieurs bandes mises bout à bout et nattées les unes avec les autres pour augmenter leur force de résistance. Il revint alors trouver Pauline, et, lui montrant les cordes qu'il venait d'improviser, il lui dit d'un air triomphant :

— La police d'Aix-la-Chapelle en sera pour ses frais !
— Ceci est la liberté...
— Vous avez trouvé le moyen de fuir ?
— Oui, — dans quelques minutes je serai hors de l'hôtellerie... — Dans une heure, je serai hors de la ville...

III

LE SERMENT DES CAPELLEN

— Dieu vous protège et Dieu vous conduise !.. — murmura la jeune femme, — ce vœu, je le forme du plus profond de mon âme, malgré tout le mal que vous m'avez fait.

Lascars assujétissait solidement l'extrémité de sa corde de sauvetage à la barre d'appui de la croisée. Pauline reprit :

— Mais si votre mauvaise étoile vous fait rencontrer ceux qui vous cherchent, que ferez-vous?

— Je suis armé, — répondit Roland, — et malheur à quiconque osera porter la main sur moi.

— Du sang !.. — murmura la baronne avec épouvante.

— Il le faudra bien !.. — Je vous répète que je ne tomberai pas vivant aux mains de ces hommes et, s'ils sont nombreux, si je vois que toute résistance est inutile, je tournerai mon arme contre moi-même et je me ferai sauter le crâne.

Larcars achevait de fixer la corde.

— Maintenant, — reprit-il, — le moment est venu de nous séparer. — Adieu donc, Pauline, ou plutôt au revoir, car aussitôt que je me trouverai en lieu sûr, je vous écrirai de venir me rejoindre. — Obéirez-vous à cet appel?

— Il le faudra bien... — C'est mon devoir, je le remplirai jusqu'au bout sans hésiter.

— Je le sais, — murmura Lascars, — vous êtes une noble femme, et peut-être méritiez-vous un autre mari... — Enfin, ce qui est fait est fait, et nul ne peut rien au passé.

Pauline soupira involontairement. — Roland lui tendit la main, mais elle n'avança pas la sienne.

— Soit! fit le baron avec un sourire dédaigneux ; — oh! je ne vous contraindrai pas. — Adieu! — répéta-t-il ensuite, — je pars.

— Vous n'ignorez point, — dit la jeune femme d'une voix hésitante, — que vous me laissez sans ressources...

— Des ressources !.. — s'écria Roland avec une colère concentrée, — en ai-je pour moi-même?... — Sachez, madame, qu'il ne me reste plus un louis, plus un écu, plus un sou !..

— En êtes-vous là? — répondit vivement Pauline, — j'ai quelques bijoux encore... prenez-les... — ils vous aideront dans votre fuite.

Sans l'obscurité presque complète qui régnait dans la chambre, Pauline aurait pu voir Lascars rougir légèrement, malgré son impudence habituelle. — Il ne sembla point avoir entendu l'offre généreuse que sa femme venait de lui faire, — il saisit des deux mains la corde à laquelle il allait se confier, et, enjambant sans hésitation la barre d'appui, il se laissa glisser dans l'espace. Au bout de quelques secondes, le fugitif touchait terre ; — depuis un instant déjà les ténèbres le cachaient complètement, mais la baronne, penchée au dehors de la fenêtre, pouvait entendre sur le sable des allées le faible bruit de ses pas qui s'éloignaient.

— Oh ! oui, — répéta la pauvre femme quand ce bruit léger fut devenu tout à fait indistinct, que Dieu le conduise et protège... — C'est un grand coupable, sans doute, mais c'est mon mari, et je ne veux pas qu'on lise un jour sur une liste de condamnés le nom que mon enfant portera !

. . . .

Abandonnons pour un instant la baronne à sa sombre douleur, à son désespoir inguérissable, et suivons Lascars dans sa fuite. Arrivé à l'extrémité du jardin, il se mit à la recherche de quelque espalier, de quelque treillage, qui lui permît d'escalader la muraille et de s'élancer dans la ruelle. Non seulement ses recherches ne furent pas inutiles, mais encore il trouva mieux qu'il ne l'espérait ; — nous voulons parler d'une petite porte sans serrure, fermée par deux verrous intérieurs ; — il n'eut que la peine de tirer ces verrous, il se trouva dehors, et il acquit presque immédiatement la preuve que les agents de police de la bonne ville d'Aix-la-Chapelle n'avaient point songé à placer des guetteurs dans la ruelle, oubli d'ailleurs fort naturel, car la conviction que Lascars était sans défiance éloignait de leur esprit la pensée qu'il chercherait à s'échapper de l'hôtellerie d'une façon mystérieuse et clandestine. — Le baron s'éloigna rapidement à travers un dédale de petites rues entrelacées. — Son but était de mettre le plus vite possible une suffisante distance entre lui et le *Faucon-Blanc ;*

— il ne tarda point à déboucher sur la grande place du Cursaal, et là il se dit à lui-même qu'il n'avait momentanément plus rien à craindre, car les agents le sachant rentré et le croyant endormi, ne s'apercevraient de sa disparition et ne se mettraient à sa poursuite qu'au lever du soleil.

— Quand paraîtra le soleil, — murmura Lascars avec un sourire de satisfaction, — je serai déjà loin de la ville, et nul alguazil n'aura le nez assez fin pour lancer la meute sur mes traces !..

Une seule difficulté se présentait, mais elle était grave, et semblait au premier abord presque insoluble. Il n'est ni commode ni prudent de se mettre en route sans argent et sans papiers : — l'absence de passe-port expose le voyageur à des ennuis, à des vexations et même à des arrestations continuelles ; — l'absence d'argent le condamne à des privations incessantes et le force à tendre la main à la charité publique, ce qui n'a rien de réjouissant ; — en outre, comment admettre un mendiant de haute mine et richement vêtu? Or Lascars, nous le savons, ne possédait pas un sou ; — il avait bien son passeport dans une poche de sa houppelande, mais ce passeport ne pouvait que le compromettre au lieu de le servir. En une telle occurrence, quel parti prendre et que décider? — L'hésitation du baron fut courte.

— Je vais aller trouver mon nouvel ami le vicomte de Cavaroc, — se dit-il, — et, sans le mettre au courant de la situation nouvelle qui m'est faite, je lui emprunterai quelques louis. — Il a besoin de moi, il compte absolument sur moi pour demain ; — il n'osera me mortifier par un refus. — Quant aux papiers, je ferai en sorte de m'en passer; ma bonne tournure et mon aplomb me tiendront au besoin lieu de passeport.

À peu près certain de la réussite de ce nouvel expédient, Lascars prit le chemin de la petite maison du vicomte, et il parvint facilement à la retrouver. Aucune lumière ne brillait à travers les jointures des volets du rez-de-chaussée et de ceux du premier étage.

— Diable! — murmura Roland, — est-ce que Cavaroc ne serait point encore rentré? — Voilà qui ne ferait pas mon affaire! — Peut-être est-il couché et endormi... — Tant pis pour lui... je le réveillerai sans pitié...

Lascars saisit le cordon de la sonnette et l'agita à plusieurs reprises, doucement d'abord, puis plus fort, puis très fort, sans obtenir de réponse et sans que le moindre signe de vie se manifestât à l'intérieur. — Evidemment la maison était déserte.

— Que le diable emporte les amoureux!... — dit le baron presque à voix haute, en étouffant un juron sonore. — Puis il prit le parti d'aller attendre, sous les murs du jardin de l'hôtel Capellen, la fin du rendez-vous de Cavaroc.

Il passa devant la grille dorée et armoriée, il longea la muraille jusqu'à l'endroit où l'immense châtaignier dont nous avons parlé étendait ses rameaux séculaires. — Là, il s'assura de la présence de l'échelle de soie et, forcé de subir un retard qu'il maudissait de toute son âme, il se mit à se promener de long en large dans la rue, avec une impatience croissante, s'arrêtant de minute en minute, prêtant l'oreille au moindre bruit, et croyant sans cesse entendre, sur les échelons soyeux, le frôlement des habits de Cavaroc. Une demi-heure s'écoula ainsi. Au bout de ce temps Lascars, dont l'agitation fiévreuse redoublait, eut la perception d'un bruit léger. — On marchait rapidement dans le jardin dont il n'était séparé que par la clôture. — Bientôt le bruit changea de nature ; — les feuillages du châtaignier s'agitèrent ; — les branches les plus basses s'entrechoquèrent ; — il devenait clair pour Lascars que Cavaroc quittait Marguerite.

— Enfin, — murmura-t-il, — le voici ! c'est en vérité bien heureux !...

A peine le baron venait-il d'achever ces mots que la plus foudroyante émotion s'empara de lui. Une lueur fugitive, comparable à celle d'un éclair, venait d'illuminer vaguement l'ombre du châtaignier, montrant à Lascars le vicomte debout sur le couronnement du mur. Une double détonation se fit entendre, suivie d'un cri lugubre, puis un corps humain s'abattit sur le pavé de la rue, avec un craquement sinistre d'os broyés et de chairs meurtries, et le silence et l'obscurité régnèrent de nouveau...

Lascars, nous l'avons dit, fut semblable d'abord à un homme que la foudre vient de frapper, mais il se remit aussitôt et il comprit ce qui s'était passé sous ses yeux... Valentin et Karl de Capellen venaient de tenir leur serment farouche, et de tuer comme un chien l'amant de leur sœur. — Si Lascars avait pu conserver le moindre doute à cet égard, ce doute se serait dissipé presque à l'instant. — Les feuillages du châtaignier furent agités de nouveau ; — les branches s'entrechoquèrent plus fort que jamais, et deux hommes, dédaignant de se servir de l'échelle de soie, sautèrent dans la rue l'un après l'autre. L'un de ces hommes portait une lanterne sourde qui se trahissait par un rayonnement égaré. Lascars recula de manière à se trouver en dehors du cercle lumineux que projetterait la lanterne lorsqu'elle serait ouverte. — il resta cependant assez près pour ne perdre aucune des paroles prononcées par les meurtriers. — L'âme de la lanterne fut démasquée, et Roland reconnut du premier coup d'œil les deux géants dont Cavaroc lui avait tracé le portrait.— Valentin et Karl s'approchèrent du misérable corps dont la face reposait dans une mare de sang. — Karl souleva ce cadavre et regarda sans frissonner un visage qui n'avait plus rien d'humain.

— Les deux balles ont porté... — dit-il froidement, — elles ont traversé le crâne et sont ressorties par les orbites. — Tudieu, mon frère, sais-tu que nous avons eu cette nuit le coup d'œil étrangement juste !

— Aussi, — répondit Valentin avec une froideur qui ne le cédait en rien à celle de son frère, — aussi l'homme est tombé raide mort.

— Justice est faite !

— Oui, justice ! — L'homme était prévenu, — reprit Valentin, — nous avions juré !... — Ce n'est pas nous qui sommes allés à lui, c'est lui qui est venu à nous. — Ceci n'est ni assassinat ni guet-apens !... c'est vengeance loyale et légitime défense.

— Ainsi périsse quiconque osera toucher à l'honneur des Capellen ! — ajouta le frère aîné.

— Qu'allons-nous faire de ce cadavre ? — demanda Karl après un silence.

— Nous le laisserons où il est... — répliqua Valentin.

— Ne peut-il nous compromettre ?

— Non... cent fois non ! — l'échelle de soie va disparaître... — Personne au monde, excepté la chambrière de Marguerite, ne sait que cet homme s'introduisait la nuit dans les jardins de l'hôtel.

— Si cette misérable fille parlait, cependant...

— Elle ne parlera pas... je me charge d'elle. — Tu vois, frère, que les soupçons ne sauraient nous atteindre.

— Soit ! — Et que deviendra notre sœur ?

— Elle sera dans huit jours comtesse de Rolandseke ou séparée pour jamais du monde...—Le mari de notre choix, ou le couvent !... — Il faut qu'elle décide, et qu'elle se hâte... — Je parlerai demain à ma mère, et quand elle saura ce que je lui veux apprendre, je te jure qu'elle ne se laissera point attendrir par les larmes de Marguerite.

Ces paroles furent les dernières échangées entre Karl et Valentin. Les deux frères gravirent successivement les échelons de l'échelle de soie qui craquait sous leur poids; ils l'attirèrent ensuite à eux lorsqu'ils furent au sommet du mur, de manière à effacer toute trace des escalades de Cavaroc. Ceci fait, ils se suspendirent aux branches ployantes du châtaignier, et se laissèrent tomber sur le sol avec le calme profond de deux hommes d'honneur qui viennent d'accomplir un devoir sacré. — Lascars demeura seul en face du cadavre défiguré de Cavaroc.

IV

LE ROI EST MORT, VIVE LE ROI !

— Voilà une triste fin !... — murmura le baron en se rapprochant du corps inerte et sans vie, aussitôt que le bruit des pas de Valentin et de Karl eut cessé de se faire entendre dans le jardin de l'hôtel ; — le pauvre diable a fait un beau rêve et s'est éveillé dans l'autre monde !... — Parole d'honneur je le regrette, d'autant plus que le contre-coup de sa mauvaise chance frappe sur moi, et que maintenant il ne peut me rendre le service que j'attendais de lui... — Mais j'y songe — ajouta Lascars, illuminé par une inspiration soudaine — ici-bas, chacun pour soi !.. — l'infortune de l'un fait le bonheur de l'autre !... — La mort de Cavaroc est un coup du ciel et les frères de Marguerite ont travaillé dans mon intérêt !... — Le vicomte et moi nous étions de la même taille... ses traits et les miens se ressemblaient, et d'ailleurs son visage labouré de coups de feu et brisé dans sa chute est devenu méconnaissable ! — qui m'empêche de prendre sa place dans la vie et de m'éloigner sous son nom : ses papiers entre mes mains établiront une identité que personne ne s'avisera de mettre en doute... — j'assure ainsi la sécurité de ma fuite ; sans compter que les poursuites dirigées contre le baron de Lascars cesseront par la force des choses, dès que la police d'Aix-la-Chapelle croira que le baron de Lascars n'existe plus !... — Décidément l'idée est incomparable et me sauvegarde de tout péril !... Le vicomte de Cavaroc est mort ! vive le vicomte de Cavaroc !...

Lascars ne perdit pas une seconde pour mettre à exécution le plan hardi qu'il venait de concevoir.

Il fouilla le cadavre et s'empara des clés qu'il avait sur lui, ainsi que d'un portefeuille qui se trouvait dans la poche de la houppelande ; — à la place de ce portefeuille, il glissa son propre passe port, puis il déchargea ses pistolets et les plaça près du corps, dans la mare de sang qui s'élargissait de seconde en seconde. Le résultat de cette dernière précaution devait être de faire croire à un suicide, suicide que les circonstances rendaient vraisemblable, car il était parfaitement naturel de voir un gentilhomme chercher dans une mort volontaire un refuge contre le déshonneur suspendu sur sa tête. Lascars, ayant ainsi tout prévu, se dirigea vers la petite maison que Cavaroc avait habitée. — Il en ouvrit la porte avec une des clés enlevées au cadavre, et, parfaitement sûr de ne pouvoir être interrompu, puisque le valet de Cavaroc ne venait prendre son service que le matin, il explora toutes les armoires et visita l'un après l'autre les tiroirs de tous les meubles...

— Ces recherches consciencieuses furent couronnées d'un succès complet. Lascars trouva dans le secrétaire de la chambre à coucher une liasse composée de tous les titres et papiers de famille du vicomte... — Rien n'y manquait, pas même un arbre généalogique parfaitement authentique. — Cavaroc, comptant sur l'antiquité et l'illustration de sa race pour conclure à l'étranger un brillant mariage, avait eu soin de se mettre en règle de manière à pouvoir fournir sur-le-champ des preuves irrécusables à l'appui de ses assertions. Le baron s'empara de cette liasse comme d'un inestimable trésor. Il mit ensuite la main sur une bourse renfermant environ cent vingt-cinq louis et, se constituant lui-même l'unique héritier de feu son ami, il prit possession de cette bourse et de son contenu. Ainsi lesté, et en état de faire face aux premiers besoins, Lascars remit toutes choses en ordre, quitta la maison, ferma la porte derrière lui, et enfin sortit de la ville sans trop savoir de quel côté il se dirigeait. Son intention était de marcher droit devant lui, d'un pas mesuré, avec la tranquille allure d'un promeneur inoffensif, jusqu'à ce qu'il rencontrât une bourgade où il lui fut possible de se procurer une voiture de louage et des chevaux de poste qui l'emporteraient rapidement vers quelque grande cité. Là, sous le nom du vicomte de Cavaroc, il ferait en sorte de rétablir sa fortune à l'aide de ces moyens honteux dont il n'avait que trop l'habitude. — En cheminant sur la grande route, Lascars s'occupait à édifier pour l'avenir toutes sortes de projets. — Dans cet avenir et dans ces projets, Pauline ne tenait aucune place... Le baron n'oubliait pas cependant qu'il était marié, mais il se disait :

— Le caractère de Pauline et le mien sont en désaccord absolu... — La pauvre enfant ne se trouve point heureuse avec moi et n'est pas plus faite pour être ma femme que je ne le suis pour être son mari... — Elle me croira mort comme tout le monde, et je n'ai nullement le sot amour-propre de penser que ma perte la plongera dans une inconsolable douleur... — Elle portera décemment mon deuil, versera quelques larmes, par pure convenance, et prendra son parti d'être veuve. — Je ne la désabuserai jamais... — Je lui rends sa liberté et je reprends la mienne... — pour elle et pour moi cela vaudra mille fois mieux qu'une union mal assortie... — Le sort en est jeté !... le baron de Lascars est bien mort et ne ressuscitera pas !...

Laissons le misérable gentilhomme édifier ses plans détestables, et marcher vers un but inconnu de nous et de lui-même, puis, tandis qu'il s'éloigne d'Aix-la-Chapelle, retournons dans cette dernière ville. — Quelques heures s'étaient écoulées depuis le moment où Cavaroc était tombé sous les balles de Valentin et de Karl. Le crépuscule du matin succédait à la nuit, et les lueurs pâles de l'aube naissante faisaient blanchir à l'Orient le ciel encore sombre et brumeux. Un peloton d'une douzaine de soldats, commandé par un sous-officier, déboucha d'une rue voisine de l'hôtellerie du *Faucon-Blanc*, et fit son entrée sur la petite place. En tête des soldats marchait un homme entièrement vêtu de noir et s'appuyant sur une haute canne d'ébène à pomme d'ivoire. Cet homme était le magistrat chargé par la police d'Aix-la-Chapelle de présider aux arrestations de quelque importance. — Il portait le titre de commissaire-général. Au bruit des pas de cette petite troupe, *le Corbeau* sortit de l'embrasure d'une porte où il avait héroïquement lutté contre le sommeil, et les deux autres agents suivirent son exemple. Tous trois s'avancèrent à la rencontre du commissaire-général.

— Eh bien ? — demanda ce dernier.

— Eh bien ? monsieur le commissaire, répondit le Corbeau, je crois que l'affaire est dans le sac...

— Notre homme ?

— Il est rentré vers les deux heures, cette nuit...

— Et vous êtes sûr qu'il n'est pas ressorti.

— Oh ! tout à fait sûr... à moins pourtant qu'il n'ait des ailes pour voler, comme les anges ou comme les oiseaux, ce qui ne semble guère probable... — Nous avons fait le guet sans nous relâcher une minute, et personne n'a montré le bout de son nez... — J'ose espérer que monsieur le commissaire sera content de nous...

— Si vous avez véritablement fait preuve de zèle, il vous en sera tenu compte... — mais ne perdons pas de temps ; — reprit le magistrat — j'ai voulu venir au point du jour afin d'emmener le prisonnier pendant que les rues sont encore désertes, et d'éviter le scandale d'une arrestation publique... venez...

Puis, s'adressant au sous-officier, il ajouta :

— Postez devant l'hôtellerie la moitié de votre monde et suivez-nous avec le reste, pour porter main-forte à la loi en cas de besoin.

Le sous-officier fit le salut militaire et se tint prêt à obéir. Le Corbeau venait de soulever et de laisser retomber le lourd marteau de la porte cochère, qui s'ouvrit sur-le-champ. Otto Bulter lui-même parut sous la voûte, et courba jusqu'à terre son échine souple devant le commissaire général. Autant l'ex-juif se montrait rogue et hargneux envers les agents subalternes, autant il devenait respectueux et même obséquieux jusqu'à la plus extrême platitude, à l'endroit des personnages d'un ordre supérieur.

— Monsieur le commissaire-général prend la peine

2.

de venir en personne mettre la main sur le malfaiteur qui se fait appeler le baron de Lascars... — dit-il ; — je me permets de lui souhaiter une heureuse capture.

— Grand merci, maître Butler... — répondit le magistrat.

— Dois-je guider moi-même monsieur le commissaire-général ? — reprit l'hôtelier.

— Je pense que cela n'est point utile ; — il nous suffira de connaître l'étage et le numéro de l'appartement.

— Second étage, numéro 16.

— Monsieur de Lascars est-il seul chez lui ?

— Seul avec sa femme, monsieur le commissaire-général.

— Seul avec sa femme, dites-vous. — Ce gentilhomme est donc marié ?

— Je n'en sais absolument rien, mais il est accompagné d'une personne à laquelle il fait porter son nom... — Du reste, j'ai mauvaise idée de la dame...

— Pourquoi cela ?

— Parce que le baron est un scélérat... — Or, monsieur le commissaire-général connaît sans aucun doute le vieux proverbe : — *qui se ressemble s'assemble...*

— Les proverbes les plus vrais sont quelquefois menteurs — répliqua le magistrat en souriant.

— Oh ! oui, monsieur le commissaire, s'écria une jeune et jolie fille qui venait de se mêler au groupe des gens de justice et des soldats, et qui n'était autre que la gentille Gretchen — il est bien menteur, celui-là — Je répondrais de madame la baronne de Lascars comme de moi-même, et peut-être plus... — Elle est bien malheureuse la pauvre chère dame ; — elle pleure à s'en perdre les yeux, mais c'est un ange, un ange du ciel, et si son mari a fait de vilaines choses, elle en est aussi innocente que l'enfant à naître.

— Eh bien! Gretchen, qu'est-ce que c'est? — dit brusquement et sévèrement Otto Butler, stupéfait de l'audace inattendue de la jeune fille — que signifie cela? de quoi vous mêlez-vous, et comment se fait-il que vous vous permettiez de parler ainsi en présence de monsieur le commissaire-général?

Gretchen, rouge et confuse, et maintenant aussi tremblante qu'elle venait de se montrer courageuse, baissa la tête et se mit à tordre entre ses doigts, pour se donner une contenance, l'extrémité d'une de ses longues nattes de cheveux blonds.

— N'imposez pas le silence à cette enfant, monsieur Butler; — répliqua le magistrat d'un ton ferme — elle a bien fait de dire sa pensée, de parler selon sa conscience. — Je l'approuve et je la remercie; — le jugement qu'elle porte sur madame de Lascars peut et doit être juste; — la plus noble et la plus sainte créature se trouve parfois enchaînée à un misérable par les liens indissolubles du mariage; — cela s'est vu trop souvent, hélas!

Le commissaire-général se tourna vers les agents et ajouta:

— Nous avons à remplir un devoir rigoureux, messieurs, mais je vous recommande, je vous ordonne même d'avoir les plus grands égards pour madame la baronne de Lascars. — Le mari est un grand coupable — je l'admets quant à présent, puisque les faits semblent l'accuser — mais rien ne nous prouve que la femme n'ait pas droit à tous nos respects.

— Ah! monsieur le commissaire, vous êtes bon!...

— balbutia Gretchen en versant des larmes d'attendrissement.

Otto Butler, fort peu satisfait de la leçon qu'il venait de recevoir, regarda la jeune fille d'un mauvais œil et se dit tout bas :

— Tu me paieras cela, sotte fille !

Le magistrat, les agents et les soldats s'engagèrent dans l'escalier qui conduisait aux étages supérieurs.

V

LE COMMISSAIRE-GÉNÉRAL

La petite troupe, arrivée au second étage, s'arrêta devant la porte au-dessus de laquelle se lisait le numéro 16. Le commissaire-général fit un signe et l'un des agents heurta cette porte, à deux ou trois reprises avec le pommeau d'une lourde canne. Le bruit d'un pas léger se fit entendre à l'intérieur, et une voix émue demanda :

— Qui frappe ?

— Au nom de la loi et de la justice, ouvrez ! — répondit le magistrat.

Les verrous furent tirés aussitôt ; — la porte tourna sur ses gonds et Pauline, pâle comme un spectre, les yeux entourés d'un large cercle qu'on eût dit tracé au charbon, parut sur le seuil. La malheureuse femme était méconnaissable, et cependant le magistrat fut frappé de la beauté de ses traits si purs, de la souveraine dignité de son attitude, et surtout de l'expression d'indicible douleur empreinte sur son visage dévasté par une nuit d'angoisses.

— Madame la baronne de Lascars, je pense ?... — dit-il avec un accent interrogatif, en saluant respectueusement.

— Oui, monsieur — murmura Pauline qui semblait ne se soutenir qu'avec peine.

— Madame la baronne — reprit le commissaire-général — je suis magistrat et chargé d'une mission pénible... — M. de Lascars, votre mari, se trouve en ce moment sous le coup d'une grave accusation. J'espère qu'il lui sera possible de se justifier, mais, en vertu d'un mandat d'amener que voici, je dois m'assurer de sa personne... — Que M. de Lascars agisse en homme sage et qu'il se soumette. Je dispose d'une force imposante et toute résistance serait inutile.

— Je suis seule, monsieur, absolument seule — balbutia l'infortunée en se cramponnant des deux mains au chambranle de la porte pour rester debout, car ses forces la trahissaient — mon mari n'est plus ici et ne doit point y revenir.

— Nous croyons avoir la certitude du contraire, madame — répéta le commissaire-général — et notre devoir est de visiter l'appartement.

Pauline, sans prononcer un seul mot, recula pour laisser le passage libre et, plus morte que vive, elle alla tomber sur un siège. Le magistrat, suivi de son escorte, pénétra dans la première pièce ; — il laissa deux de ses agents et il entra immédiatement dans la chambre à coucher. La ruelle du lit fut explorée ; — les placards furent ouverts et ces recherches, — nos lecteurs le savent d'avance — n'amenèrent aucun résultat.

— Je suis bien sûr qu'il est rentré et n'est pas ressorti ! — murmurait le Corbeau avec une mauvaise humeur croissante, car la perspective d'une récompense s'évanouissait pour faire place à celle d'un blâme sévère et mérité.

Il retourna dans la première pièce et s'approcha de la fenêtre qu'il ouvrit.

— Monsieur le commissaire-général — s'écria-t-il tout à coup, en accompagnant ses paroles d'un juron énergique — ne cherchons pas plus longtemps ! — le diable s'en mêle ! — l'oiseau s'est envolé ! mais peut-être n'est-il pas encore bien loin et pourra-t-on le rattraper avant qu'il ait gagné pays.

— Comment ? que voulez-vous dire ? — demanda vivement le magistrat.

— Regardez...

Et l'agent montrait à son supérieur l'extrémité de la corde improvisée avec les rideaux et les draps du lit, et suspendue à la barre d'appui de la fenêtre. — Le commissaire-général, certain désormais de l'évasion du coupable, jugea complètement inutile d'interroger Pauline, pour qui le silence était un devoir ; — d'ailleurs il voulait, sans perdre un instant, donner les ordres nécessaires et lancer du monde à la poursuite du fugitif.

— Messieurs — dit-il aux agents et aux soldats — nous n'avons plus rien à faire ici — retirons-nous.

Il salua de nouveau la jeune femme presque inanimée et sortit. — Sur le palier du premier étage, il se trouva face à face avec Otto Butler qui montait de toute la vitesse de ses courtes jambes ; — l'ex-juif était haletant ; — il avait le visage bouleversé, l'air effaré, les yeux hors de la tête.

— Ah ! monsieur le commissaire-général — s'écria-t-il en s'efforçant de reprendre haleine. — Ah ! monsieur le commissaire général...

— Eh bien ? demanda le magistrat.

— Vous avez fait buisson creux — le scélérat n'était point au gîte — il n'y pouvait point être...

— Comment le savez-vous ?

— J'ai, pour le savoir, la meilleure de toutes les raisons ! une créature humaine ne peut se trouver en deux endroits à la fois, n'est-il pas vrai ?

— Certes — mais où donc en voulez-vous venir, maître Butler ?

— J'en veux venir à ceci, — ce scélérat de Lascars ne pouvait être en haut, parce qu'il en est bas.

— Vous l'avez vu ?... — demanda le commissaire stupéfait.

— Aussi bien que je vous vois.

— Il est arrêté ?

— Mieux que cela.

— Comment ?

— Il est mort ! — le gredin s'est rendu justice ! — il s'est fait sauter la cervelle !

— Un suicide ! — murmura le magistrat — ah ! le malheureux !

— Je prétends, moi, qu'il a pris le bon parti — continua maître Otto Butler — le voilà quitte de la prison et des galères.

— Et vous dites que son cadavre est en bas ?

— Oui, monsieur le commissaire-général. — Deux gardiens de la ville, en faisant leur ronde du matin, ont trouvé le corps baigné dans son sang près de l'hôtel de la baronne de Capellen ; — les pistolets étaient à côté... — ils ont fouillé les vêtements du mort... — Le passeport qu'il portait sur lui leur a appris son nom ; — ils savaient que le baron de Lascars logeait chez moi ; — ils ont pensé bien faire en le rapportant, et je suis monté vite afin de vous prévenir et de vous empêcher de perdre votre temps dans l'hôtellerie.

— Nous allons constater l'identité — reprit le magistrat, et je dresserai procès-verbal de l'événement qui met fin à toutes les poursuites.

Le passage voûté de la porte cochère était encombré de monde. Un grand drap taché de sang recouvrait le corps roidi placé sur une civière; autour de laquelle s'entassaient une foule de gens du peuple, avides de satisfaire leur curiosité, et maudissant le drap qui les empêchait de contempler à leur aise le visage du mort. Aux deux côtés de la civière se tenaient debout les agents par qui le cadavre avait été recueilli et apporté. Le commissaire-général donna l'ordre d'éloigner les curieux et de fermer la maîtresse-porte. Aussitôt que le populaire eut opéré son mouvement de retraite, mais non pas sans mécontentement et sans murmure, le magistrat souleva le drap funèbre et sanglant, et découvrit le cadavre tout entier. La figure de Cavaroc, percée de balles, broyée, mutilée, offrait un aspect hideux et sinistre, et le commissaire, malgré son empire sur lui-même, ne put s'empêcher de frémir en le regardant. — Il se tourna vers Otto Butler.

— Est-ce bien là — lui demanda-t-il — l'homme qui se nommait le baron de Lascars ?

— Oui, monsieur le commissaire-général — répondit l'hôtelier avec assurance.

— Malgré les mutilations du visage, vous le reconnaissez ? — continua le magistrat.

— Je le reconnais.

— Vous êtes certain de n'être ni le jouet d'une ressemblance ni la dupe d'une illusion ?

— J'en suis certain, monsieur le commissaire général — j'en fais serment par le Dieu d'Abraham, d'Isaac et de Jacob... C'est-à-dire, non, — ajouta vivement le juif converti en se reprenant, — une vieille habitude vient de m'entraîner. — Ce serment-là ne vaudrait rien ! — mais je jure par mon saint patron.

Le magistrat fit comparaître devant lui, l'un après l'autre, les valets et les servantes de l'hôtellerie qui, depuis trois semaines, voyaient chaque jour M. de Lascars.

Il leur posa, en présence du cadavre, les mêmes questions qu'il venait d'adresser à Otto Butler. Tous, sans hésiter, répondirent que le corps inanimé étendu sur la civière était bien celui du baron. Le commissaire général se fit ensuite représenter le passe-port trouvé par les agents dans les vêtements du cadavre. La vue de ce passe-port aurait suffi pour anéantir ses derniers doutes, s'il avait pu toutefois en conserver quelques-uns, mais depuis un instant déjà il ne doutait plus, et l'identité du mort lui semblait établie de la façon la plus claire et la plus indiscutable. Il rédigea donc, séance tenante, un procès-verbal dans lequel il constatait la mort violente du baron de Lascars et, se fondant sur un enchaînement parfaitement logique de probabilités, il n'admettait pas la pensée d'un assassinat. — Il donnait le suicide comme certain et prouvé, et il trouvait les causes de ce suicide dans la situation du gentilhomme coupable qui, se voyant perdu sans ressources, avait mieux aimé en finir tout de suite avec la vie que de subir un long châtiment et un déshonneur inévitable... Après avoir terminé ce procès-verbal, le magistrat donna l'ordre de transporter le corps dans un hospice qu'il désigna et où il resterait jusqu'au moment de l'inhumation, puis, ayant congédié les agents, et renvoyé les soldats à leur caserne, il se dirigea d'un air pensif vers l'escalier conduisant aux étages supérieurs de l'hôtellerie.

— Il me semble que monsieur le commissaire-général se trompe de chemin... — fit observer humblement l'ex-juif.

— Je ne me trompe pas le moins du monde, maître Otto Butler — répliqua le magistrat.

— Monsieur le commissaire-général monte donc chez la veuve ?... reprit l'hôtelier.

Le commissaire-général fit un signe affirmatif.

— Peut-être bien était-elle complice... — continua l'ex-juif d'un ton insinuant — le mari étant mort, on agirait je crois sagement en mettant la main sur elle à tout hasard... Eh ! eh ! on ne sait pas...

Le magistrat haussa les épaules sans répondre et continua de gravir les marches.

VI

CHEZ PAULINE

Arrivé au second étage, le commissaire-général s'arrêta et parut hésiter pendant un instant. — L'expression d'une pitié profonde se peignit sur son visage, et il murmura à deux reprises :

— Pauvre femme !... pauvre femme !... Après tout — ajouta-t-il presqu'aussitôt, — mieux vaut pour elle, sans doute, qu'il en soit ainsi... — et d'ailleurs tout ce que Dieu fait est bien fait.

Sans plus attendre il ouvrit la porte, — il traversa l'antichambre et, après avoir annoncé sa présence par un bruit léger, il franchit le seuil de la première pièce. Pauline, en proie à une prostration absolue, était assise sur le sopha où nous l'avons vue tomber une heure auparavant. Son attitude n'avait point changé ; — sa tête s'inclinait vers son épaule droite ; — ses bras pendaient, inertes, à ses côtés ; — ses yeux aux prunelles immobiles semblaient ne rien regarder et ne rien voir... —

Aucun signe extérieur n'indiqua qu'elle avait conscience de n'être plus seule...

— Madame — dit le commissaire-général d'une voix très basse.

Cette voix produisit sur la jeune femme l'effet de l'étincelle électrique qui galvanise un cadavre. — Elle tressaillit de tout son corps et tourna la tête vers celui qui venait de lui parler ; — elle le reconnut avec un effroi manifeste, et elle balbutia :

— Vous, monsieur !... Oh ! mon Dieu, quel nouveau malheur, quelle honte nouvelle, venez-vous m'apporter ?...

— Armez-vous de courage, madame — répondit le magistrat, — vous en aurez besoin, car en effet, c'est l'annonce d'un malheur qui me ramène auprès de vous...

— Ah ! — cria Pauline d'un ton d'épouvante et de désespoir — mon mari est arrêté !

— Non, madame.

— Mais alors, monsieur... alors, qu'est-ce donc ?

— Monsieur de Lascars, vous le savez, madame — reprit le commissaire-général — se trouvait placé sous le coup d'une accusation des plus graves. Son honneur était compromis, sa liberté menacée pour longtemps, pour toujours peut-être. — Après avoir commis la faute, il n'a pas eu la force d'envisager de sang-froid l'expiation inévitable. — Effrayé du compte qu'il avait à rendre à la justice humaine, il a voulu comparaître avant l'heure devant le juge suprême.

Le magistrat s'interrompit.

— Monsieur... monsieur — balbutia Pauline effarée — ai-je bien deviné le sens terrible de vos paroles ?

Est-ce vrai, monsieur ? Est-ce possible ? — Mon mari ? qu'est devenu mon mari ?

— Il a déserté la vie, madame. Je ne dirai pas qu'il s'est fait justice, mais il s'est du moins plus rigoureusement puni que la loi n'avait le droit de le punir.

— J'ai peur de vous comprendre ! Vous le voyez, ma tête s'égare ! Je ne sais plus si je deviens folle ou si j'ai ma raison... — Cette punition dont vous parlez, monsieur, quelle est-elle ?

— La plus cruelle de toutes, madame... — Le baron de Lascars n'existe plus... — Vous êtes veuve.

— Ah ! le malheureux s'est tué !

— Oui, madame.

Pauline se laissa tomber à genoux ; — elle éleva ses mains vers le ciel, et des torrents de larmes inondèrent son visage.

— Mon Dieu, pardonnez-lui... — dit-elle d'une voix étouffée par les sanglots — mon Dieu, prenez pitié de lui !.. — Vous qui lisez dans les âmes, vous le savez, mon Dieu, j'aurais donné ma vie pour sauver la sienne ! — En ce moment le passé s'efface comme un songe. — Je ne me souviens plus s'il était coupable, je ne me souviens plus si j'étais malheureuse. — Je me souviens seulement que je portais son nom, et que mon enfant ne connaîtra pas son père...

— Madame — murmura le magistrat avec émotion — je ne suis pour vous qu'un étranger, venu dans des circonstances funestes. — Je n'ai ni le droit de solliciter votre confiance, ni même celui de vous prodiguer des consolations banales au milieu d'une infortune à laquelle je compatis plus que personne. — Permettez-moi cependant, madame, de vous exhorter à la fermeté. — Si grande et si légitime que soit votre douleur, n'oubliez pas que l'irrémédiable catastrophe qui vous frappe prévient des malheurs d'un autre genre. — Le nom que vous portez, celui d'une noble maison, ne sera point flétri ! — Quoi qu'il dût arriver, M. de Lascars était perdu pour vous. — Les murailles d'une prison allaient s'élever entre vous et lui, et ne vaut-il pas mieux, madame, être séparés par la mort que par l'infamie ?

— Hélas ! monsieur — balbutia Pauline — tout cela est vrai, sans doute. — Tout cela, je me le dirai peut-être demain. — Mais aujourd'hui laissez-moi pleurer ! — La mémoire du passé me reviendra demain s'il le faut, aujourd'hui je veux oublier.

— Je comprends vos sentiments et vos intentions, madame la baronne, et je les respecte, croyez-le bien, — répliqua le magistrat — j'ai rempli le douloureux devoir qui m'était imposé. — il ne me reste qu'à me retirer, après vous avoir supplié de disposer de moi, si je puis vous être bon ou utile à quelque chose en cette ville où sans doute vous ne connaissez personne.

— Je vous suis reconnaissante — monsieur — répondit Pauline — Oh ! reconnaissante de toute mon âme, mais je ne mettrai pas votre bon vouloir à l'épreuve. — — Le séjour d'Aix-la-Chapelle est désormais odieux pour moi. — Demain, aujourd'hui même si c'est possible, je reprendrai le chemin de la France.

Le commissaire-général salua respectueusement la malheureuse jeune femme et il se préparait à quitter la chambre, mais Pauline reprit, d'une voix à peine distincte :

— J'ai cependant une question à vous adresser, monsieur...

— Parlez, madame, je suis absolument à vos ordres.

— N'est-ce pas un devoir pour moi, un devoir sacré, de dire un dernier adieu, un éternel adieu, à celui qui fût mon mari ? Ne pourrai-je m'agenouiller auprès de sa dépouille mortelle, et prier Dieu pour le repos de son âme ?

— Vous le pourrez sans aucun doute, madame, si telle est votre volonté, mais j'ai cru vous éviter de cruelles et inutiles émotions en faisant transporter en un pieux asile le cadavre défiguré du baron de Lascara.

— Croyez-moi, madame, évitez un si triste spectacle.

— Ou j'ai bien mal compris quelques mots échappés à votre douleur, ou vous avez à veiller sur deux existences. Je vous demande donc au nom de l'enfant que vous portez dans votre sein, et qui deviendra la consolation de votre vie, je vous demande d'éviter une crise funeste dont le contre-coup serait un danger pour la frêle créature.

— S'il le faut pour la vie de mon enfant, monsieur — répondit Pauline — je suivrai vos conseils, — mais, si je ne suis pas là, qui prendra soin des funérailles de l'infortuné qui n'est plus ?

— Moi, madame, — je me charge de tout et vous pouvez vous en reposer aveuglément sur ma promesse.

— Ah ! monsieur, vous êtes bon ! — s'écria la jeune femme ainsi que l'avait fait Gretchen un peu auparavant — dites-moi votre nom, je vous en prie, afin que je puisse le répéter en parlant à Dieu. — C'est la seule manière, hélas ! qui soit en mon pouvoir de vous témoigner ma reconnaissance infinie.

— Je m'appelle Fritz Ritter, madame — répondit le magistrat, — et si vous daignez vous souvenir de mon nom dans vos prières, c'est moi seul qui contracterai vis-à-vis de vous une dette de reconnaissance.

Tout était dit entre Pauline et le magistrat ; — ce dernier prit congé de la jeune femme et quitta l'appartement. Sous la voûte de la porte cochère, il rencontra l'ex-juif.

— Que monsieur le commissaire-général me pardonne de le questionner — dit Otto Butler en courbant jusqu'à terre son échine flexible, — mais en ma qualité de maître-d'hôtel du Faucon-Blanc, tout ce qui concerne mes locataires m'intéresse naturellement. — Cette prétendue baronne a-t-elle fait des aveux ? — Monsieur le commissaire-général juge-t-il à propos de la laisser en liberté et dois-je exercer en son endroit une surveillance occulte ?

Le magistrat regarda sévèrement l'hôtelier.

— Maître Otto Butler — lui dit-il — vous me donnez de votre intelligence et de votre cœur une triste opinion, en vous obstinant à confondre, comme vous le faites avec acharnement, le crime et l'infortune. — Madame la baronne de Lascars est une noble et sainte femme. — Elle est libre, elle doit rester libre, et je vous recommande d'avoir pour elle les plus grands égards.

— Il suffit — murmura l'ex-juif, en dissimulant de son mieux une grimace fort laide — les conseils de monsieur le commissaire-général seront pour moi des ordres auxquels je me conformerai religieusement, aussi vrai que je suis bon catholique.

Et tout bas il ajouta :

— J'ai des égards pour qui me paye bien, mais je ne dois rien à ceux qui me font perdre mon dû légitime. — M. le commissaire dit de belles paroles, mais les paroles ne sont pas de l'argent ! — Je monterai tout à l'heure chez la veuve de ce gredin de baron, et, ma foi, si elle n'est point en mesure, tant pis pour elle ! —

Elle apprendra que je ne suis point de ces imbéciles qui se laissent traiter en dupes!...

Maître Otto Butler fut interrompu dans ses réflexions peu charitables par le bruit d'une chaise de poste traversant rapidement la petite place et se dirigeant vers l'hôtellerie. — Les quatre chevaux lancés au grand trot faisaient tinter les grelots de leurs harnais; les postillons menaient grand tapage avec leurs fouets, ainsi qu'il convient à des postillons princièrement payés, et l'équipage s'engouffra comme un tourbillon sous la porte cochère du Faucon-Blanc. Les nouveaux venus étaient ces étrangers, ces Français de haute distinction, dont un coureur à cheval avait annoncé, la veille au soir, la prochaine arrivée. Le ci-devant juif ne voulut céder à aucun de ses gens le soin d'ouvrir la portière armoriée de la chaise de poste, et de déployer le marchepied devant ses hôtes. Les voyageurs étaient une jeune femme et un homme jeune encore : — le frère et la sœur; — une duchesse et un marquis, avait-on dit à Otto Butler. Ce dernier fut ébloui de la merveilleuse beauté de la duchesse et de la hautaine physionomie du marquis. — Il se confondit en salutations et en révérences, et conduisit les nouveaux venus à l'appartement préparé pour eux et dont nous savons qu'il avait tenu à surveiller par lui-même jusque dans leurs moindres détails les préparatifs. Ceci fait, il se retira, après avoir pris les ordres de ses hôtes illustres — c'est ainsi qu'il les qualifiait, et, tout en gravissant les marches qui le séparaient du second étage, il se disait :

— A la bonne heure ! — ils paieront, ceux-là ! et sans marchander, j'en réponds d'avance ! — puisse ma bonne étoile les retenir longtemps dans mon hôtellerie ! Voilà des clients comme je les aime !

Otto Butler, arrivé en face du numéro 16, ne se donna point la peine de frapper à la porte de Pauline; — la plus simple politesse lui semblait superflue, et même dangereuse, lorsqu'il croyait son argent en péril. Il entra d'une façon brusque, salua vaguement, et dit d'un air rogue :

— Madame la baronne, c'est moi.

Pour les âmes d'élite, pour les organisations d'une délicatesse exceptionnelle, le chagrin le plus légitime a sa pudeur comme l'amour. — Il recherche la solitude et le mystère. — Pauline, surprise par Otto Butler, essuya promptement, mais d'une main mal assurée, les larmes qui coulaient sur ses joues et, se tournant vers l'hôtelier, elle le regarda, comme pour lui demander la cause de sa présence inattendue. L'étonnement et la dignité froissée se peignirent dans ce regard avec tant d'éloquence qu'Otto Butler se sentit déconcerté pendant la vingtième partie d'une seconde, et que l'entretien qu'il voulait avoir avec la jeune femme lui parut beaucoup plus difficile à entamer qu'il ne l'avait cru d'abord, mais il recouvra bien vite toute son assurance et il reprit:

— Madame la baronne m'excusera si je la dérange. — Il m'est impossible de faire autrement.

— Que me voulez-vous ? balbutia Pauline.

— Je désire savoir à quoi m'en tenir sur une question fort importante pour moi. — La position de madame la baronne est changée. — Madame la baronne se trouve seule à Aix-la-Chapelle. — A-t-elle l'intention de conserver cet appartement dont je puis trouver l'emploi d'un moment à l'autre, si madame ne le garde pas ?

— Je ne le garde pas, répondit Pauline.

— Madame a peut-être le projet de le quitter demain ?

— Je compte le quitter aujourd'hui même, si je puis avoir une place dans quelque voiture partant pour la France...

— Oh ! les voitures ne manquent pas ! Madame trouvera sans peine son affaire.

Après un court silence, Otto Butler tira de sa poche une longue pancarte de papier blanc toute chargée de petites lignes inégales terminées par des chiffres, et la déploya.

VII

UNE VISITE INATTENDUE.

— J'ai bien prévu — continua l'hôtelier — que madame la baronne ne se plairait plus dans notre ville après le fâcheux événement qui vient d'arriver. En conséquence j'ai préparé la petite note de madame.
— Voici cette note.

Tout en parlant, Otto Butler plaçait sous les yeux de Pauline la longue pancarte couverte de petites lignes et de petits chiffres terminés par une addition dont le total offrait un chiffre imposant. — La jeune femme attacha sur ce chiffre un regard plein de stupeur et d'effroi.

— Eh! quoi — murmura-t-elle d'une voix à peine intelligible, — une telle somme ! est-ce possible ?

— Je ferai observer à madame, — reprit l'ex-juif, — qu'il s'agit de toutes les dépenses faites à l'hôtellerie par M. le baron et par madame la baronne depuis leur arrivée, c'est-à-dire depuis plus de trois semaines.

— Ainsi — continua Pauline — vous n'avez rien reçu ? mon mari n'a rien payé ?

— Jamais, madame ! — pas un thaler ! — monsieur le baron, auquel je ne me faisais pas faute d'adresser des réclamations, me remettait de jour en jour pour le paiement de ma note. — Hier encore il me promettait de la façon la plus positive de solder mon compte ce matin, — il comptait recevoir, disait-il, des fonds par la poste, — une grosse somme, ma foi, cent mille livres !... — je commence à croire, madame la baronne, — ajouta l'hôtelier d'un ton railleur — que cette grosse somme n'arrivera pas, et c'était aussi, selon toute apparence, l'avis de M. le baron, puisqu'il a jugé fort à propos de ne pas l'attendre.

Cette insulte indirecte adressée à l'homme dont elle portait le nom et dont elle croyait le cadavre à peine refroidi, fit monter un nuage de sang aux joues pâles de la jeune femme.

— Assez, monsieur !... — dit-elle avec hauteur, en quittant le sopha sur lequel elle était assise, — vous allez être payé...

Le visage d'Otto Butler s'illumina et sa physionomie redevint servilement obséquieuse comme de coutume.

— Je suis sans argent — continua Pauline — mais il me reste quelques bijoux... — Je vais vous les donner... — vous vous chargerez de les engager ou de les vendre et, après avoir prélevé la somme que je vous dois, vous me remettrez le surplus de leur prix...

— Je suis aux ordres de madame la baronne — murmura l'ex-juif — et je ferai de mon mieux pour la satisfaire...

La jeune femme se dirigea vers la chambre à coucher où Otto Butler la suivit sans y être invité par elle.

— En vérité, j'ai du bonheur ! — pensait-il avec une satisfaction profonde — et je vais toucher un argent sur lequel je ne comptais guère !...

Pauline fouilla rapidement dans un meuble où se trouvaient trois écrins qu'elle plaça sur une petite table.

— Prenez — dit-elle ensuite en se tournant vers l'ex-juif — échangez tout cela contre de l'or et, je vous en prie, ne perdez point de temps, car j'ai hâte de quitter cette maison et cette ville...

— Madame la baronne — répliqua l'hôtelier — j'ai fait jadis le commerce des bijoux, et je me connais en pierreries autant qu'âme qui vive... — Je puis dès à présent vous fixer sur la valeur réelle des objets, et sur le prix qu'on en pourra trouver...

Pauline exprima son adhésion par un signe. Otto Butler prit sur la table l'un des écrins, et, le soupesant, il murmura :

— Diable ! ce qu'il y a là-dedans n'est pas lourd !... — rien qu'à en juger par le poids, on en aura peu de chose !...

Il ouvrit le premier écrin, puis les deux autres... — tous trois étaient vides ! Nous savons déjà ce que Lascars avait fait de leur contenu !...

Pauline poussa un cri sourd et cacha son visage dans ses mains en balbutiant :

— Oh ! malheureuse !... malheureuse femme que je suis !...

Le visage d'Otto Butler devenait méconnaissable et prenait une expression effrayante. — La cupidité déçue de l'avare, la rage de l'homme qui se croit volé éclataient dans ses regards menaçants.

— Ah ! c'est donc ainsi !... s'écria-t-il d'une voix gutturale étranglée par la colère. — Non contente de m'avoir fait perdre mon dû, vous vouliez encore me prendre pour dupe !... — si j'avais eu le malheur de quitter cette chambre sans visiter les écrins, vous m'auriez réclamé la valeur de vos bijoux imaginaires !... heureusement je vous avais bien jugée, baronne de hasard !... — je me défiais de vous !... j'étais sur mes gardes, et maintenant rira bien qui rira le dernier...

— Eh ! quoi — balbutia Pauline, éperdue de honte et d'effroi — vous croyez... vous me soupçonnez... J'ignorais... — oh ! je vous le jure, monsieur, j'ignorais.

— Mensonge ! mensonge !... — interrompit brutalement Otto Butler en haussant les épaules — vous saviez que les écrins étaient vides et vous méditiez un vol éhonté !... — ah ! vous étiez bien la digne complice du faussaire et de l'escroc qui s'est fait sauter le crâne !... — vous marchiez sur ses traces... vous finirez comme lui !... — mais c'est loin de cette maison qu'il faut aller chercher des dupes !... — Otto Butler est un vieux renard qui ne se laissera pas prendre à vos ruses...

— Et d'abord, je serai payé, j'en fais le serment par Abraham !...

En disant ce qui précède, l'ex-juif ouvrait violemment les armoires et les meubles ; — il soulevait les couvercles des malles ; — il dispersait sur le parquet de la chambre les vêtements et le linge de Lascars et de Pauline et il supputait mentalement la valeur de ces objets éparpillés autour de lui. Lorsqu'il eut vidé malles et tiroirs, et que son calcul fut achevé, Otto Butler reprit :

— La vente de vos défroques suffira tant bien que mal à m'indemniser... — je garde tout... — vous n'emporterez d'ici que la robe qui vous couvre !... — Il est neuf heures du matin... — je vous enjoins de partir avant midi... — si vous étiez encore ici quand le délai que je vous accorde sera passé, je vous ferai mettre dehors par les valets de l'hôtellerie... — vous avez entendu... — tâchez de vous souvenir !...

Après cette péroraison, l'ex-juif, fier de l'énergie qu'il venait de déployer, quitta l'appartement de Pauline et continua, jusque sur l'escalier, à faire entendre ses grondements et ses imprécations. La malheureuse jeune femme, trop fière pour descendre à la supplication vis-à-vis d'un être tel qu'Otto Butler, et en outre écrasée sous le poids du malheur le plus complet qui pût fondre sur une créature humaine, n'avait pas prononcé une parole tant que le maître de l'hôtellerie était resté près d'elle. — Lorsqu'elle se retrouva seule, elle s'abandonna sans contrainte à son désespoir, et elle envisagea toute l'étendue d'une infortune qui frappait non seulement sur elle, mais encore sur l'enfant qu'elle portait dans son sein. — Qu'allait-elle devenir en effet, complètement isolée et sans aucune ressource dans un pays étranger et dans une ville inconnue ?... — Comment regagner la France ?... — comment vivre ?... — où prendre du pain, à moins de recourir à la charité publique ?... — mais Pauline aurait mieux aimé cent fois mourir que de tendre la main à l'aumône.... L'idée du suicide ne se présenta même pas à l'esprit de l'infortunée. — Ses croyances religieuses ne lui permettaient point de chercher dans une fin volontaire un asile contre la souffrance... — d'ailleurs elle ne pouvait condamner son enfant à mort.

— Je suis impuissante !... — se dit-elle, — aucune tentative n'est possible... aucun effort ne m'est permis... — mon Dieu, je m'abandonne à vous, faites de moi ce que vous voudrez... — J'attends que votre protection me vienne en aide et que votre volonté se manifeste...

Ensuite, un peu calmée par la conscience qu'elle venait de remettre sa destinée entre les mains du Maître suprême, elle attendit en effet, dans une sorte de torpeur intellectuelle, qu'un miracle se fît pour elle. Une heure à peu près s'écoula ainsi, puis Pauline tressaillit tout à coup; pendant une seconde elle crut fermement que le miracle attendu venait de s'accomplir, et que Dieu lui envoyait un de ses anges pour la soutenir et la ranimer. Une jeune femme de la beauté la plus radieuse venait d'entrer sans bruit, se tenait debout auprès d'elle et la regardait avec une ineffable expression de douceur, de tendresse et de pitié. Cette jeune femme, au moment où Pauline s'aperçut de sa présence, lui prit la main qu'elle serra entre les siennes, et lui dit d'une voix fraîche et caressante :

— Vous ne me connaissez pas, madame... mais je sais moi, tout ce que votre infortune imméritée commande de respect... — tout ce que votre caractère doit inspirer de sympathie... — Je suis venue à vous pour vous tendre les bras, pour vous demander de m'aimer un peu et de vous confier à moi...

— Suis-je éveillée ?... — balbutia Pauline, en proie à une sorte d'hallucination, — est-ce une vision d'en haut qui s'offre à mes regards?... — est-ce un ange qui me parle?...

— Je ne suis point un ange, madame, répondit la jeune femme, avec un sourire plus capable de démentir cette assertion que de la confirmer — je suis une compatriote... une Française... — je me nomme la duchesse de Randan.

Madame de Randan, que nos lecteurs ont devinée depuis longtemps déjà — (du moins nous le croyons) — regagnait la France au retour d'un voyage en Allemagne fait avec son frère, le marquis d'Hérouville, et se proposait de passer deux jours à l'hôtellerie du Faucon-Blanc. — A peine descendu de voiture le marquis Tancrède était sorti pour aller visiter la basilique célèbre dont Aix-la-Chapelle est si fière. La duchesse après avoir échangé son costume de voyage contre une délicieuse toilette d'intérieur, désirant obtenir quelques renseignements sur les curiosités de la ville, avait chargé sa femme de chambre de lui amener une des servantes de l'hôtellerie. Le hasard voulut que cette servante fût Gretchen. La jolie et douce enfant venait d'apprendre de la bouche d'Otto Butler que la baronne de Lascars avait reçu l'ordre brutal de quitter son appartement avant midi, sous peine de se voir expulser par la violence. — L'ex-juif s'était empressé d'ajouter qu'il mettait sous séquestre le peu que possédait la malheureuse femme, et qu'elle emportait pour tout bien la robe qu'elle avait sur le corps. Nous connaissons le dévouement instinctif que Gretchen éprouvait pour Pauline. Les mauvaises nouvelles données par Otto Butler avec une expression de triomphe cruel brisèrent le cœur compatissant de la blonde Alsacienne et la firent pleurer à chaudes larmes.

— Eh ! sotte fille que tu es, — s'écria l'ex-juif avec autant de raillerie que de colère — puisque tu l'aimes tant, cette intrigante, cette fausse baronne, cette associée d'un voleur qui s'est fait justice, prouve-lui donc ta tendresse un peu mieux que par des sanglots!... rien ne t'empêche de payer pour elle...

— Ah ! si je pouvais !... — murmura Gretchen.

— Tu le ferais ? demanda le maître du Faucon-Blanc.

—Oui, je le ferais... et de tout mon cœur, je le jure...
Otto Butler haussa les épaules.

— Tiens ! — répliqua-t-il — tu me fais pitié... — Si tu n'étais pas la nièce de ton oncle, je ne te garderais pas deux heures de plus ici, et je t'enverrais rejoindre ta protégée !... — tu ne seras jamais qu'une sotte, tu resteras pauvre toute ta vie, et tu mourras un jour sur la paille...

Les pleurs de Gretchen redoublèrent. C'est en ce moment précis que la femme de chambre de la duchesse était venue chercher la jeune fille. — Gretchen fit trêve à ses sanglots ; — elle essuya de son mieux les grosses larmes qui ruisselaient sur ses joues blanches et roses et elle suivit la femme de chambre, mais le cœur de l'Alsacienne était gonflé outre mesure, et malgré ses efforts quelques perles liquides continuèrent à se suspendre à la pointe de ses longs cils.

—Quelle charmante fille ! quelle ravissante figure... — murmura la duchesse en voyant entrer Gretchen.

Puis, remarquant l'expression désolée de ce doux visage, et les pleurs qui tombaient de ces yeux bleus, aussi purs qu'un ciel sans nuages elle ajouta vivement :

— Mais, ma belle enfant, qu'avez-vous donc?... — un bien gros chagrin, n'est-ce pas !... — Ouvrez-moi votre cœur... dites-moi ce qui vous désole ainsi... — Peut-être trouverais-je un moyen de vous consoler.

Gretchen, très intimidée, baissa la tête et roula dans ses doigts l'un des rubans de son tablier.

—Est-ce donc un secret ? — continua la duchesse— voyons, petite, un peu de confiance... — C'est par intérêt et non par curiosité que je vous interroge, et mon intérêt pour vous ne sera point stérile... Que vous a-t-on fait? — qu'avez-vous à craindre ? — Parlez... je veux connaître les motifs de votre douleur...

— Madame — balbutia Gretchen — on ne m'a rien fait, à moi, et si je pleure, sans pouvoir m'en empêcher, c'est sur une infortune qui n'est pas la mienne.

— Ce que vous me dites, mon enfant — reprit madame de Randan — redouble la sympathie que vous m'inspirez... — Il est bien rare et bien beau de prendre volontairement sa part du malheur des autres... Quelle est la personne dont vous partagez si vivement les souffrances? un membre de votre famille sans doute ?

— Non, madame.

— Qui donc?

— Une pauvre jeune dame bonne et belle comme les anges, et tellement à plaindre qu'il semble que le bon Dieu l'ait abandonnée... et pourtant, j'en suis bien certaine, elle n'a rien fait pour mériter ce qu'elle endure.

— Comment se nomme cette jeune dame ?

— La baronne de Lascars.

— La baronne de Lascars — répéta madame de Randan — il me semble que ce nom ne m'est pas inconnu... de quel pays est la personne que vous appelez ainsi?

— Elle est Française, madame.

— Française ! — s'écria la duchesse — une compatriote !... Ma belle enfant, apprenez-moi bien vite tout ce qui concerne madame de Lascars.

Gretchen ne demandait qu'à parler. Déjà elle commençait à éprouver vaguement l'espérance de voir cette grande dame, qui semblait si affectueuse, si compatissante, prendre sous sa protection la malheureuse veuve, et lui venir en aide d'une façon utile.

Elle raconta rapidement ce qu'elle savait des souffrances de Pauline, la mort terrible de son mari, le dénûment absolu auquel elle se trouvait réduite, et la résolution cruelle prise à son égard par Otto Butler. Pendant le récit de la jeune fille, madame de Randan, très émue, ne pouvait retenir ses larmes.

— Ah ! — s'écria-t-elle, lorsque Gretchen eût achevé — pauvre femme !.. — quelle situation !.. — mais c'est donc un être incapable de toute pitié que le maître de cette hôtellerie ! c'est donc un homme affreux !

— Je ne crois pas qu'il soit méchant, madame..... — répondit la jeune fille avec un peu d'hésitation — il ne fait de mal à personne, mais il aime l'argent plus que tout au monde, et, quand il craint de perdre quelque somme, il ne se connaît plus.

— Lâche et triste nature !... murmura la duchesse ; — puis elle reprit à voix haute : — madame de Lascars doit éprouver d'indicibles angoisses. — il ne faut pas qu'elle ait un instant de plus à souffrir, du moins du côté matériel de sa position.... — Je veux la rassurer sur l'avenir ; — je veux lui dire, lui prouver surtout, qu'elle trouvera, en moi une amie, une sœur... — J'ai hâte de la voir... de l'embrasser.... — Conduisez-moi près d'elle, mon enfant.

— Ah ! — s'écria Gretchen avec un transport qu'il lui fut impossible de réprimer — je tomberais à vos genoux si j'osais... j'embrasserais vos mains !.. Dieu vous bénira, madame, pour ce que vous allez faire..... il vous récompensera !

— La récompense du bienfait est dans le bienfait lui-même, mon enfant... — répondit la duchesse — la main qui donne est une main heureuse... — le riche est à plaindre plus que le pauvre, lorsqu'il ne comprend pas les joies pures, les joies immenses, les joies presque divines de la charité ! — Servez-moi de guide, et hâtons-nous, car chaque minute perdue est pour madame de Lascars une minute de souffrance imméritée.

Gretchen conduisit la duchesse au deuxième étage de l'hôtellerie ; — elle l'introduisit dans la première pièce, et, après lui avoir montré la porte entr'ouverte de la chambre à coucher, elle resta discrètement en arrière. Madame de Randan franchit le seuil et s'arrêta près de Pauline dont nous avons signalé plus haut l'état de prostration absolue. Nous avons dit aussi, comment la jeune femme, sortant de sa torpeur douloureuse, se crut le jouet d'un songe ou d'une vision en voyant devant elle la visiteuse inattendue dont le visage merveilleusement beau exprimait cette compassion tendre et caressante qui ne saurait causer de froissement, même à l'orgueil le plus ombrageux. Les premières paroles échangées entre Pauline et la grande dame sont connues de nos lecteurs. Lorsque la sœur de Tancède se fut nommée, madame de Lascars murmura :

— Vous me demandez de me confier à vous et de vous aimer, madame la duchesse... — Eh ! comment ne pas vous aimer, vous qui venez me tendre une main secourable à l'heure où tout m'abandonne, ange de consolation que Dieu m'envoie au moment où j'allais désespérer.

— L'heure du désespoir ne reviendra jamais pour vous... — répondit vivement la grande dame — je suis là désormais, et vous pouvez compter sur moi comme sur votre plus chère amie... — Je n'ignore rien de ce que vous avez souffert... — Je vous aimais déjà, madame, avant de vous connaître... — maintenant que je vous ai vue, ma sympathie pour vous et mon intérêt n'ont plus de bornes... — il me semble qu'un lien mystérieux nous unissait depuis longtemps... — il me semble en vous regardant que je retrouve une part de moi-même... — Je n'avais pas encore franchi le seuil de cette chambre que je me sentais instinctivement sûre de trouver en vous une digne et noble femme... — Mon instinct ne me trompait pas !.. — la beauté de votre âme, resplendit sur votre visage.. — Soyez ma sœur... vous êtes pauvre, je le sais... — tant mieux... moi je suis trop riche... je suis veuve comme vous, libre comme vous... — ne nous quittons plus... je n'ai pour toute famille que ma jeune sœur, ou plutôt mon enfant chérie, et le marquis d'Hérouville, mon frère, un homme de cœur... — un vrai gentilhomme... — je les aime de toute mon âme, vous les aimerez comme je les aime, et d'avance je vous promets qu'ils vous le rendront largement... — C'est convenu, n'est-ce pas, madame ?... — Oh ! ni fausse fierté, ni fausse honte, je vous en supplie ! — dites-moi que vous acceptez... — dites-moi que vous voulez bien devenir ma sœur, et je serai une femme heureuse ; — vous ne trouverez point en moi une ingrate, et ma reconnaissance sera, comme ma tendresse, infinie.

La duchesse se tut. Que répondre à cette créature charmante et bonne, d'une charité si ingénieuse et si délicate qu'en offrant le bienfait elle paraissait le recevoir. Il n'y avait, croyons-nous, qu'une seule réponse possible : — se jeter dans les bras de madame de Randan et l'embrasser avec effusion. C'est ce que fit Pauline. Entraînée par une impulsion irrésistible, elle appuya sur la poitrine de la duchesse sa belle tête d'une pâleur sublime, et elle sanglota contre le cœur palpitant de cette noble femme qu'un instant auparavant elle ne connaissait pas, et pour laquelle désormais elle se sentait prête à donner sa vie. — Pauline sanglotait, — avons-nous dit, mais dans ses larmes il n'y avait plus d'amertume. La pauvre enfant cessait de se voir isolée, perdue en ce monde ; — elle se sentait soutenue ; — une main douce essuierait ses pleurs ; — une voix caressante lui dirait : *Console-toi !*.. Madame de Randan, nos lecteurs le croiront sans peine, n'était guère moins attendrie que sa nouvelle amie ; — elle pressait ses mains glacées ; elle couvrait de baisers ses joues amaigries et elle murmurait, presque sans le savoir, et d'une voix à peine distincte :

— Courage !.. — courage !.. — je suis là...

Cette scène de violente mais douce émotion ne pouvait durer indéfiniment ; — Pauline se calma peu à peu, et céda sans résistance à l'étreinte de la duchesse qui la fit asseoir et s'assit auprès d'elle, en lui disant :

— Mon amie, rien ne vous retient en cette ville, n'est-ce pas ?

— Oh ! non !... — répondit la jeune femme avec une vivacité qui prouvait combien le séjour d'Aix-la-Chapelle lui était odieux.

— Dans ce cas — reprit la duchesse — nous partirons demain... — Mon frère ne tient pas le moins du monde à passer deux jours ici... d'ailleurs il ne veut que ce que je veux, et j'ai hâte de vous ramener en France, de vous arracher aux tristes souvenirs qui s'attachent pour vous à chaque objet dans cette hôtellerie... — Ma femme de chambre viendra tout à l'heure mettre un peu d'ordre dans vos bagages... — Je vais ordonner au maître du Faucon-Blanc de vous préparer un autre logement près du mien... — Ensuite je vous demanderai la permission de vous présenter mon frère, le marquis Tancrède d'Hérouville... — vous l'aimerez, j'en suis sûre.... il est si bon! personne ne peut le voir sans l'aimer.

VIII

LE FRÈRE ET LA SŒUR

Madame de Randan rentrée chez elle fit appeler Otto Butler. L'hôtelier se présenta sans retard, et prodigua selon sa coutume les plus humbles démonstrations du respect le plus servile.

— Monsieur, — lui dit la duchesse sévèrement et d'un ton hautain, — votre conduite est indigne !... — J'ai honte de penser que l'amour de l'or puisse faire ainsi descendre une créature humaine jusqu'aux plus bas degrés de l'inhumanité.

— Grand Dieu, madame la duchesse, — s'écria l'ex-juif, — qu'ai-je donc fait de si criminel ?...

— Vous avez oublié les égards que tout homme qui se respecte doit à une femme, et à une femme malheureuse !... — Vous avez été lâche et cruel avec la baronne de Lascars, ma compatriote...

— Madame la duchesse ignore sans doute que la baronne de Lascars se trouvait dans l'impossibilité de me payer... — murmura l'hôtelier confus.

— Etait-ce une raison pour agir avec brutalité comme vous l'avez fait ? — reprit madame de Randan, — était-ce une raison pour chasser de votre hôtellerie cette noble femme ?... — pour la dépouiller sans pitié du peu qu'elle possède ?... — Vouliez-vous donc la réduire à mendier ou à mourir de faim ?...

— Eh ! je ne suis pas riche, madame la duchesse, — répliqua l'ex-juif, — et s'il me fallait loger et nourrir gratuitement tous les voyageurs sans ressources, je serais bientôt réduit moi-même à la plus extrême misère... — Chacun est bon juge dans sa propre cause, car chacun connaît ses affaires. — Je ne me crois pas plus méchant qu'un autre, mais j'aime peu perdre mon argent ; — beaucoup de gens me ressemblent sous ce rapport, et d'ailleurs...

La duchesse interrompit l'hôtelier par un geste impérieux qui fit expirer sur ses lèvres la parole commencée.

— En voilà trop long ! — dit-elle. — Combien vous est-il dû ?

— Voici la note de madame la baronne de Lascars.

La grande dame jeta les yeux sur le total écrit au bas de la pancarte que lui présentait le ci-devant juif.

— Payez-vous... — continua-t-elle en laissant tomber dédaigneusement un billet de banque sur le tapis.

Otto Butler se précipita pour ramasser le précieux chiffon.

— Je vais rapporter à l'instant même à madame la duchesse la note acquittée et la monnaie du billet de banque, — dit-il, — madame la duchesse a-t-elle des ordres à me donner ?

— Oui. — Faites préparer pour madame de Lascars un appartement à côté du mien.

— Ce sera l'affaire d'une demi-heure, tout au plus.

— Présentez à madame de Lascars vos très humbles excuses de votre conduite à son égard, et tâchez qu'elle daigne agréer ces excuses.

— Je n'y manquerai pas, madame la duchesse.

— Enfin veillez à ce que, pendant son séjour dans cette maison, chacun lui témoigne le même respect qu'à moi-même.

— Madame la duchesse peut être bien tranquille à cet égard.. elle sera scrupuleusement obéie.

— J'y compte.

Otto Butler quitta l'appartement du premier étage, et, quelques minutes après son départ, le marquis d'Hérouville, revenant de sa promenade matinale, frappait à la porte de sa sœur. — Madame de Randan courut à lui.

— Mon cher Tancrède, — lui dit-elle, — je vais t'apprendre une grande nouvelle...

— Ta figure est joyeuse, donc la nouvelle n'est pas mauvaise, — répondit le marquis en souriant.

— Elle est excellente ! — Je viens d'avoir la joie de faire une bonne action, et je t'en réserve la moitié.

— Une bonne action... — répéta Tancrède, — il me semble que c'est ta coutume ; et tu pourrais chaque jour, chère sœur, me donner semblable nouvelle. — Tu me gardes ma part, dis-tu ?... — J'accepte de grand cœur et je te remercie. — Apprends-moi bien vite de quoi il s'agit ?...

— D'une compatriote, d'une pauvre jeune femme bien à plaindre, bien intéressante, veuve d'un gentilhomme qui s'est suicidé cette nuit.

— Le nom de ce gentilhomme ? — demanda Tancrède.

4.

— Le baron de Lascars.

Un nuage sombre passa sur le visage du marquis.

— Ah! — murmura-t-il, — le malheureux s'est suicidé!... — Cela m'étonne peu... il devait finir ainsi...
— Que Dieu soit miséricordieux pour sa vie et lui pardonne sa mort!...

— Tu connaissais monsieur de Lascars? — s'écria la duchesse.

— Je le connaissais trop!... — C'était un de ces hommes qui déshonorent un beau nom resté sans tache jusqu'à eux. — Mais il n'est plus... il s'est fait justice... — Je ne commettrai pas la lâcheté d'insulter sa mémoire.

— Et sa femme? — demanda madame de Randan, — connaissais-tu sa femme?...

— Non... — j'ignorais même que le baron fût marié. — Depuis deux ou trois ans, grâce au ciel, je n'ai pas entendu parler de lui.

— Tu la verras dans un instant. — Elle est très jeune, et belle comme les anges malgré tout ce qu'elle a souffert. — Je l'aime déjà, la pauvre enfant, plus que je ne saurais le dire.

— Cette tendresse est-elle bien réfléchie? — murmura le marquis. — Tu n'as pas l'habitude, ce me semble, de donner ton cœur aussi vite.

— J'en conviens, — répondit la duchesse. — Cette affection vive et spontanée s'est emparée de moi tout d'un coup, mais tu me comprendras en voyant madame de Lascars, et comme moi tu la trouveras irrésistible.

— Qu'as-tu déjà fait pour elle et que comptes-tu faire encore?

La duchesse raconta rapidement à Tancrède ce

qu'elle avait appris par la bouche de Gretchen ; — elle ajouta les détails de son entrevue avec Pauline et ses projets pour l'avenir. En écoutant sa sœur, le marquis devenait silencieux.

— Qu'as-tu donc ? — lui demanda madame de Randan quand elle eut achevé. — Je lis sur ton visage une préoccupation sérieuse... Est-ce que tu n'approuves pas ma conduite ?...

— Ma chère Jane, — répondit Tancrède, — tu veux bien, n'est-ce pas, que je te réponde avec ma franchise habituelle ?

— Certes, je le veux !... — s'écria la duchesse, — mais parle vite, je t'en prie, car me voici déjà très inquiète.

— Tu consens à me reconnaître quelque prudence, — reprit le marquis, et tu m'accordes droit de conseil. — Je vais donc exprimer nettement ma pensée tout entière. — Je crains, chère sœur, que tu ne te sois laissée entraîner plus loin qu'il ne fallait par l'angélique bonté de ton âme. — Je crains que tu n'aies cédé trop facilement et trop vite à un entraînement irréfléchi.

— Comment ? pourquoi ? — murmura madame de Randan.

— Je ne suis point de ceux qui voient partout le mal, — poursuivit Tancrède, — la méfiance n'est pas dans ma nature, et j'aime à croire à la vertu, mais enfin rien ne nous prouve que ta nouvelle protégée soit vraiment digne de ta tendresse et de ton estime... — Son malheur et son dénûment la rendent intéressante, ceci est hors de doute, et j'approuve d'avance tous les bienfaits dont tu la combleras. — Viens à son aide, ma sœur, rien de mieux ; mais de là à en faire ton amie, ta compagne, il y a loin... il y a un abîme !... — Tu ne sais rien du passé de cette jeune femme... — Oh! je ne prétends point dire que ce passé soit mauvais, mais enfin, tout ce qui est inconnu laisse une place au soupçon, et l'amie de la duchesse de Randan, pas plus que la femme de César, ne doit être soupçonnée. — Me comprends-tu?... — Ai-je tort ou raison?...

— Tu as raison en apparence et tort en réalité.

Tancrède sourit.

— Je consens bien volontiers à me laisser convaincre, — dit-il, — explique-toi, ma sœur...

— En thèse générale, rien n'est plus vrai que ce que tu viens de dire, — continua la duchesse, — ce serait plus qu'une légèreté, ce serait une imprudence impardonnable, j'en conviens, de donner brusquement son affection, son estime, sa confiance à une inconnue... mais l'exception confirme la règle, et nous sommes aujourd'hui dans l'exception.

— En quoi?

— En ce que la baronne de Lascars est une personne exceptionnelle... — il suffit de la voir un instant, il suffit de l'entendre pour la juger. — La chasteté, la sincérité, le dévouement, toutes les saintes vertus de la femme illuminent son doux et noble visage...

— Prends garde, chère sœur, — interrompit Tancrède, — le visage n'est souvent qu'un beau masque, derrière lequel se cache une âme corrompue...

— Celui de madame de Lascars ne saurait être menteur! — répliqua vivement la duchesse. — Dieu ne nous tromperait pas ainsi par l'œuvre sortie de ses mains! — Les yeux de cette jeune femme, si limpides et si purs, laissent lire jusqu'au fond de son cœur, et ce cœur est sans tache, j'en réponds...

Tancrède secoua doucement la tête.

— Comment, tu doutes encore! — s'écria madame de Randan.

— Pourquoi ne douterais-je plus ? — tes paroles ne m'ont prouvé qu'une seule chose, ton enthousiasme toujours croissant pour ta protégée...

— Eh bien, puisqu'il en est ainsi, — répliqua la duchesse avec un sourire, — je renonce à te convaincre, méchant frère; — c'est madame de Lascars elle-même qui s'en chargera, et je suis certaine d'avance que cette tâche, impossible pour moi, ne sera rien pour elle.

— Que fera-t-elle donc pour cela? — demanda Tancrède d'un air doucement railleur.

— Il lui suffira de se montrer... Son premier regard triomphera de ton incrédulité farouche... — Tu t'avoueras vaincu sans combat, et tu me diras : — « Ma sœur, j'avais tort... — Je me trompais et tu voyais juste... »

— Nous verrons... répondit Tancrède.

En ce moment on frappa légèrement à la porte. La duchesse donna l'ordre d'entrer et maître Otto Butler parut; — il saluait si bas que sa courte personne décrivait un demi-cercle à peu près complet.

— Que voulez-vous ? — lui demanda madame de Randan.

L'ex-juif déposa sur un meuble qui se trouvait à côté de lui, un papier plié et quelques pièces d'or.

— Madame la duchesse, — murmura-t-il, — voici la note acquittée et le reliquat. — Je dois prévenir en outre madame la duchesse que l'appartement voisin du sien est entièrement prêt... Je me suis tout à l'heure présenté chez madame de Lascars et je l'ai priée de vouloir bien agréer mes excuses et l'assurance de mon respect profond. — Elle m'a répondu que je ne l'avais point offensée et, comme j'insistais, elle a ajouté que, si je croyais avoir sur la conscience quelque torts à son égard, elle me les remettrait de grand cœur... — Voilà la vérité pure, et j'ose espérer que madame la duchesse sera contente de moi...

— C'est bien... — dit la duchesse, — laissez-nous...

Otto Butler se courba derechef, et sortit à reculons, afin de ne point tourner un seul instant le dos à ses illustres hôtes.

— Que dis-tu de la réponse de la baronne de Lascars à cet homme? — demanda madame de Randan à son frère.

— Cette réponse est parfaite, assurément, — répliqua le marquis, — mais elle ne change rien à l'état de la question posée entre nous...

— Avant quelques minutes, la question dont tu parles sera tranchée, — reprit la duchesse en quittant la chambre. — Je vais chercher madame de Lascars, je l'installerai dans son nouveau gîte, et je viendrai te prendre pour te présenter à elle...

Le marquis, resté seul, sentit redoubler son inquiétude.

— Ma sœur, — se dit-il, — est en vérité, trop parfaite! — Elle pèche par l'excès du bien! — Son âme pure et bienveillante croit aveuglément à la vertu et s'efforce de nier l'existence du mensonge et de l'hypocrisie! — Pauvre chère sœur, dans sa confiance infinie elle juge les autres d'après elle-même, et je souffre lorsqu'il faut la désabuser comme il le faudra sans doute aujourd'hui, car j'ai grand peur de la voir se compromettre par une imprudente protection accordée à qui n'en saurait être digne. — Malgré moi l'idée de cette baronne de Lascars me préoccupe et me tourmente!..

— Instinctivement, j'ai mauvaise opinion de cette

femme !... — Quelle jeune fille honnête et pure, en effet, aurait accepté la honte et le malheur de partager la destinée d'un misérable perdu de vices, et dont tout Paris connaissait l'existence criminelle ?... — Ce misérable lui-même aurait-il flétri de son amour une candide et vertueuse enfant?... Les démons ne s'unissent point aux anges !... — Hélas! j'en suis presque certain, cette femme à qui ma sœur a donné si vite sa tendresse n'est qu'une habile et dangereuse aventurière qui veut exploiter son malheur et spéculer sur ses larmes de commande !... — Jane livrée à elle seule donnerait tête baissée dans le piège, mais heureusement je suis là !... heureusement je veille !...

IX

TANCRÈDE ET PAULINE

Le monologue de Tancrède fut interrompu par le retour de la duchesse.

— Madame de Lascars est là tout près ; — dit Jane à son frère, — je te conduirai près d'elle aussitôt que tu le voudras...

— Conduis-moi donc à l'instant, chère sœur, — répliqua le marquis — j'ai hâte de juger cette inconnue par mes propres yeux..; — j'ai hâte de la questionner...

— La questionner ! — s'écria la duchesse, — y songes-tu ?

— Pourquoi non ?

— En vérité, Tancrède, je ne te reconnais plus ! Tu sembles oublier quelle immense infortune vient d'atteindre ma protégée, mon amie ! — Crois-tu donc le moment bien choisi pour interroger une malheureuse femme quand le cadavre de l'homme dont elle portait le nom est à peine refroidi.

— N'aurais-je pas le droit, chère sœur, de m'étonner de tes paroles et de les trouver blessantes ?... répondit Tancrède d'un ton calme mais plein de fermeté. — Tu fais preuve à mon égard d'une complète injustice... — Tu méconnais étrangement mon caractère... — tu sais bien cependant que je ne me suis jamais montré cruel, et j'espérais trouver chez toi une plus grande confiance en mon tact...

Madame de Randan jeta ses deux bras autour du cou de Tancrède et l'embrassa tendrement.

—Pardonne-moi... — lui dit-elle, — j'ai tort... tout ce que tu feras sera bien fait...

Le marquis rendit à la duchesse son baiser.

— Merci, chère sœur... — répondit-il — et maintenant, viens... — je suis prêt à te suivre...

Jane et Tancrède quittèrent la pièce où ils se trouvaient et se dirigèrent vers l'appartement voisin du leur. Pauline, prévenue par la duchesse qu'elle allait recevoir la visite du marquis d'Hérouville, avait baigné dans des flots d'eau froide son visage altéré par les larmes, et mis en ordre les nattes éparses de sa magnifique chevelure blonde. Ensuite, épuisée de fatigue par les angoisses de la nuit précédente, elle s'était laissé tomber sur un siège et elle se demandait de la meilleure foi du monde si elle était véritablement bien éveillée, tant le brusque changement survenu dans sa position lui semblait invraisemblable, et tant elle trouvait miraculeuse cette protection inattendue qui lui tombait du ciel à l'heure où tout espoir semblait perdu pour elle... En ce moment la porte s'ouvrit sans bruit... La duchesse et le marquis en franchirent le seuil... Pauline se leva pour aller au-devant de ses visiteurs ; — elle se trouva face à face avec Tancrède.

— Chère madame — dit Jane — voici mon frère, le marquis d'Hérouville ; il veut vous assurer lui-même de toute la sympathie qu'il ressent pour vous et de tout l'intérêt qu'il vous porte.

Ces paroles ne furent entendues par personne. A peine Pauline et Tancrède avaient-ils jeté l'un sur l'autre un regard qu'ils s'étaient reconnus. — Madame de Lascars crut sentir la terre se dérober sous ses pieds ; — il lui sembla que son cœur se gonflait jusqu'à l'étouffer, et que son sang s'arrêtait dans ses veines ; — elle ne prononça pas un mot, elle ne poussa pas un soupir mais, foudroyée par une émotion toute puissante, elle chancela comme un beau lys dont la tige est brisée, et elle serait tombée à la renverse sans connaissance si Tancrède, aussi pâle lui-même qu'un fantôme, ne s'était précipité pour la soutenir et ne l'avait reçue dans ses bras. — Pendant quelques secondes la duchesse resta muette, en proie à une stupeur facile à comprendre... Ses yeux allaient de Pauline évanouie à Tancrède qui ne cherchait pas à dissimuler son agitation, et qui l'aurait d'ailleurs vainement essayé.

— Que se passe-t-il donc ? — murmura-t-elle enfin — explique-moi ce mystère, car sans ton aide il m'est impossible de le pénétrer ! — Tu ne connaissais pas madame de Lascars, disais-tu...

— En te disant cela je mentais à mon insu — répliqua vivement Tancrède — j'ignorais son nom, voilà la vérité, mais je la connaissais.... et je l'aime...

— Tu l'aimes ! — répéta la duchesse, pouvant à peine ajouter foi au témoignage de ses sens. — Tu l'aimes !...

— Depuis la nuit du 29 mai 1770, je lui ai donné

mon cœur tout entier — continua le marquis — et je ne le lui reprendrai jamais...

— Ainsi donc — demanda madame de Randan — cette jeune fille, cette belle enfant dont si souvent tu m'as parlé ?...

— C'était elle... murmura Tancrède (1).

— Mais, mon frère, s'écria la duchesse, sais-tu bien que c'est tout un roman, cela !...

— Regarde ! — répliqua le marquis en tendant la main vers Pauline qu'il avait étendue sur une chaise longue — regarde ! — ce n'est point un roman... c'est la plus belle, c'est la plus touchante des réalités !..

— Approuves-tu maintenant ma conduite à l'égard de cette chère enfant ? — demanda la duchesse avec un sourire, approuves-tu la tendresse si vive que j'ai ressentie pour elle tout d'abord ?

— Il le faut bien, — répondit Tancrède, — puisque mon cœur te donne raison !... M'est-il permis de blâmer ton imprudence lorsque je la partage ?

— Quels sont tes projets pour l'avenir ?

— Eh ! le sais-je ? — Je n'en ai pas... je n'en veux pas avoir... — Ne songeons point à l'avenir d'ailleurs... — ni l'avenir ni le passé ne sont à nous...

— Eh bien alors, songeons donc au présent.. — reprit la duchesse. — Rappelons bien vite à elle-même madame de Lascars — j'ai hâte de voir ses beaux yeux s'ouvrir.

L'impatience de Tancrède ne le cédait en rien, sans aucun doute, à celle de sa sœur, aussi ne perdit-il pas un instant pour s'associer aux soins prodigués par la.

(1) Voir la première partie de cet ouvrage : Le Mariage de Lascars.

duchesse à Pauline. Ces soins furent couronnés par un succès rapide et complet ; — la poitrine de la jeune femme se souleva, son sein battit, ses paupières s'entr'ouvrirent et dévoilèrent les prunelles noires qui formaient un si vif et si charmant contraste avec la blancheur de son teint et la nuance blonde de ses cheveux. — Le premier regard de Pauline tomba sur le marquis d'Hérouville presque agenouillé devant elle...
— aussitôt elle devint pourpre ; — elle détourna les yeux et, par un mouvement machinal, elle appuya la main sur son cœur comme pour en comprimer les battements impétueux.

— Me reconnaissez-vous, madame ?.. — balbutia Tancrède, à qui ces symptômes d'émotion n'échappèrent point et qui sentit grandir l'espoir qu'avait fait naître en lui l'évanouissement de Pauline à son aspect.

— Si je vous reconnais — s'écria la jeune femme avec feu — vous me demandez si je reconnais le courageux gentilhomme qui, dans une nuit d'horreur, a risqué cent fois sa vie pour sauver la mienne ! — Vous me croyez donc, monsieur le marquis, bien oublieuse et bien ingrate !

— Loin de moi cette pensée, madame... mais des années ont passé depuis lors...

— Qu'importent les années ? — interrompit Pauline, — la mémoire du cœur n'est-elle pas infaillible ?.. — d'ailleurs, monsieur le marquis, je vous ai revu...

— Vous m'avez revu ! — demanda Tancrède stupéfait. — Où donc, madame ? à quelle époque ?..

Pauline, pour répondre à cette question de la manière la plus précise, n'avait qu'à se souvenir d'une date funeste — celle de son mariage.

— Sur le chemin de Marly à Bougival — murmura-

t-elle, au bord de la Seine, le 27 octobre 1770... —
Vous passiez en carrosse, monsieur le marquis... —
vous n'étiez pas seul — une dame vous accompagnait...
une belle dame, votre femme sans doute...

Ces derniers mots furent prononcés d'une voix tremblante et à peine distincte.

— Sa femme — répliqua la duchesse en embrassant madame de Lascars. — Eh ! non vraiment, chère petite... — cette belle dame, c'était moi... — mon frère n'est pas marié...

Pauline baissa la tête sur sa poitrine et se dit tout bas que son erreur de ce jour-là avait été bien funeste, car enfin, sans sa conviction que l'inconnu de la nuit du 29 mai n'était plus libre, elle aurait eu la force, sous l'influence du rêve prophétique que nous connaissons, de revenir sur sa promesse et de refuser sa main à Roland. Or, son mariage avec Roland, bien que brisé par une mort terrible quelques heures auparavant, n'en resterait pas moins éternellement le malheur et la honte de sa vie ! Avons-nous besoin d'ajouter que Pauline renferma dans le plus profond de son âme ces tristes réflexions.

— Mon cher Tancrède — dit la duchesse au marquis — j'étais certes loin de m'attendre à cette reconnaissance — (qui d'ailleurs me comble de joie, puisque mon frère et mon amie ne sont déjà plus des étrangers l'un pour l'autre), — mais qui vient de causer à madame de Lascars une émotion nouvelle, par conséquent une nouvelle fatigue ajoutée à toutes celles qu'elle a subies depuis quelques jours. — Ne poussons pas l'égoïsme jusqu'à la cruauté... — souvenons-nous que cette chère enfant a besoin d'un repos réparateur pour lui rendre sa force épuisée... — Sachons renoncer pendant quelques heures au plaisir que nous cause sa présence, et quittons-la, pour nous occuper d'elle encore...

La duchesse embrassa tendrement Pauline qui salua le marquis avec un trouble inexprimable, puis le frère et la sœur regagnèrent leur appartement. A peine la porte venait-elle de se refermer derrière eux que Tancrède se jeta sur un siège et cacha sa tête dans ses mains avec un geste désespéré...

— Mon Dieu, — s'écria madame de Randan — mon Dieu, qu'as-tu donc ?

— Je suis le plus malheureux des hommes, ma sœur ! — balbutia le marquis d'une voix brisée.

— Le plus malheureux des hommes ! — répéta la duchesse avec épouvante — toi, mon frère !

— Oui...

— Pourquoi ?

Tancrède ne répondit pas.

— Est-ce donc au sujet de madame de Lascars que tu sembles souffrir ainsi ? — poursuivit Jane.

Le marquis fit un signe affirmatif.

— Je ne te comprends pas. — murmura la duchesse.

Tancrède, pendant un instant, sembla lutter contre lui-même, puis il s'avoua vaincu, la flamme intérieure fit explosion, et il dit avec une violence inattendue :

— Ne comprends-tu pas que je l'aime ? que je l'aime plus que jamais ?

— Eh ! bien — répliqua la duchesse — ce n'est ni un malheur ni un crime... elle est libre après tout... vous êtes libres tous deux...

Tancrède releva la tête avec une incomparable fierté.

— Ma sœur, — répondit-il, — tu me connais mal, ou plutôt tu me méconnais ! — Je n'oublie ni ce que je suis, ni quel est le sang dont je sors ! — Je souffrirai... je mourrai s'il le faut, mais jamais la veuve du misérable baron de Lascars ne deviendra marquise d'Hérouville !..

— S'il en est ainsi, je renonce à tous mes projets — s'écria la duchesse effrayée de la pâleur du marquis — je me séparerai de madame de Lascars... je la protégerai de loin... tu ne la verras plus... — J'éviterai même de prononcer son nom devant toi...

Tancrède secoua la tête.

— Ma sœur — murmura-t-il en souriant tristement — je suis d'âge et de force à affronter le péril face à face... — J'aurai le courage de cacher mon amour au plus profond de mon cœur et de n'en rien laisser soupçonner à madame de Lascars, mais je l'aime à ce point que s'il fallait ne plus la revoir, maintenant que je l'ai retrouvée, je préférerais une mort foudroyante à ce supplice de tous les instants... — chacun connaît la mesure de sa force... — l'héroïsme de l'absence me ferait défaut.

. . . .

Le lendemain de ce jour, Pauline partait pour la France avec la duchesse de Randan et le marquis Tancrède d'Hérouville.

X

LE CABARET ROUGE

Un laps de cinq ans s'était écoulé depuis ces événements. — Ceci nous conduit au mois de septembre de l'année 1778. — Nous prions nos lecteurs de vouloir bien nous accompagner en un lieu qu'ils connaissent déjà, c'est-à-dire à la petite auberge située sur la route de Bougival à Saint-Germain, quelques centaines de pas plus loin que la machine de Marly, presque en face du Moulin-Noir, par conséquent. Dans cette auberge, on doit s'en souvenir, le baron Roland de Lascars avait fait un repas frugal, le soir où quittant Paris en fugitif il s'était vu réduit à chercher un asile dans la maison déserte et sinistre, seule épave qui lui restât de sa fortune dévorée. Nous avons succinctement décrit, presqu'au début de notre narration, le rustique cabaret tenu par la veuve Durocher et ses fils ; — une brave femme et de courageux pêcheurs... — Depuis cette époque, la physionomie de la maisonnette avait subi des modifications absolues. La mère Durocher était morte et ses fils ne s'étaient point sentis capables de continuer sa modeste industrie ; — après avoir vendu l'auberge son humble matériel, sa clientèle dominicale, ils avaient quitté Bougival. Le nouveau propriétaire — (qui se faisait appeler *Caillebote*,) — s'était empressé de faire force changements intérieurs et extérieurs avec un luxe tout à fait inusité pour l'époque et pour le pays, et une prodigalité qui prouvait l'étendue de ses ressources financières. — Les murailles, à peine recouvertes jadis d'un enduit boueux qui se détachait de toutes parts et tombait par écailles, avaient reçu un crépissage de premier ordre, badigeonné par un peintre en bâtiments de Saint-Germain, de manière à simuler tant bien que mal une construction en briques. Une porte solide et des volets neufs étaient venus compléter les réparations du dehors. Sans doute Caillebote aimait les couleurs éclatantes et préférait le vermillon à toutes les autres nuances ; — on avait du moins le droit de le supposer en voyant les volets et la porte peints en rouge vif, de manière à attirer violemment les regards. Cet abus de tons écarlates prodigués au milieu des massifs verdoyants et des troncs rugueux des grands arbres, produisait dans le paysage l'effet le plus bizarre et le plus imprévu, et détonnait comme une note fausse dans un chant harmonieux. Les pêcheurs de la Seine, les gens de Bougival et de Port-Marly, avaient baptisé la maisonnette du nom de *Cabaret Rouge*, quoique Caillebote eût fait tracer en belles lettres rouges sur une plaque de tôle blanche, ces mots :

AU GOUJON AVENTUREUX

« *Fritures et matelotes, — lapins sautés ;*
bon logis pour piétons et cavaliers. »

5.

L'intérieur du Cabaret Rouge était non moins resplendissant que le dehors. — Un papier à rosaces, fabriqué au faubourg Saint-Antoine, tapissait les murailles, et de petites tables de bois, peintes en vert gai, attendaient les consommateurs. Une belle batterie de cuisine, en cuivre luisant comme de l'or, étincelait au-dessus de la cheminée ; — de grands rayons supportaient une multitude de gobelets à facettes en verre commun, et de nombreuses piles d'assiettes de fayence à coqs. De l'autre côté de la route, au bord de l'eau, sous les tilleuls, une nouvelle série de petites tables vertes annonçait que le nombre des pratiques du Cabaret Rouge atteignait parfois des proportions imposantes. Auprès de cette succursale de l'auberge, on pouvait lire sur un poteau indicateur les lignes suivantes :

AU MOULIN NOIR

JOEL MACQUART.

« *Constructeur de canots. — Chaloupes à la voile et à l'aviron,* — *chantier dans l'île.* — *S'adresser, pour la location des canots de promenade, à l'auberge du* GOUJON-AVENTUREUX. »

En effet, si l'on descendait la berge de quelques pas, on voyait amarrée aux poteaux d'un petit embarcadère, côte à côte avec les lourds bateaux de pêche de Caillebote, toute une flotille de légères embarcations, canots, yoles et youyous, peints de couleurs tranchantes, et portant des noms bizarres. Il ne nous reste plus, présentement, qu'à faire, ou plutôt qu'à renouer connaissance avec le propriétaire de l'auberge. Ce successeur de la veuve Durocher n'était autre que l'ex-cabaretier des *Lapins*, l'ex-valet du baron de Lascars, Sauvageon en un mot, mais Sauvageon méconnaissable. Depuis l'époque où il avait touché des mains de Roland, pour récompense de services d'une fâcheuse espèce, la somme relativement énorme de vingt mille livres, notre personnage s'était transformé. La mauvaise étoile dont l'influence néfaste le poursuivait depuis sa jeunesse, en tous temps et en tous lieux, semblait faire trêve. Ayant augmenté notablement ses capitaux à l'Ile-Saint-Denis, dans un commerce de friture, Sauvageon attiré vers Bougival par quelque mystérieux instinct, et sachant que le cabaret des Durocher était à vendre, s'était empressé d'en faire l'acquisition sous le nom singulièrement choisi de Caillebote, après avoir donné à son visage une couleur cuivrée et teint en noir ses cheveux d'un blond ardent. La dignité bien entendue du capitaliste, ne lui permettait pas de se présenter comme propriétaire en un lieu où quelques personnes l'avaient connu simple domestique. De même que tout tournait à mal autrefois pour Sauvageon, de même tout lui réussissait maintenant ; — le *Cabaret-Rouge* avait la vogue, — les clients affluaient, — l'argent pleuvait... — L'heureux coquin, au milieu de cette prospérité, voyait avec une douce joie sa nature anguleuse et sa chétive personne se métamorphoser absolument... Peu à peu ses angles osseux avaient disparu sous une couche de chair de plus en plus ample ; — ses membres grêles s'étaient capitonnés largement, et Sauvageon, dont nous connaissons la taille exiguë, commençait à ressembler à ces poussahs chinois qui sont aussi larges que hauts, et qui roulent incessamment sur leur base arrondie. Les rêves du cabaretier se réalisaient l'un après l'autre et devenaient tout doucement des réalités. — Il possédait une auberge bien achalandée ; — il avait du vin dans sa cave, — des jambons dans sa cheminée, — des écus dans sa poche et dans son armoire, — une servante bourguignonne aux robustes appas, — et, pour couronner tout cela, l'enseigne si longtemps ambitionnée du *Goujon-Aventureux* se suspendait au-dessus de sa porte. Bref il ne manquait rien à Sauvageon ; — les chemins les plus fleuris le conduisaient au parfait bonheur, et il appréciait mieux encore les félicités du temps présent, en se souvenant avec une inaltérable philosophie des mésaventures du temps passé. Un jour cependant, — (quinze ou seize mois environ avant l'époque où nous voici parvenus), — un coup de tonnerre inattendu retentit dans le ciel si pur de notre fortuné personnage. C'était un samedi soir, au commencement de l'été, et tout annonçait pour le lendemain une journée magnifique qui ne pouvait manquer d'amener à Bougival grande affluence de promeneurs Parisiens, bien endentés et pourvus d'appétits robustes. Sauvageon et sa servante calculaient le nombre des longes de veau aux petits oignons, des lapins de choux au vin rouge, des matelotes de carpe et d'anguille, et des fritures de petits poissons qui serviraient de pâture à ces estomacs insatiables. Les résultats de ces calculs se formulaient en chiffres majestueux, et sans aucun doute le cabaretier n'aurait point donné pour cent cinquante livres les bénéfices légitimes qu'il avait l'espoir de réaliser le lendemain. — Le crépuscule succédait aux dernières clartés du jour, — il ne faisait pas nuit encore, mais une brume à demi transparente, qui s'obscurcissait rapidement, montait du fleuve et descendait du ciel. Depuis quelques instants déjà un homme de mauvaise mine se tenait immobile sur la route devant l'auberge du Goujon-Aventureux, et il en examinait l'extérieur avec une profonde attention. Ce nouveau venu offrait une apparence étrange et quelque peu suspecte. Il était de haute taille et légèrement courbé, par la fatigue sans doute bien plus que par l'âge ; — il portait des vêtements d'une coupe jadis élégante et d'une étoffe qui avait été belle, mais en désarroi, flétris, maculés, semblant ne tenir qu'à grand'peine sur le corps de leur propriétaire. — Ce costume ne décelait point une misère honnête ; — il était la livrée de la débauche et du vice, dans ce qu'ils ont de plus honteux. L'inconnu paraissait avoir de beaux traits, mais on en jugeait difficilement car le haut de son visage disparaissait sous l'ombre projetée par les larges bords d'un chapeau rabattu sur ses yeux, et les flots d'une longue barbe noire, très touffue et mélangée déjà de nombreux fils d'argent, cachaient ses joues, sa bouche et son menton. L'épaule droite du personnage qui nous occupe soutenait un bâton ferré, à l'extrémité duquel se suspendait un petit paquet noué dans un mouchoir à carreaux. Après avoir prolongé son examen pendant quelques minutes, le voyageur que nous venons de décrire murmure d'une voix sourde :

— Le cabaret a changé de maître... — les Durocher ne sont plus ici... — aucun danger d'être reconnu... — entrons !...

XI

DEUX ANCIENNES CONNAISSANCES

En prononçant ces dernières paroles l'homme de mauvaise mine franchit le seuil, se débarrassa de son paquet peu volumineux, et frappa sur une table avec son bâton ferré. Sauvageon, arraché brusquement à ses calculs, se rapprocha du nouveau venu, l'examina de la tête aux pieds, fit une grimace expressive et demanda d'un ton rogue :

— Qu'est-ce que vous voulez, l'ami?...

Depuis que la fortune lui souriait, le propriétaire du Goujon-Aventureux était devenu fort *aristocratique* en ses goûts. — Il n'aimait recevoir chez lui que de bons bourgeois, des commis et des grisettes en partie fine, personnages honorables, bien vêtus; ne regardant pas à la dépense et payant sans marchander. — Il détestait les haillons et ne supportait point les clients de mauvaise mine.

— Ces gens de peu — se disait-il — rapportent moins qu'ils ne coûtent et portent préjudice à la réputation d'une maison aussi avantageusement connue que la mienne.

— Qu'est-ce que vous voulez ! — répéta-t-il.

— Ce que je veux — répondit l'inconnu d'une voix rauque. — Pardieu, c'est bien simple ! — je veux souper.

— Dans ce cas, allez plus loin — répliqua Sauvageon — mes provisions ne sont pas faites, et je n'ai rien à vous servir.

L'homme de mauvaise mine fit un geste de colère.

— Tonnerre du diable ! qu'est-ce donc que cela ? — s'écria-t-il en désignant du bout de son bâton une grande corbeille remplie d'œufs frais, une pyramide de lapins entassés les uns sur les autres, les oreilles pendantes, et de nombreux chapelets de saucisses — vous dites que vous n'avez rien, et voici de quoi nourrir vingt-cinq personnes ! apprenez, aubergiste de malheur, que je manque absolument de patience et n'ai jamais souffert qu'on se moquât de moi !

Le ton ferme et rude de l'inconnu imposa quelque respect à Sauvageon ; — cependant il fit une dernière tentative pour se débarrasser de ce visiteur intempestif.

— J'ai bien là quelques provisions — murmura-t-il — mais c'est comme si je n'en avais aucunes, car elles sont retenues d'avance.

— Vous vous en procurerez d'autres d'ici à demain ; — d'ailleurs, je n'y ferai pas une forte brèche. — Je me contenterai d'une omelette et d'une demi-douzaine de saucisses grillées dans la poêle.

— Je vous satisferais volontiers, parole d'honneur, mais le temps me manque... — Je suis présentement très occupé.

L'inconnu fit entendre un juron formidable et brandit son bâton d'un air menaçant.

— Je suis dans une auberge — dit-il ensuite — par conséquent dans un lieu public où chacun a le droit d'être servi pour son argent. — Or, j'ai de quoi vous payer, en voici la preuve — il tira de sa poche une poignée de monnaie blanche qu'il fit sauter dans sa main sous les yeux de Sauvageon — préparez-moi donc à souper sans ajouter une parole, et dépêchez-vous, je vous le conseille, sinon, foi de Joël Macquart, je vous coupe les deux oreilles et je les cloue en façon d'épouvantail sur la porte du cabaret.

Il n'y avait rien à répondre à des arguments de cette vigueur. Le cabaretier, terrifié par les menaces de l'inconnu, perdit toute velléité de résistance.

— Je m'empresse... — balbutia-t-il — je m'empresse!... je ne demande que cinq minutes pour vous servir une omelette dont vous me direz des nouvelles!... quand on goûte de ma cuisine, on s'en lèche les doigts jusqu'aux coudes ! — J'y vais mettre du lard et des petits oignons pour la rendre plus onctueuse. — Allons, Javote, allons, ma fille, vite à la besogne! — prépare la poêle et casse les œufs. — Mire les bien surtout, afin de choisir les plus frais... — allume du charbon et décroche le gril, je m'occuperai des saucisses.

Depuis un instant Caillebote, ou plutôt Sauvageon, parlait de sa voix naturelle, qu'il avait dans le premier moment rendue sèche et dure à dessein. En entendant le timbre de cette voix, l'inconnu ne put réprimer un mouvement léger. Il prêta l'oreille attentivement pendant quelques secondes, en homme qui veut étudier les moindres intonations, puis il hocha la tête d'un air satisfait et s'assit auprès de la cheminée.

Avant l'expiration du délai de cinq minutes, l'omelette fumante était servie et répandait dans le cabaret les parfums les plus suaves, tandis que les saucisses se rôtissaient en crépitant sur le gril. — A côté du plat de faïence si bien odorant Sauvageon plaça la moitié d'un pain et un pot de grès, blanc au dedans, brun au dehors, rempli d'un petit vin d'Argenteuil agréable à l'œil et piquant au goût.

— Voilà qui est fait — dit-il ensuite — vous pouvez vous mettre à table quand il vous plaira.

L'homme de mauvaise mine ne se fit pas répéter deux fois cette invitation. Il semblait affamé. Il dévora l'omelette, engloutit les saucisses, vida le broc de vin d'Argenteuil, donna l'ordre de le remplir de nouveau et réclama la seconde moitié du pain, accompagné d'un fort morceau de fromage de Brie. Après avoir achevé ce repas substantiel, l'inconnu poussa un ouf de satisfaction ; — il se renversa sur sa chaise, bourra sa pipe et se mit à fumer silencieusement, en suivant du regard tous les mouvements de Sauvageon qui, sans s'apercevoir de cet examen, allait et venait de la cheminée au buffet et du buffet au garde-manger. Chaque fois que le cabaretier se rapprochait de la petite table sur laquelle se trouvait une chandelle, et que par conséquent son visage était en pleine lumière, les lèvres de l'inconnu dessinaient un vague sourire sous leurs épaisses moustaches, et l'expression d'une joie vive se lisait dans son regard. Une demi-heure à peu près se passa ainsi, puis Sauvageon enjoignit à sa servante de prendre une lanterne et d'aller au jardin déterrer des navets et des carottes. Aussitôt que notre mystérieux personnage se trouva seul avec le cabaretier, il frappa sur la table et il demanda :

— A combien se monte ma dépense, mon brave, s'il vous plaît ?

— A trente-deux sous, tout au juste, répondit le propriétaire du Goujon-Aventureux.

— Les voici, et j'y joins cette pièce de quinze sous pour la fille... un beau brin de fille, ma foi !

— Diable ! vous êtes généreux !

— C'est ce qu'on m'a toujours dit.

— Avez-vous bien soupé, monsieur le voyageur ?

— A merveille. — Je suis content de vous... le premier mouvement n'était pas des meilleurs, mais vous avez réparé cela...

— Et maintenant, sans doute, monsieur le voyageur — reprit Sauvageon — vous allez vous remettre en marche ?

— Pas le moins du monde.

— Ah bah ! — vous ne continuez point votre route ?

— Non... et cela pour une excellente raison...

— Laquelle ?

— C'est que je suis arrivé.

— Tiens ! tiens ! tiens !... vous habitez donc Bougival ou les environs ?

— Précisément.

— Dans ce cas, voici longtemps déjà, je suppose, que vous avez quitté ce pays ?

— Il y a du vrai dans ce que vous dites. — Mais pourquoi cette supposition ?

— Parce que je connais tout le monde, à deux lieues à la ronde, et que je ne vous ai jamais vu.

— En êtes-vous bien sûr ?

— Dam ! il me semble.

— Eh bien ! mon brave, il vous semble mal.

— Vous prétendez que je vous connais ?

— Oui, certes, et même que vous me connaissez beaucoup.

— Allons donc ! vous voulez rire ! C'est aujourd'hui très certainement la première fois que je vous rencontre, car, avec votre barbe de Juif errant, vous avez une de ces figures qu'on n'oublie pas.

L'étranger se mit à rire.

— Défiez-vous de votre jugement, mon brave ! — reprit-il — je n'ai pas été dupe de votre incognito cinq minutes, moi qui vous parle, quoique votre visage soit cuivré, vos cheveux teints, et que vous ayez pris une formidable dose d'embonpoint ! Diable ! il paraît que les affaires vont bien, et que la vapeur des fourneaux engraisse ! vous étiez jadis fluet comme une asperge, et vous voilà maintenant ventru comme une futaille, honorable Sauvageon.

Le cabaretier, en entendant prononcer son véritable nom, pâlit sous la couche de brique pilée qu'il étendait chaque matin sur sa figure.

— Vous savez qui je suis ? — balbutia-t-il.

— Il me semble que je viens de vous en donner la preuve... — à propos, quel nouveau pseudonyme avez-vous jugé convenable d'adopter dans vos nouvelles fonctions ?

— Celui de Caillebote, pour vous servir.

— Le choix me semble des plus heureux et témoigne d'un goût sûr et raffiné ! — mes compliments, ami Sauvageon !

— Mais vous, monsieur — reprit le cabaretier, dont le trouble augmentait de seconde en seconde — qui donc êtes-vous ?

— Regardez-moi bien en face.

L'étranger fit tomber son chapeau de feutre et découvrit aux yeux de Sauvageon sa tête, couverte d'une épaisse chevelure noire qui grisonnait à peine. Le propriétaire du Goujon-Aventureux prit la chandelle et l'approcha de ce visage, dont il étudia les traits avec une prodigieuse curiosité. Tout à coup il tressaillit et se toucha le front, comme un homme frappé d'une idée soudaine et lumineuse.

— Monsieur le baron !... — s'écria-t-il — est-ce possible ?

— Eh ! oui, pardieu, c'est possible ! — répliqua Lascars en riant (car, en effet, c'était bien lui). Tu peux te vanter d'avoir mis du temps à me reconnaître !... — je te croyais l'esprit plus ouvert et la mémoire plus obéissante !

— Ah ! monsieur le baron, cher et illustre maître — murmura le cabaretier — il faut m'excuser d'abord, s'il y a quelqu'un en ce monde que je ne m'attendais point à voir aujourd'hui, c'est vous ! — ensuite, qui diable, à moins d'être sorcier — et je ne le suis pas — vous aurait deviné sous cette longue barbe et sous ce déguisement bizarre ?

— Ce déguisement ? répéta Lascars — parles-tu de mon costume ?

— Oui, monsieur le baron.

— Ami Sauvageon, sache que les haillons qui me couvrent constituent, pour le quart-d'heure, toute ma garde-robe... Je ne les porte point par goût, je les porte par nécessité.

— Grand Dieu !... monsieur le baron se serait-il ruiné de nouveau ? — murmura Sauvageon d'un ton d'angoisse.

— Parfaitement bien, mais que ceci ne t'inquiète en aucune façon, je ne t'emprunterai pas d'argent... je suis homme à refaire ma fortune encore une fois, et je ne demande pas longtemps pour cela. J'ai des projets superbes et des plans merveilleux.

— Pardieu, je sais monsieur le baron fertile en ressources ; son imagination est inépuisable...

— Ne m'appelle plus monsieur le baron.

— Quel nom faut-il donc vous donner?

— Celui de Joël Macquart. — C'est ainsi que je serai connu désormais dans ce pays.

— Dans ce pays! répéta Sauvageon.

— Sans doute.

— Vous allez donc vous fixer ici ?

— Telle est mon intention. — Ne possédant plus sous la calotte du ciel qu'une seule propriété, il est assez naturel que je l'habite.

— Monsieur le baron parle du Moulin-Noir... je suppose ?

— Je parle en effet du Moulin-Noir, mais je t'ai déjà dit de m'appeler Joël Macquart, et non plus monsieur le baron.

— C'est une habitude à prendre, et je la prendrai.

— J'y compte ; — j'avais le projet de m'installer dans l'île ce soir même ; je crois prudent d'y renoncer — voici l'obscurité complètement venue, et je remettrai mon installation à demain matin, si toutefois tu peux me loger cette nuit.

— La maison n'est pas grande, mais je coucherais à la belle étoile s'il le fallait pour être agréable à mon ancien maître, à mon noble bienfaiteur ! — je vous céderai mon propre lit.

— J'accepte sans façon — répondit Lascars — et, comme je me sens un peu fatigué, je te prierai de me conduire sur-le-champ au gîte que je dois occuper.

— Le temps de mettre des draps blancs ; ça sera l'affaire d'une seconde.

Sauvageon s'approcha de la porte du jardin ; — il appela Javotte et, au grand étonnement de cette dernière, il lui donna l'ordre d'aller préparer sa chambre pour l'étranger de mauvaise mine.

— Ah ! bien, par exemple, voilà du nouveau ! — se disait à elle-même la robuste Bourguignonne, en obéissant aux instructions qu'elle venait de recevoir — not' maître, tout à l'heure, ne voulait tant seulement pas servir à souper à ce vilain paroissien-là, et présentement il lui donne son lit ! — faut que ce soit quelque grand personnage *incoquenico* qui s'est fait reconnaître... peut-être bien un gros épicier de Paris, ou un fort marchand de bœufs... pour ce qui est d'avoir de l'argent, il en a, et quasiment tout plein ses poches... J'en réponds... sans ça not' maître ne le câlinerait point ainsi... — Ah ! mais non, foi de Javotte !

Au bout de quelques minutes de travail et de monologue la servante vint avertir que tout était prêt ; — Sauvageon prit le chandelier et, s'engageant dans l'étroit escalier qui conduisait au premier étage, il précéda Lascars afin de lui montrer le chemin.

— Ça n'est pas très beau ici — dit-il en entrant dans la chambre. — mais monsieur m'excusera... monsieur sait que la plus belle fille du monde ne peut donner que ce qu'elle a...

— Ami Caillebote — répliqua le baron — je serai parfaitement logé... — on peut dormir sous ces poutrelles blanchies à la chaux, aussi bien que sous les plafonds peints à fresques de l'hôtel Lascars, ou de l'hôtel Talbot-la-Boisière (1).

(1) Voir la première partie de cet ouvrage : *Le Mariage de Lascars*.

— A propos de l'hôtel Talbot, monsieur Macquart me permet-il de lui adresser une question ? — demanda Sauvageon.

Roland fit un signe affirmatif.

— Comment se porte madame la baronne ? — reprit le cabaretier.

Lascars eut un sourire indéfinissable.

— Plains-moi — répondit-il ensuite d'un ton comiquement désolé — plains-moi, mon pauvre ami, je suis veuf... j'ai perdu ma femme...

— Quel malheur !! — s'écria Sauvageon — une dame si belle et si jeune ! Ah ! par exemple, voilà un malheur.

— Que veux-tu ? — nous sommes tous mortels !

— Hélas ! — et y a-t-il longtemps que la catastrophe est arrivée ?

— Quelque chose comme deux ou trois ans.

— Eh bien ! monsieur, regardez un peu combien on se figure des choses saugrenues... j'aurais mis ma main au feu que j'avais vu madame la baronne depuis qu'elle est morte !

Les yeux de Lascars étincelèrent, mais il éteignit aussitôt cette flamme indiscrète et il dit, de l'air le plus indifférent qu'il pût prendre :

— Ah ! tu t'étais figuré cela ?

— Mon Dieu, oui... — il fallait véritablement que j'aie un peu la tête à l'envers.

— A quelle époque t'es-tu fait cette étrange illusion ?

— L'année dernière, à peu près dans le moment où nous voici.

— En quel lieu ?

— Ici même.

— Par exemple — s'écria Lascars — ceci devient

curieux !... donne-moi quelques détails sur cette apparition, mon ami.

— Mais — fit observer Sauvageon — puisque je me suis trompé comme une bête, et que la chose était impossible, ça ne peut pas vous intéresser beaucoup.

— C'est égal, raconte toujours.

— Oh ! il n'y en a pas long à dire. — C'était par un beau soir — la nuit allait venir — les pratiques avaient donné beaucoup pendant la journée, et je me reposais sur le banc qui est en bas à côté de la porte. J'entendis tout à coup un grand tapage: Clic! clac ! drelin ! drelin ! et patati, et patata ! — des fouets claquaient, des grelots sonnaient, des chevaux galopaient sur le pavé — tout ce fracas venait du côté de Saint-Germain.

— Ah ! ah ! fit Lascars.

— On voyait courir sur la route, au milieu d'un nuage de poussière, un grand carrosse très reluisant, attelé de quatre chevaux — continua Sauvageon — ce carrosse approchait, je me mis debout, par respect, je tins mon bonnet à la main, et je regardai de tous mes yeux.

L'attention de Lascars redoublait — il écoutait avec une curiosité avide les paroles du cabaretier. — Ce dernier reprit :

— Le carrosse passa devant moi aussi vite que l'éclair ; il y avait dans le fond un seigneur et une dame, et sur le devant deux petits garçons. Je ne fis aucune attention ni au seigneur, ni aux deux enfants, mais je vis la dame aussi bien que je vous vois, et je crus reconnaître cette belle demoiselle Pauline Talbot, devenue madame de Lascars dans l'église de Bougival. — Rien n'y manquait, ni les yeux noirs, ni les cheveux blonds, et elle me semblait aussi jeune qu'au jour de son mariage... — je me dis à moi-même :— « pour sûr, voilà madame la baronne; il paraît que M. le baron a de la famille. » — J'avais la berlue, tout uniment, et monsieur peut bien se moquer de moi si ça lui plaît, je n'y trouverai point à redire.

— Je ne me moquerai pas de toi, mon brave Caillebote — répliqua Lascars — rien n'est plus simple que ce que tu viens de me raconter... — tu as été dupe d'une ressemblance plus ou moins grande... — il n'y a pas là de quoi s'étonner.

— Tiens! au fait, c'est probable... — une ressemblance explique la chose et je ne suis pas si sot que je le supposais tout à l'heure.

— Et — demanda Lascars — depuis lors, tu n'as jamais revu ni le carrosse, ni la belle dame?

— Jamais.

— Sans doute ce brillant équipage n'appartient point au pays?

— C'est certain, sans cela on le verrait passer et repasser de temps en temps; — je connais tous les carrosses, toutes les livrées, tous les maîtres des alentours; il y a bien le propriétaire actuel du beau château de Port-Marly; — je ne le connais pas, celui-là, mais c'est naturel; — il habite Paris, et une autre terre qu'il a je ne sais où, et il ne met point les pieds dans son domaine de Port-Marly; c'est un très grand seigneur : — il est colonel et marquis et il a des millions.

— Sais-tu son nom? demanda Lascars avec indifférence.

— Il s'appelle le marquis d'Hérouville.

Roland tressaillit.

— Ah! — murmura-t-il d'une voix altérée. — Le marquis d'Hérouville!

— Monsieur le connaît ? — s'écria Sauvageon.
— Oui.
— C'est sans doute un ami de monsieur ?
— Un ami ! — répéta le gentilhomme avec amertume — un ami ? oh non !
Et il ajouta d'une voix basse et sombre :
— Je ne le cherchais pas... je l'avais presque oublié... mais si le hasard ou la fatalité nous remettent en présence, malheur à lui ! malheur à lui !

Un silence assez long suivit ces paroles. Sauvageon voyant la physionomie farouche et les sourcils contractés de son ex-maître n'osait rompre ce silence. Il s'y décida cependant au bout de quelques minutes, et il murmura en faisant vers la porte un pas de retraite :
— Monsieur semble fatigué... monsieur doit avoir besoin de repos... je vais me retirer pour laisser dormir monsieur...

Lascars releva la tête et passa sa main sur son front.
— Reste — dit-il — j'ai à te parler.
Le cabaretier fit un geste de respectueux acquiescement.
— Ami Sauvageon, ou plutôt ami Caillebote — reprit Roland — je ne savais pas te trouver ici, mais c'est notre bonne étoile à tous les deux qui t'a placé sur mon chemin, car la rencontre est heureuse pour toi comme pour moi...
— En vérité, c'est trop d'honneur... — balbutia le cabaretier.
— Trêve de modestie ! — interrompit Lascars — je compte sur toi dans l'avenir comme j'y comptais dans le passé. tu m'as servi déjà, tu m'as bien servi, et je crois que tu n'as pas eu lieu de t'en repentir...
— Je m'en congratule quotidiennement, répliqua

Sauvageon — puisque c'est à monsieur que je dois ma modeste aisance...

— Tu étais autrefois un gaillard prêt à tout — continua le baron — un garçon résolu, ce qu'on appelle un hardi coquin.

Sauvageon baissa les yeux et prit une physionomie confuse.

— Ah ! monsieur — dit-il d'un air de profonde contrition — pourquoi rappeler cela ?

— Est-ce que tu oublierais le passé ?... demanda Lascars en riant.

— J'essaie, monsieur... j'essaie de toutes mes forces...

— Et réussis-tu ?

— Il y a des moments, parole d'honneur, où je ne me souviens presque plus des gaillardises de ma jeunesse...

— Serais-tu par hasard devenu véritablement honnête homme ?

— Sans doute, monsieur, puisque je possède, grâce à vous, quelques sacs d'écus qui ne doivent rien à personne.

— Et ton désir est de persévérer dans cette voie ?...

— Si la chose est possible, oui, monsieur.

— Tu te trouves donc assez riche ?

— J'ai de la philosophie, monsieur, et je me contente du bien qui m'est échu...

— Tu n'as pas d'ambition ?

— A quoi ça me servirait-il d'en avoir, puisque je suis content de mon sort ?

— Cependant si l'on t'offrait de doubler, de tripler, de décupler ta fortune ?

— Sans risquer mes capitaux ? demanda Sauvageon avidement.

— Oui, sans que ton argent courre le moindre risque... que répondrais-tu ?

— Mordieu ! je répondrais que j'accepte ! et plutôt dix fois qu'une !...

XII

UNE TERREUR A BOUGIVAL

— A la bonne heure !... — s'écria Lascars — je savais bien qu'en touchant la corde sensible, je finirais par avoir raison de tes scrupules de fraîche date.

— Faudra-t-il donc commettre des coquineries? — demanda Sauvageon, non sans un trouble visible.

— Que t'importe ?

— Ah! monsieur, il m'importe beaucoup... — Je tiens à ma liberté plus qu'à tout au monde, et messieurs les juges ne badinent pas !... — ils n'ont garde !...

— Mets-toi l'esprit en repos... — répliqua Roland — messieurs les juges, comme tu dis, n'auront rien à voir dans tes affaires... — il ne s'agira pour toi que de fermer les yeux, sans te mêler de rien, et de tendre la main pour recevoir la pluie d'or qui ne saurait manquer d'y tomber...

— Si c'est comme ça, monsieur, ça me va tout à fait !... — C'est que, voyez-vous, quand on a l'estime de l'autorité on y tient, et l'autorité fait grand cas de moi... — jamais un cavalier de la maréchaussée ne pas se devant le *Goujon-Aventureux* sans ôter très poliment son chapeau, et ces honneurs-là flattent un homme, surtout quand on n'en a pas l'habitude...

— Ainsi, tu es au mieux avec les cavaliers de la maréchaussée!... — demanda le baron.

— Au mieux, oui monsieur, et je m'en fais gloire... — ce sont tous de braves gens et de gais compagnons; — aussi je ne leur ménage pas les petits verres de liqueurs fines, — je vous prie de le croire...

— Je suis ravi de ces détails... — Voilà d'excellentes connaissances, et je t'engage à les cultiver...

— Sérieusement, monsieur?

— Très sérieusement!... — ce que tu viens de m'apprendre te rend inappréciable pour moi... — Tu vaux ton pesant d'or, ami Caillebote...

— Mon pesant d'or! — répéta le cabaretier surpris et flatté.

— Sans aucun doute et, si je n'en dis pas davantage, c'est afin de ne point exalter outre mesure ton légitime orgueil... — maintenant je vais te prouver que ma confiance en toi est sans bornes... — Je vais dérouler sous tes yeux mes vastes projets, je vais enfin ne te rien cacher de mes ambitions et de mes espérances, à toi qui seras mon *alter ego*...

L'entretien de Lascars et de Sauvageon se prolongea pendant une grande partie de la nuit. Nous ne rapporterons point ici ce long entretien. — Il nous suffira de voir le baron à l'œuvre, de connaître ses plans par leurs résultats, et d'apprendre à nos lecteurs que Sauvageon, après s'être séparé de son ancien maître, chercha vainement le sommeil sur un lit improvisé. L'ex-cabare-

tier des Lapins ne pût fermer l'œil ; — d'un côté, les
joies de la cupidité satisfaite, de l'autre les plus sombres inquiétudes le tiraillaient alternativement en sens inverse ; — des mirages séduisants passaient devant ses regards éblouis, puis cédaient la place, sans transition, à des pressentiments de mauvais augure. Enfin, au moment où l'aube parut, Sauvageon quitta le matelas sur lequel il s'était jeté, et il résuma par ces quelques mots les combats qui venaient de se livrer en lui :

— Sans doute, — se dit-il — je deviendrai puissamment riche ; je crois même que la chose est certaine, mais hier j'étais tranquille et content, sans ambition et sans inquiétude, tandis que maintenant j'entrevois et je redoute la potence... — Ah! mieux aurait valu cent fois que le baron ne revînt jamais ! — il a besoin de moi, donc il me payera bien, mais je ne m'appartiens plus, je suis sa chose et non plus la mienne, et si j'essayais de lui résister il n'hésiterait point à me perdre !... — Bref, j'obéirai, puisqu'il le faut, j'obéirai, quoiqu'à contre cœur, et j'accepterai la richesse en m'efforçant d'oublier la potence !...

. . . .

Ce même jour, dès le matin, après avoir déjeuné rapidement, Lascars prit un des bateaux de Sauvageon, traversa la rivière, débarqua dans l'île, et trouva le Moulin-Noir encore plus délabré qu'à l'époque où, pendant quelques semaines, il l'avait habité.

. . . .

Ce qui précède se passait, nous le répétons, seize ou dix-huit mois avant le moment auquel nous reprenons notre récit, c'est-à-dire au mois de septembre de l'année 1778. — C'était un dimanche ; — huit heures venaient de sonner et une soirée délicieusement tiède et calme succédait à une chaude journée, éclairée par un soleil d'automne brillant comme le soleil de juillet. Depuis le matin les Parisiens altérés et affamés s'étaient assis à tour de rôle devant les petites tables du cabaret de Sauvageon Caillebote, et les canots de Joël Macquart avaient sillonné les eaux transparentes de la Seine ; — puis, peu à peu, chaloupes et yous-yous étaient revenus prendre leur place à l'embarcadère ; — la salle basse du Goujon-Aventureux et la salle de verdure ombragée par les grands tilleuls du bord de l'eau, avaient perdu successivement presque tous leurs hôtes... Les promeneurs dominicaux reprenaient le chemin de Paris, les uns à pied, les autres dans les carrioles qui les avaient amenés... Bientôt l'intérieur du Cabaret-Rouge ne contint plus que cinq personnes : — trois jeunes Parisiens, achevant joyeusement un repas joyeusement commencé, et deux paysans de Bougival, arrosant par d'amples libations un marché qu'ils venaient de conclure.

— Buvons le coup de l'étrier, mes amis, — dit un des Parisiens — j'offre une bouteille de vin de Champagne, si toutefois notre hôte en possède... — Oh ! eh ! notre hôte, avez-vous du vin de Champagne?...

— Il y a de tout dans mes caves... — répondit orgueilleusement Sauvageon — je vais vous monter d'un sillery dont vous me direz des nouvelles...

La bouteille au casque d'argent parut sur la table; — le bouchon sauta. — Le vin était bon ; — il redoubla la gaîté des trois jeunes gens qui se levèrent en chantant pour se mettre en route. Sur le seuil de l'auberge l'un d'eux fit un faux pas et tomba en poussant un léger cri. — On le releva ; il avait le pied foulé ; — la foulure n'était point grave, mais la marche devenait impossible.

— Eh ! bien, mes amis — dit le blessé d'un ton presque gai, — voilà qui se trouve à merveille... — Nous allons partir en voiture... — Justement j'étais fatigué... — notre hôte pourra sans doute nous procurer un moyen de transport... — avez-vous une carriole, notre hôte ?... une carriole et un bidet ?...

Sauvageon secoua la tête.

— Ni l'un ni l'autre ; — répondit-il — mon métier est de nourrir et d'abreuver les gens, et non pas de les voiturer...

— Ah ! diable !... — comment donc faire ?...

— Il ne manque pas de carrioles à Bougival... — reprit le cabaretier — Jean-François, le maraîcher, en a trois à lui tout seul, sous son hangar.

— Voudra-t-il nous conduire à Paris ?...

— Pourquoi pas ?... moyennant salaire, bien entendu... — oui... oui... je crois qu'il le fera tout de même.

— Où demeure Jean-François ?

— A dix minutes d'ici, à droite sur le bord de l'eau... — une maison isolée, couverte en paille... — ça n'est pas difficile à trouver... — d'ailleurs tout le monde vous indiquera...

— Je vais m'entendre avec ce brave homme... — dit l'un des jeunes gens, en quittant le Cabaret-Rouge.

Les deux paysans attablés avaient prêté l'oreille tandis que ces répliques se croisaient puis, sans prononcer une parole, ils s'étaient regardés en échangeant un hochement de tête significatif. Après une absence d'à peu près une demi-heure, le Parisien reparut. Il avait l'air fort déconcerté.

— Eh ! bien ? — lui demandèrent ses deux compagnons.

— Eh bien! — répliqua-t-il — pas moyen...

— Jean-François refuse de nous conduire? — s'écria le blessé.

— Il refuse positivement... — Je suis allé jusqu'à lui offrir deux écus pour sa course, sans rien obtenir...

— Mais enfin, quelle raison donne-t-il?

— Il prétend qu'il a peur...

— De quoi?

— D'être arrêté en route et maltraité par des voleurs... — Il paraît qu'on n'ose plus sortir, ici, dès que la nuit devient un peu noire... du moins c'est Jean-François qui l'affirme...

— En vérité — dit brusquement un des Parisiens — ce brave homme est fou!... fou à lier!...

— Eh! eh! pas déjà tant, mes jeunes messieurs... — répondit une voix enrouée partant du fond de la salle basse.

Cette voix appartenait à l'un des paysans attablés, qui se leva et qui poursuivit :

— Pas déjà tant, que je vous dis!... — Jean-François a grandement raison; — à sa place je n'en ferais ni plus ni moins que lui, et quand bien même vous me proposeriez de me mettre en poche un louis d'or, je ne voudrais pas me trouver la nuit sur les routes...

— Toujours par crainte des voleurs?

— Dam, oui...

— Ah! ça, vous croyez donc sérieusement, mon brave, que les bandes de Cartouche et de Mandrin sont ressuscitées?...

— Nenni, da!... nenni, da!... — mon jeune monsieur; je ne crois point cela du tout, car au su et au vu d'un chacun, Cartouche et Mandrin ont été roués vifs en place de Grève, voici déjà du temps... — réplique le paysan — et les scélérats le méritaient bien; — mais je tiens pour très certain et parfaitement sûr qu'il y a dans le pays, présentement, une bande pire que celles de Mandrin et de Cartouche...

Les trois Parisiens se mirent à rire.

— Une bande — s'écrièrent-ils — allons donc!...

L'un d'eux se tourna vers Sauvageon, qui prêtait l'oreille et ne disait mot, et il lui demanda :

— Vous paraissez être un homme de bon sens, mon hôte... — dites-nous donc s'il y a quelque chose de vrai dans ce joli conte à dormir debout !...

Sauvageon se gratta l'oreille, parut notablement embarrassé et ne souffla mot.

— Pourquoi diable, ne répondez-vous point ?.. — reprit son interlocuteur — est-ce que vous ne m'avez pas entendu ?..

— Oh! que si, monsieur, que si !.. — grâce à Dieu, je ne suis pas sourd...

— Dans ce cas, voyons... — Y a-t-il des voleurs ? y a-t-il une bande dans les environs, oui ou non ?...

— Des voleurs... — murmura Sauvageon dont l'embarras redoublait — quelques petits voleurs... — il y a apparence... — je n'oserais soutenir le contraire... de crainte de vous induire en erreur... quant à une bande, je ne le crois guère...

— Le bonhomme Caillebote ne vous dira rien, messieurs — reprit le paysan qui avait parlé le premier — il a peur de faire du tort à son cabaret et d'épouvanter les pratiques en montrant les choses comme elles sont... — mais il en sait aussi long que nous...

— Eh! bien, mon brave — dit l'un des Parisiens — puisque vous en savez si long et que vous n'avez pas d'intérêts à compromettre, ayez la complaisance de nous mettre au fait.

— On ne connaît donc rien à Paris, de ce qui se passe? — demanda le paysan.

— Rien absolument... nous, du moins.

— Voyez-vous ça! — et dire cependant qu'on prétend qu'à la ville les bourgeois sont tous des savants!.. — à quoi que ça sert d'être savant je vous le demande, si on ne sait point les choses?

— Au fait! mon brave homme, allez au fait, pour l'amour de Dieu!

— M'y voici...

XIII

COUP D'ŒIL RÉPROSPECTIF

— Faut vous dire, mes jeunes messieurs — commença le paysan — que le pays tout entier est sens dessus dessous et pour cause... — Voici bientôt quinze mois que presque chaque nuit, depuis Asnières et Chatou jusque du côté de Meulan, il arrive des malheurs...
— De quels malheurs parlez-vous ? — demanda l'un des Parisiens.
— Je parle des malheurs les plus conséquents, causés par des mauvaises gens qui n'ont ni la crainte de Dieu, ni celles des gens du roi... — Les routes et les campagnes ne sont plus sûres, tant s'en faut ! — On pille les maisons isolées... — On arrête les voyageurs sur les chemins... — On dévalise en rivière les bateaux marchands. — Bref, comme vous le disiez tout à l'heure, on croirait que Cartouche et Mandrin sont ressuscités, et qu'ils ont choisi les bords de la Seine, et la Seine elle-même, pour y consommer leurs œuvres diaboliques ! — Demandez au compère Caillebotte si

tout ce que je vous dis n'est pas vrai... — Malgré sa bonne envie qu'on ne sache rien, je le mets au défi de nier...

Le cabaretier, ainsi mis en demeure, leva ses bras vers le ciel et les laissa retomber d'un air de profond découragement,

— On exagère bien un peu — murmura-t-il — mais le fait est qu'il se passe des choses qui ne sont point rassurantes...

— Ah! ça mais — reprit le Parisien en s'adressant au paysan — ce que vous racontez là serait de nature à faire admettre l'existence d'une bande organisée et nombreuse.

— La bande existe, mon jeune monsieur, gardez-vous d'en douter. — La preuve, c'est qu'on a vu des pillages commis, la même nuit, à la même heure, dans des endroits éloignés l'un de l'autre de plus de deux ou trois lieues...

— Mais cette bande, où se cache-t-elle?

— Personne n'en sait rien... — Aussitôt que le jour arrive, les brigands disparaissent comme des fantômes, sans laisser derrière eux le moindre indice qui puisse mettre sur leurs traces...

— On n'a donc opéré, jusqu'à présent, aucune arrestation?

— Aucune. — On n'a même pas réussi à mettre la main sur un seul individu suspect...

— Et la maréchaussée, que fait-elle?

— Elle se donne à tous les diables! — les simples soldats redoublent d'activité, ils sont nuit et jour à cheval, par voies et par chemins... Ils battent le pays dans tous les sens, mais c'est comme une fatalité, il suffit qu'ils se trouvent à droite pour que les brigands se trouvent à gauche, et ainsi de suite... Le brigadier en deviendra fou, très certainement, et le lieutenant prend la chose si fort à cœur que lui, qui était gros et gras, ressemble maintenant à un homme qui relève de maladie...

Ces renseignements établissaient d'une manière absolue l'impossibilité de trouver une voiture pour retourner le même soir à Paris. On ne lutte pas contre une terreur aussi bien fondée que celle qui régnait dans tous les esprits à Bougival et aux environs. Les trois jeunes gens firent contre mauvaise fortune bon cœur ; — ils prirent leur parti, et Sauvageon, ne pouvant leur fournir des lits complets, descendit pour eux dans la salle du rez-de-chaussée trois paillasses dont ils s'accommodèrent de leur mieux.

Abandonnons ces comparses de notre récit, voyons ce qui se passait réellement, allons au fond des choses ; pénétrons enfin un mystère impénétrable en apparence, et plus heureux que les cavaliers de la maréchaussée déchiffrons une énigme dont nos lecteurs ont en grande partie déjà deviné le mot. — Nous allons éclairer pour eux ce qu'ils ne sauraient entièrement comprendre sans nous. Les mystérieux bandits, terreur de la contrée, ou plutôt *les Pirates de la Seine*, car ce nom devait surtout leur convenir, existaient ailleurs que dans l'imagination effarée des paysans riverains. Le baron de Lascars, sous le pseudonyme de Joël Macquard, était le chef et l'âme d'une poignée de misérables, aptes à toutes les infamies, habitués à tous les crimes, dignes soldats enfin d'un tel capitaine. Le Moulin-Noir servait de lieu d'asile à cette nichée d'oiseaux de proie. Afin de ne rien laisser dans l'ombre et d'expliquer de quelle manière et dans quel but Roland avait constitué sa bande, il nous faut jeter rapidement un coup d'œil rétrospectif sur les faits accomplis depuis la nuit où le vicomte de Cavaroc était tombé, dans une rue déserte d'Aix-la-Chapelle, sous les balles des Capellen, et où le baron de Lascars, traqué par la police, avait pris le nom, la bourse et le passe-port du gentilhomme assassiné, se constituant ainsi pour l'avenir une individualité nouvelle. Riche de cent ou de cent cinquante louis, n'ayant aucune crainte d'être reconnu et démasqué, et bien décidé d'ailleurs à payer d'audace en cas de besoin, Lascars parcourut l'Allemagne pendant quelques mois, fréquentant surtout les villes où le dieu du jeu avait des autels, vivant au jour le jour, tantôt bien, tantôt mal, selon qu'il avait été favorisé ou maltraité par les caprices de la rouge et de la noire... Les hasards de cette existence aventureuse, plus souvent misérable que brillante, le conduisirent à Anvers. Dans cette dernière ville, trahi par le roi de cœur et la dame de pique et se trouvant sans aucune ressource, il eut recours à une escroquerie fort habilement conçue et adroitement exécutée, pour se procurer l'argent qui lui manquait. Malgré le *talent hors ligne* dont il fit preuve en cette occurrence, il échoua, au moment où il se croyait certain de toucher au but. — La police Anversoire mit la main sur lui ; — les juges, ignorant ses antécédents, usèrent d'indulgence à son égard et ne le condamnèrent qu'à trois mois de prison. Sous les verrous de la geôle, le faux Cavaroc se lia d'une étroite amitié avec un malfaiteur hollandais appelé Joël Macquart, qui reconnaissant chez le prisonnier français une brillante intelligence et une résolution à toute épreuve, lui proposa de l'enrôler dans la troupe puissante et prospère des *Ecumeurs de l'Escaut*, association de hardis pirates exerçant leurs déprédations sur le fleuve où d'innombrables navires apportent chaque jour les richesses du monde entier. Lascars accepta avec empressement. Joël Macquart se trouva libre en même temps que lui, il tint sa promesse, et profitant de son influence sur les chefs de la bande il fit recevoir le Français parmi les affiliés. — Lascars étudia avec un prodigieux intérêt les mœurs, les habitudes, les moyens d'action, les ruses merveilleusement ourdies de ces bandits aquatiques dont les déprédations enlevaient chaque année au commerce maritime une somme équivalant à plusieurs millions. Aussitôt qu'il se trouva parfaitement au fait du mécanisme qui faisait mouvoir cette armée de malfaiteurs forte de près de deux mille soldats, il résolut de la quitter et de rentrer en France, non qu'il ne fût satisfait des bénéfices assez importants représentés par ses parts de prise, mais une nature comme la sienne ne pouvait s'accommoder de l'obéissance ; — il fallait à son ambition le commandement suprême et il n'avait aucune chance de l'obtenir jamais sur l'Escaut. Son projet chaudement caressé était d'organiser aux environs de Paris la Piraterie de la Seine et de se mettre à la tête de ces rivaux des écumeurs d'Anvers. En conséquence, et pour se déguiser d'une façon complète, il laissa pousser sa barbe ce qui devait suffire, en France, à cette époque, pour lui donner l'air d'un étranger ; — il se fit fabriquer un faux passe-port au nom de Joël Macquart, sujet hollandais, il embaucha un de ses compagnons de piraterie, très-habile constructeur de canots et de chaloupes, il traversa la Belgique avec ce dernier, et tous deux passèrent sans encombre la frontière. Lascars possédait une somme de quelques mille livres, destinée par lui aux premiers frais d'installation de son entreprise. Cette somme lui fut volée dans une hôtellerie borgne où il était descendu en arrivant à Paris ; — on enleva jusqu'à ses vêtements, et le voleur, resté inconnu, ne lui laissa en échange que l'immonde défroque sous laquelle nous l'avons vu se présenter au Cabaret-Rouge. — Lascars n'était point en position de porter plainte, et d'ailleurs il savait mieux que personne qu'une plainte fait parfois punir le voleur, mais n'amène que bien rarement la restitution de l'argent dérobé. Il eut un moment de désespoir et de découragement, puis il prit son parti en brave et compta sur sa bonne étoile. L'idée d'établir au Moulin-Noir le quartier-général de la piraterie lui vint à l'esprit, et il accueillit cette idée comme une inspiration lumineuse. Dès le lendemain, laissant à Paris son compagnon il se dirigea vers Bougival, afin de se rendre compte, *de visu*, des premières dispositions à prendre. — Sa joie fut vive, — on doit le comprendre — et il lui sembla qu'un rayon de son étoile éclairait le ciel devant lui, lorsque, dans le nouveau maître du Cabaret-Rouge, il reconnut son ancien valet Sauvageon, l'homme qui lui devait tout, l'homme dont il connaissait le passé et qui ferait sans aucun doute profession à son endroit d'un entier dévouement, par reconnaissance d'abord, par intimidation ensuite, si l'intimidation devenait nécessaire. En sa qualité de propriétaire, de personnage établi, de commerçant payant patente, Sauvageon, ou plutôt Caillebote, devenait précieux pour Joël Macquart inconnu de tous dans le pays ; — il lui servait en quelque sorte de caution morale ; — il empêchait les investigations dangereuses de la curiosité de faire incursion dans le passé du nouveau venu. Lascars envisagea d'un seul coup d'œil ces heureux et probables résultats et bénit le hasard qui le servait si bien. Nous savons déjà comment il s'y prit pour initier Sauvageon à tous ses projets et pour lui proposer une association que le maître du Cabaret-Rouge accepta sans aucun enthousiasme, mais enfin qu'il accepta... Il nous reste maintenant à dire ce que Lascars fit du Moulin-Noir.

XIV

LES INVISIBLES

Le baron s'était toujours dit que, pour éviter de devenir promptement et justement suspect, il fallait donner un prétexte plausible à l'agglomération d'hommes résolus qu'il se proposait d'avoir sous ses ordres. Le meilleur de tous les prétextes était assurément l'installation au Moulin-Noir d'un vaste chantier pour la construction des barques de pêche et des canots de promenade. On ne soupçonne point un entrepreneur occupant de nombreux ouvriers et se livrant à une industrie florissante. — La police elle-même, bien loin de se défier de lui, le prendrait au besoin pour auxiliaire contre les dangereux ennemis qu'elle combat. Lascars, nous le savons, avait amené d'Anvers l'homme qui devait être la clef de voûte de son entreprise, l'habile constructeur enlevé à l'association des *Écumeurs de l'Escaut*. Il conduisit au Moulin-Noir cet utile compagnon, puis il parcourut pendant plusieurs jours les rives de la Seine, en remontant du côté de Paris et en faisant des haltes fréquentes dans ces cabarets borgnes où le vin bleu et l'eau-de-vie frelatée trouvaient de fervents appréciateurs. Il y rencontra bon nombre de chenapans employés dans les chantiers des constructeurs d'Asnières, de Chatou, d'Argenteuil, et qui auraient été de bons ouvriers sans la faiblesse avec laquelle ils cédaient aux entraînements de la fainéantise et de l'ivrognerie. Il choisit les plus intelligents de ces vauriens, ceux qui gardaient sous les cendres de la débauche une étincelle d'énergie susceptible d'être ranimée tant bien que mal. Il but avec eux, il profita des épanchements de l'ivresse naissante pour les confesser à leur insu. — Il s'assura qu'ils n'avaient ni moralité ni scrupules d'aucune sorte, et enfin il les embaucha en leur promettant de les faire travailler fort peu, de les payer beaucoup et de les abreuver largement. Il parvint à réunir ainsi un noyau d'une dizaine d'ouvriers, sinon bien sérieux, du moins vraisemblables, et capables de faire à eux dix autant de besogne que quatre hommes de bonne volonté. Nous savons déjà que le travail assidu et productif n'était en aucune façon le but réel de l'entreprise, et d'ailleurs personne ne devait venir contrôler les opérations du nouveau chantier et constater si les résultats de la production étaient proportionnés au nombre des travailleurs. Pourvu que Joël Macquart fabriquât des canots et des chaloupes en assez grand nombre pour satisfaire aux demandes d'achat et de location, cela devait amplement suffire à dérouter toute curiosité dangereuse et à couvrir d'un voile impénétrable les véritables opérations de la bande. Une fois son noyau trouvé, Lascars n'interrompit point ses recherches, mais cette fois il les poursuivit à Paris, dans les bas-fonds de la grande ville, où il se mit en devoir de recruter des *hommes d'action* proprement dits. Il se proposait de ne point dépasser le nombre de dix pour ces soldats du crime. Avons-nous besoin de dire qu'il atteignit facilement ce chiffre ? — Paris est fertile en contrastes. — Aujourd'hui comme alors, le vice s'y rencontre à chaque pas auprès de l'honnêteté sans tache, et le vice y coudoie la vertu... Parmi les coquins d'élite attachés à sa fortune par le baron de Lascars, quatre sont déjà connus de nos lecteurs comme ayant fait partie de la bande des *Lapins* auxquels ils ont vu jouer un si terrible rôle dans la nuit du 29 mai 1770. — Ces ex-lapins s'appelaient *Liseron, Patte-Poule, Casque-à-Mèche* et *Landrinet. Huber*, le chef des Lapins n'existait plus depuis trois ans. Une bohémienne, interrogée par lui jadis, avait prédit à ce misérable qu'il finirait ses jours *dans une position élevée.* Huber croyait fort et ferme à l'accomplissement futur de cette prédiction, dont il tirait grande vanité, et qui se réalisa en effet, mais tout autrement que ne se l'imaginait le bandit. Pris en flagrant délit par la police dans une circonstance délicate, il fut jugé, condamné à mort et suspendu par le cou à une potence très haute, ce qui lui permit de dominer la foule avant de rendre le dernier soupir, ainsi que la prophétie le lui avait promis autrefois. — Huber était l'âme de sa troupe. — Lui mort elle se débanda, et chacun des lapins tira de son côté, oubliant ce grand principe de toute société qui repose sur des bases solides : — *L'union fait la force.* Une fois dispersés dans Paris, les lapins cessèrent d'être redoutables, ou du moins devinrent faciles à détruire. — Ils succombèrent presque tous en peu de temps et disparurent l'un après l'autre, ceux-ci pendus, ceux-là envoyés à Brest ou à Toulon, ou bien embarqués pour les colonies. Les quatre que nous avons cités plus haut survivaient à peu près seuls lorsque Lascars les rencontra et, sachant de quoi ils étaient capables, puisqu'il les avait vus à l'œuvre, s'empressa de les embaucher. Ce ne fut pas une petite affaire que l'appropriation du Moulin-Noir à sa destination nouvelle. — Il fallut pour ainsi dire le convertir en caserne, et restaurer du haut en bas les vastes salles, ouvertes à tous les vents, destinées à servir de dortoirs ou plutôt de *chambrées* aux Pirates de la Seine; il fallut en outre se procurer immédiatement les moyens de coucher et de nourrir vingt-deux personnes, car tel était le nombre des hommes, y compris Lascars et le constructeur hollandais. Tout cela coûta très cher. — Or, nous savons que le baron, dépouillé des quelques milliers de livres qu'il apportait d'Anvers, ne possédait pas une obole. Comment s'y prit-il donc pour subvenir à des dépenses de première nécessité, et qui ne pouvaient point se remettre ? Ce fut la chose du monde la plus simple ; il eut recours à Sauvageon et, malgré la promesse formelle faite à ce dernier de ne le point mettre dans le cas d'exposer la moindre partie de sa fortune, il lui fit comprendre qu'il ne pouvait se dispenser de fournir des fonds, lesquels lui seraient restitués religieusement avec de forts intérêts aussitôt que la bande commencerait ses opérations et que ces opérations donneraient des résultats pécuniaires. Sauvageon déplora son malheureux sort et maudit *in petto* avec une extrême amertume le retour de Lascars, mais il n'osa refuser d'obtempérer à une demande qui ressemblait très fort à un ordre. Il donna donc ses économies, en versant cent fois plus de larmes qu'elles ne renfermaient de louis d'or.

— Hélas ! hélas !... — murmurait-il, — toi qui m'es si cher, mon pauvre argent, voilà que tu t'en vas !... Hélas ! hélas !... te reverrai-je jamais ?... — Tu pars, et mon cœur t'accompagne...

Sauvageon, d'ailleurs, avait tort de se désoler. Deux mois après l'installation de la troupe au Moulin-Noir, le pillage d'une riche maison de campagne, voisine de Chatou, inaugura la guerre déclarée par les Pirates de la Seine à la société, et mit une somme considérable entre les mains de Joël Macquart. Une partie de cette somme servit à rembourser le maître du Cabaret Rouge, qui vit revenir son argent chéri accompagné d'une prime satisfaisante. A partir du jour et de l'heure de cette restitution, Sauvageon appartint de cœur et d'âme à son ancien maître, et fit profession à son égard d'un dévouement qui ne devait pas se démentir. Sa position de propriétaire d'un cabaret achalandé lui permit de rendre à l'association de nombreux et importants services. Il attira chez lui, plus que jamais, par un redoublement d'égards, de politesse et de petits verres de liqueurs fines, les cavaliers de la maréchaussée ; — il capta leur confiance de la manière la plus absolue, et, sous le prétexte d'une curiosité bien naturelle, il se fit mettre au courant par eux chaque jour de la direction que la force publique comptait prendre la nuit suivante, en poursuivant les mystérieux et insaisissables bandits. Munis de ces précieux renseignements, que Caillebote s'empressait de transmettre à Joël Macquart, les pirates de la Seine suivaient une direction toute opposée et évitaient avec certitude les mauvaises chances d'une rencontre. A son double métier de constructeur de canots et de chef de bande, Roland de Lascars réunissait une troisième industrie, fort humble en apparence, mais qui cependant ne laissait pas d'être lucrative et de lui procurer de beaux bénéfices. On sait que, de tout temps, le fleuve qui roule à travers Paris ses eaux calmes, a servi de domaine et de lieu d'asile à une étrange et dangereuse population d'êtres malfaisants, de rongeurs affamés, que le peuple, dans son langage pittoresque, appelait et appelle encore les *Rats de Seine*. Ce titre *générique* de *Rats de Seine* désigne les petits bandits aquatiques, les fraudeurs de droits, les contrebandiers, les *ravageurs*, les *pilleurs d'épaves*, et tous ces gens enfin qui vivent de vols commis sur les bateaux chargés de bois, de pièces de vin, de lingots de cuivre et de feuilles de plomb. Lascars avait monopolisé le recel à l'endroit de ces innombrables gibiers de potence. Il achetait en bloc les produits de leurs déprédations qu'il emmagasinait dans les caves du Moulin-Noir, puis, lorsqu'un certain temps s'était écoulé, il chargeait de ces dépouilles une barque d'honnête apparence et la dirigeait vers Paris où s'écoulaient, avec un bénéfice de trois cents pour cent les marchandises dérobées. En avant du Moulin-Noir, nous le savons, s'étendait sur la rivière une large estacade dont les pilotis chancelants, rongés à demi par les mousses vertes, élevaient au-dessus de l'eau leurs têtes sombres. Pendant les premières semaines de son installation, Lascars avait employé chaque nuit les pirates à un grand travail dont l'achèvement le remplit d'une joie vive et d'un légitime orgueil. Une sorte de havre invisible, suffisamment large, et profond de plusieurs pieds, fut pratiqué sous l'étage inférieur du moulin. Grâce à un mécanisme simple et ingénieux, un certain nombre de pilotis de l'estacade se déplaçaient à l'aide d'une pression légère et laissaient libre un passage suffisant pour amener une chaloupe de forte taille dans le havre dont nous venons de parler. Lascars se proposait de faire de ce havre l'entrepôt de la piraterie, et d'y cacher à tous les regards les canots d'expédition qu'il allait faire construire, et qui devaient être des bateaux plats, peints en noir de manière à glisser inaperçus dans les ténèbres, et assez grands pour contenir une quinzaine d'hommes. Ces travaux préliminaires conduits à bonne fin, les expéditions avaient commencé et s'étaient succédées presque sans relâche. Ainsi que nous avons entendu le paysan de Bougival attablé dans la salle basse du Cabaret-Rouge le dire au jeune Parisien qui cherchait vainement une voiture pour ses compagnons et pour lui-même, chaque jour la terreur grandissait sur les rives de la Seine, car chaque nuit la bande des invisibles commettait quelque nouveau crime. On n'entendait parler dans le pays que de châteaux attaqués à main armée et dévalisés depuis les caves jusqu'aux greniers ; — il n'était bruit que de fermes pillées, et de tortures infligées par des bandits masqués et étrangement vêtus, pour forcer de malheureux paysans à découvrir l'endroit où ils avaient caché leur argent.

XV

UNE SOIRÉE AU MOULIN-NOIR

Ainsi que nous l'avons dit le mois de septembre commençait. Nous prions nos lecteurs de vouloir bien nous accompagner au Moulin-Noir, au moment où dix heures venaient de sonner au clocher de Bougival. — La température était tiède, le ciel était pur; — la lune dans son plein surgissait à l'horizon et répandait sur les eaux paisibles et sur les grands saules de la rive, ces flots de clarté bleuâtre qui donne aux objets une apparence quasi-fantastique. La masse sombre et pittoresque du vieux moulin, encore ensevelie dans l'obscurité, formait un contraste frappant avec ses alentours éclairés vivement. Les nuits de pleine lune, lorsque de gros nuages ne venaient point obscurcir le firmament, étaient des nuits de repos pour les Pirates de la Seine. Lascars, excellent capitaine de bandits, n'aurait, pour rien au monde, exposé ses hommes au péril certain d'être dépistés et suivis, après une expédition heureusement accomplie. Il lui fallait, pour battre en retraite en emportant avec lui son butin, il lui fallait, disons-nous, ces ténèbres profondes au sein desquelles tout disparaît, tout se confond, tout s'efface sous un voile impénétrable. Quelques-uns des Pirates avaient regagné les lits ou plutôt les hamacs disposés pour eux le long des murailles de la grande salle du moulin ; d'autres, étendus au dehors sur la berge gazonnée, dans les attitudes nonchalantes de véritables lazarones napolitains, fumaient en comptant les étoiles, causaient entre eux à voix basse, ou fredonnaient quelques refrains de Ponts-Neufs et de chansons populaires. — Lascars, assis sur un point plus élevé, fixait ses regards vers l'autre rive de la Seine et semblait absorbé dans une sérieuse méditation. Deux heures à peu près avant ce moment, le maître du Cabaret-Rouge avait fait parvenir au Moulin-Noir un avis important. On avait vu passer sur la route dans la journée des fourgons et des carrosses se dirigeant du côté de Saint-Germain, et Sauvageon croyait pouvoir affirmer que ces équipages appartenaient à M. d'Hérouville et se rendaient au château de Port-Marly où, sans doute, le marquis allait passer quelque temps. — Lascars s'était senti frissonner d'une joie farouche en entendant prononcer le nom de Tancrède, — en se disant qu'il allait voir enfin à portée de sa vengeance l'homme qu'il poursuivait depuis si longtemps d'une haine implacable. Si véritablement le marquis, conduit par sa mauvaise étoile, venait habiter le château de Port-Marly, rien ne semblait en effet devoir le soustraire aux entreprises de son ennemi... Le chef des Pirates de la Seine disposait de forces suffisantes pour mettre à sac la maison la plus forte et la mieux défendue, et pour ensevelir sous des ruines fumantes le cadavre du gentilhomme dont il s'était juré de prendre la vie. Lascars avait voulu s'assurer sans retard de l'exactitude des renseignements donnés par Sauvageon. Liseron, son lieutenant, son bras droit, était parti pour Port-Marly avec des instructions détaillées. — Il ne devait revenir qu'après avoir vérifié les faits que le chef tenait à connaître d'une manière positive. Parti du Moulin-Noir à huit heures, Liseron n'avait point encore reparu. Lascars l'attendait avec une impatience grandissant de minute en minute, et ses yeux se fixaient sans relâche sur la rive opposée.

— J'aurais mieux fait d'aller moi-même, murmurait-il, en proie à une fébrile agitation — j'aurais dû me souvenir du proverbe qui dit : — *Si tu veux, va !* — *Si tu ne veux pas, envoie !*

Quelques minutes s'écoulèrent encore, puis le baron fit un brusque mouvement. Ses yeux habitués à percer les demi-ténèbres d'une obscurité transparente venaient d'entrevoir une forme vague, descendant la berge qui lui faisait face. Il lui sembla qu'un canot se détachait de cette berge, et bientôt les clartés de la lune, se reflétant dans le sillage comme des rayons d'argent, lui prouvèrent qu'il ne se trompait pas et qu'une légère embarcation traversait le fleuve et se dirigeait en ligne directe, vers le Moulin-Noir. Au bout d'un instant il lui fut possible d'entendre le bruit faible des avirons frappant l'eau de seconde en seconde avec une irréprochable régularité ; — ce bruit devint de plus en plus distinct et enfin le canot, dirigé par une main habile, s'engagea parmi les pilotis de l'estacade. Lascars se leva.

— Est-ce toi, Liseron ? — demanda-t-il d'une voix assourdie à dessein.

— Oui, maître... — répondit le nouveau venu en se mettant en devoir d'amarrer sa barque au poteau...

Presque en même temps le lieutenant des Pirates de la Seine gravit le tertre au sommet duquel se trouvait Lascars. Ce dernier ne jugea point convenable de l'interroger en cet endroit, — il lui fit signe de le suivre et, rentrant dans le Moulin-Noir, il gagna la chambre que nous connaissons déjà et qui ne s'était en aucune façon modifiée depuis que nous en avons franchi le seuil, à l'époque où le baron tendait les pièges où devait se prendre Pauline Talbot. — Une petite lampe supportée par un guéridon de bois de chêne répandait sa lueur douteuse sur les boiseries sombres. — Lascars s'assit. — Liseron se tint debout devant lui. — Le lieutenant était un homme d'une quarantaine d'années, petit plutôt que grand, d'une apparence chétive et d'une figure intelligente et douce. Il paraissait difficile, lorsqu'on le voyait pour la première fois, de lui supposer une forte dose d'énergie. — Son costume, très simple, était à peu de chose près celui des ouvriers des ports de Paris et consistait en une chemise de couleur, un bonnet de laine, un pantalon de toile écrue et une veste ronde en gros drap bleu à boutons de cuivre. Ainsi vêtu, Liseron semblait le plus inoffensif des êtres créés et personne au monde n'aurait soupçonné que cette enveloppe pleine de bonhomie cachait un dangereux bandit. En pénétrant dans la chambre du chef, Liseron ôta respectueusement son bonnet de laine, rayé de blanc, de rouge et de bleu.

— Tu as été bien longtemps absent... — lui dit Lascars d'un ton de reproche.

— Impossible de revenir plus vite, maître !... — répliqua le lieutenant — il m'a fallu entrer dans un cabaret de Port-Marly et boire avec des pêcheurs qui n'avaient rien à m'apprendre... — par bonheur, au moment où de guerre lasse j'allais battre en retraite, assez mal renseigné, un jardinier du château est entré dans l'auberge... — Je me suis remis à boire avec lui et vous pensez bien que tout cela m'a pris du temps, mais enfin, grâce au ciel, ce n'est pas du temps perdu.

— Ainsi, tu sais ?...

— Tout ce que vous m'aviez dit de savoir...

— Le marquis d'Hérouville ?

— Est arrivé au château cette après-midi.

— Seul ?

— Non pas... — il avait avec lui la marquise sa femme, ses enfants, et un grand train de chevaux et de domestiques... — il paraît que ce sont des gens immensément riches...

— Ah! — s'écria Lascars — le marquis d'Hérouville est marié !...

— Oui, maître, — répondit Liseron — il a même deux petits garçons, beaux comme le jour, s'il faut s'en rapporter à ce que disent les jardiniers et les paysans...

— Et la marquise ?

— Oh ! la marquise! — les gens de Port-Marly prétendent qu'elle ressemble aux tableaux des saintes vierges qui sont dans les églises... — quand elle vient au château, ce qui n'arrive pas souvent, l'argent coule de ses mains comme l'eau d'un crible... aussi, on l'adore, et le pays est dans la joie de son arrivée... — On doit illuminer demain soir toutes les maisons et venir en troupe au château avec des violons et des petites flûtes afin de donner une aubade à la marquise...

Lascars se frotta les mains, et ses lèvres ébauchèrent un sourire d'une expression indéfinissable.

— Ah! marquis d'Hérouville — murmura-t-il d'une voix très basse et comme se parlant à lui-même — vous avez une femme jeune et belle et deux beaux enfants! — ah! vous êtes un heureux époux et un heureux père! — tant mieux! me venger sur vous seul aurait été trop peu!

Puis il reprit d'un ton plus haut :

— Le séjour du marquis et de sa femme au château doit-il être de quelque durée?

— Le jardinier affirme que ses maîtres ne retourneneront à Paris que vers la fin du mois de novembre...

Lascars se frotta les mains de nouveau.

— S'il en est ainsi — se dit-il — rien ne me presse! — je puis prendre mon temps — j'ai près de trois mois pour agir...

— Etes-vous satisfait de mes renseignements, maître? — demanda Liseron après un silence.

— Ils sont tels que je pouvais les souhaiter... — répondit Roland — mais il est d'autres choses encore que je tiens à connaître, et que sans doute tu ignores.

— Lesquelles?

— Le nombre des domestiques, par exemple...

Le lieutenant prit une physionomie triomphante.

— Justement je sais cela! — répliqua-t-il — j'ai bien pensé que c'était pour vous et pour nous une chose fort intéressante, et je me suis informé adroitement...

— Bravo! — s'écria Lascars — ami Liseron, tu penses à tout et je puis te promettre que tu iras loin! — Eh! bien, voyons, parle... — je vais écrire sous ta dictée...

Le baron prit en effet une feuille de papier, sur laquelle il reproduisit les indications du lieutenant à mesure que ce dernier les donnait. — Liseron continua :

— Il y a au château, présentement, deux valets de chambre, trois valets de pied, deux cochers, un maître d'hôtel, un cuisinier, trois hommes d'écurie, deux jardiniers et deux femmes de chambre, sans compter les filles de basse-cour...

— Ce qui fait un total de quinze hommes, y compris le marquis... — murmura Lascars — diable ! — Si tout ce monde était sur ses gardes et bien armé, ce serait une garnison respectable !...

— Il est probable — ajouta-t-il en s'adressant à Liseron — que les cochers, les palefreniers et les jardiniers ne couchent point dans l'intérieur même du château.

— Cela me semble, en effet, probable...

— Tu ne sais rien de positif à cet égard ?

— Absolument rien. — Je n'ai pas cru devoir m'enquérir tout d'abord de ces détails, dans la crainte de me rendre suspect ; car enfin il est peu naturel que la simple curiosité d'un passant le pousse à questionner ainsi sans motifs, à propos de choses qui ne le regardent pas...

— Tu as eu complètement raison ! — répondit Lascars, j'approuve sans réserve ta prudence et je n'ai que des éloges à te donner pour la manière dont tu viens d'accomplir ta mission diplomatique.

Le lieutenant se retira, gonflé de joie et de vanité par les louanges de son capitaine. — Ce dernier, resté seul, murmura lentement, avec une expression de joie effrayante :

— Je te tiens donc, à la fin, marquis d'Hérouville ! — cette fois tu ne m'échapperas plus et tu sauras bientôt comment je me venge !...

XVI

CAPITAINE ET LIEUTENANT

Pendant toute la journée du lendemain le baron ne quitta pas le Moulin-Noir. Lorsque la nuit arriva il s'assit au sommet de ce même tertre, sur lequel nous l'avons vu, la veille, immobile et attentif pendant de longues heures, et, de même que la veille, il tourna ses regards vers l'horizon qui s'étendait à sa droite, c'est-à-dire du côté de Saint-Germain. Bientôt de vives clartés s'élevèrent au-dessus de Port-Marly, et rougirent le ciel comme les reflets d'un incendie. — En même temps, malgré la distance, on entendit éclater des coups de feu et retentir de longues clameurs. Ces clartés provenaient des feux de joie allumés par les gens du village ; — ces clameurs étaient des cris d'enthousiasme, accompagnés de décharges de vieux mousquets, selon la coutume invariable des paysans, qui ne savent manifester leur allégresse que par les tapages les plus formidables. — Lascars ne se trompa point à la nature des bruits qu'il entendait et des lueurs qui frappaient ses yeux.

— Courage, manants et vassaux ! — murmura-t-il avec amertume. — Acclamez vos seigneurs ! — Prouvez-leur à la fois votre bassesse et votre amour en allumant des fagots entassés !... — Criez à perdre haleine : — *Vive le marquis! vive la marquise!* brûlez de la poudre, manants ! faites du bruit ! réjouissez-vous !... Un jour viendra, et ce jour est proche, où ce sera mon tour de célébrer la bienvenue des maîtres du château ! alors, comme aujourd'hui, des clartés illumineront l'espace ! — des clameurs et des coups de feu retentiront encore !... — Mais l'incendie remplacera les feux de joie ! — mais les mousquets porteront des balles ! — mais les hurlements de rage et de mort prendront la place des cris de tendresse ! — Patience ! patience, paysans ! patience aussi, marquis d'Hérouville !... — Je vous promets une nuit de fête dont le souvenir ne s'effacera jamais !

En prononçant ces odieuses paroles, d'autant plus effrayantes dans sa bouche, qu'avec un homme tel que lui l'exécution devait suivre de près la menace, Lascars s'était levé lentement... — Sa main s'étendait vers Port-Marly avec un geste de malédiction ; — il ressemblait au génie du mal, revêtu d'une forme humaine et méditant une œuvre infernale. — Peu à peu les flammes lointaines s'éteignirent ; — les détonations cessèrent de se faire entendre. — L'horizon redevint calme et silencieux... — Lascars se prit à sourire.

— Allons — reprit-il — c'est fini !... — Bonne nuit, marquis d'Hérouville ! vivez heureux, dormez en paix, faites de beaux rêves, jusqu'à l'heure prochaine où je me chargerai de vous réveiller.

La lune se levait au loin, derrière Paris. — La Seine et le paysage de Bougival restaient encore dans l'ombre, mais les hauteurs de Luciennes, les arceaux élégants de l'aqueduc de Marly et les futaies séculaires couronnant la terrasse de Saint-Germain, commençaient à s'éclairer. Le baron appela son lieutenant.

— Maître — demanda ce dernier — qu'y a-t-il et que me voulez-vous ?

— Fais préparer sur-le-champ le petit canot — répondit Lascars.

— Vous quittez l'île ce soir, maître ?

— Oui.

— Seul ?

— Tu m'accompagneras.

— Faut-il prendre des armes ?

— Des pistolets de poche en cas de besoin, voilà tout... — Il ne s'agit point d'une expédition.

— Suffit, maître... — Entendre, c'est obéir !...

Liseron s'éloigna pour exécuter les ordres du chef des Pirates ; son absence ne dura que quelques minutes.

— Maître — dit-il en revenant — le canot est paré.

Lascars et son lieutenant prirent place dans la légère embarcation, qui ne pouvait contenir que deux hommes et qui, poussée par des avirons vigoureux, ridait à peine dans sa course rapide la surface de la Seine. Ce canot, peint en blanc, portait ce mot : l'*Aquilon*, tracé en lettres rouges au-dessus du gouvernail, et jamais nom ne fut mieux mérité. Le baron s'assit à l'arrière et saisit la barre. — Liseron prit les rames et demanda :

— Où allons-nous ?

— A Port-Marly... — répondit Lascars.

Les avirons frappèrent l'eau ; — le canot bondit comme un cheval de sang à qui son jockey rend brusquement la main, et se mit à glisser sur le fleuve aussi vite qu'un souffle de la tempête. Au bout d'un quart d'heure de cette allure impétueuse le capitaine et le lieutenant mettaient pied à terre à une faible distance du village de Port-Marly puis, après avoir amarré le canot à une grosse pierre, ils gravissaient la berge escarpée et se trouvaient sur la route, presque en face des grilles du château. — A la droite et à la gauche des pilastres de cette grille, deux vastes brasiers mal éteints fumaient encore, et, lorsqu'un souffle de la brise nocturne en agitait les cendres, des gerbes d'étincelles s'en échappaient avec des pétillements bizarres.

— Voilà ce qui reste des feux de joie ! — murmura Liseron.

Lascars jeta les yeux à travers la grille sur le bâtiment seigneurial qui s'élevait, fier et imposant, au centre d'une véritable forêt de vieux ormes et de tilleuls énormes.

— Un jour — reprit-il, et ce jour n'est pas loin, les passants effarés diront, en contemplant des décombres noircis et des pans de murs écroulés : — Voilà ce qui reste du château de Port-Marly !...

— Parlez-vous sérieusement, maître ?... demanda le lieutenant.

— Oui, pardieu !

— Diable ! il paraît que, cette fois, nous ferons les choses en grand !...

— Oui... oui... Je te le promets, nous ferons les choses en grand ! Je ne veux pas qu'il reste pierre sur pierre de cette demeure odieuse !

III 8

— Peste ! le jour, ou plutôt la nuit, où le coq rouge chantera sur ces toits pointus, ce sera un beau spectacle pour les spectateurs, qui n'auront rien à craindre et rien à perdre.

— Ah ! — s'écria Lascars, avec une véritable ivresse — c'est pour moi... c'est pour moi surtout, que le spectacle sera beau !

— Maître... — murmura Liseron.

— Eh bien ?

— Me permettez-vous de parler en toute liberté ?

Lascars fit un signe affirmatif.

— M'est avis, — poursuivit le lieutenant — que dans la présente affaire il y va pour vous de grands intérêts, d'une nature particulière et personnelle, et que votre part légitime d'un fort gros butin est en ce moment la chose du monde qui vous préoccupe le moins.

— Que supposes-tu donc ? demanda le baron en riant.

— Je crois voir au fond de votre âme une haine vigoureuse et sans merci... — Le marquis d'Hérouville a dû vous offenser mortellement, et vous avez soif de vengeance... — Ai-je bien deviné, maître, ou ne suis-je qu'un sot ?...

— Tu n'es point un sot.... — répondit Lascars. — Ton coup d'œil est juste, ami Liseron, et tu vois clairement les choses.

— Puisqu'il en est ainsi — s'écria le lieutenant, tout fier de sa perspicacité — comptez sur moi comme sur vous-même... — Je connais la vengeance et je l'aime... — Je vous servirai bien...

— J'y compte...

— Présentement, que voulez-vous faire ? — Nous ne pouvons guère, à nous deux, attaquer le château, exterminer les habitants et mettre le feu aux quatre coins de l'édifice... — Cependant, si par hasard la chose vous semblait convenable et si vous me disiez : — En avant ! — foi de Liseron je ne bouderais pas à la besogne et je vous répondrais : — Allons-y ! — Nous ferons de notre mieux !

— Ah ! ça, me crois-tu fou ? répliqua vivement Lascars — et deviens-tu fou toi-même ?... — Je te répète que, cette nuit, il ne s'agit point d'une entreprise hasardeuse, ou plutôt impossible. — Je voudrais seulement trouver le moyen de reconnaître la position et de me mettre à même de combiner mon plan...

— Voulez-vous vous introduire dans le parc ?

— Oui.

— Eh bien ! il me semble que c'est facile.

— Comment ?

— Ces pilastres cannelés sont ni plus ni moins commodes que des escaliers. — Il y a place pour les pieds et pour les mains. — Faites-moi signe et je me charge avant une minute, d'escalader le haut de la grille.

Lascars haussa les épaules.

— Il paraît que j'ai dit une sottise, — murmura Liseron.

— Oui, certes, tu as dit une sottise, — répondit Roland — mais je l'excuse de grand cœur car c'est l'excès de zèle qui te faisait parler. — Escalader la grille est facile en effet, mais ce serait un acte insensé.

— Pourquoi ?

— La lune éclaire cette route presque comme en plein jour.

— Qu'importe, puisque la route est déserte.

— D'un instant à l'autre elle peut cesser de l'être. — Ne vois-tu pas d'ailleurs ces deux pavillons, cachés sous les arbres à droite et à gauche de l'avenue. — Ils sont certainement habités par des gardes, et pour peu que ces gardes soient vigilants, tu recevrais un coup de fusil avant d'être descendu dans le parc.

— Diable ! je ne pensais pas à cela.

— Quand on tient au succès, — reprit Lascars, — il faut réfléchir avant d'agir ! — ce n'est pas tout encore.

— Regarde le château. — Trois des croisées de la façade sont éclairées. — Il suffirait d'écarter un rideau pour t'apercevoir, et d'ouvrir une fenêtre pour donner l'alarme...

Le dialogue en était là entre Lascars et son lieutenant lorsqu'un bruit de roues se fit entendre à quelque distance sur les pavés disjoints de la route ; — à ce bruit se joignaient des claquements de fouets et des murmures de voix.

— Le diable emporte les passants qui viennent nous déranger ! — s'écria Liseron.

— Le grand chemin du roi appartient à tout le monde — répliqua philosophiquement Lascars ; — il est inutile qu'on nous voie ici, — ajouta-t-il — mettons-nous à l'abri.

Les deux hommes regagnèrent la berge et s'accroupirent derrière le talus. Trois tombereaux attelés de chevaux pesants et conduits par des charretiers ivres qui juraient et trébuchaient à chaque pas, défilèrent sous leurs yeux. Lorsque ces charrettes se furent suffisamment éloignées, Lascars et Liseron quittèrent leur retraite.

— Il me vient une idée, dit le baron.

— Elle ne saurait manquer d'être bonne ! — répliqua, non sans quelque courtisanerie le lieutenant — voyons votre idée, maître, voyons votre idée.

— Le parc du château est vaste et s'étage, derrière les bâtiments, jusque sur les collines qui nous font face, — reprit Lascars — quittons la grande route — suivons le mur de clôture, et ce sera jouer de malheur si nous ne trouvons point moyen d'accomplir, facilement et sans risque, une escalade qui, dans l'endroit où nous sommes, est compromettante et dangereuse.

Liseron approuva chaudement l'idée et suivit Lascars qui s'engagea dans un étroit sentier côtoyant le mur d'enceinte. De toutes parts les branches énormes des vieux arbres débordaient ce mur, formaient une voûte verdoyante au-dessus du sentier, et rappelaient au baron le châtaignier gigantesque du jardin des Capellen à Aix-la-Chapelle.

8.

XVII

L'ALLÉE SOMBRE

Lascars et Liseron suivirent pendant deux cent cinquante ou trois cents pas le sentier légèrement montueux dans lequel nous les avons vus s'engager ; — ils cheminaient d'un bon pas et sans échanger une parole.

— Maître, — dit Liseron tout à coup, en ralentissant son allure.

— Eh bien ? demanda Lascars. Qu'y a-t-il ?

— A l'endroit où nous voici, — reprit le lieutenant — la muraille n'est pas très haute, voulez-vous que je vous fasse la courte échelle ? — vous grimperez sur mes épaules et vous atteindrez le chaperon en un clin d'œil.

— Et toi ? — demanda le baron — comment monteras-tu ?

— Vous me tendrez la main et vous me hisserez jusqu'à vous.

— Cela pourra se faire si nous ne trouvons pas d'autre moyen de pénétrer dans l'enceinte, mais il me parait invraisemblable qu'un parc aussi vaste n'ait aucune issue sur la campagne, marchons encore.

— Marchons tant que vous voudrez, maître, — nous avons devant nous toute la nuit.

Les prévisions de Roland ne tardèrent point à se réaliser. — Les deux rôdeurs arrivèrent près d'une porte étroite et basse, pratiquée dans la muraille pour le service des jardiniers et des gardes-chasses. — Le baron fit halte.

— Tu vois que je ne me trompais point, — dit-il à Liseron. — As-tu dans ta poche ce qu'il faut pour ouvrir cette porte.

— Toujours ! je ne marche jamais sans mes petits instruments ; je vais dire deux mots à la serrure, et je réponds du succès, à moins que des verrous intérieurs n'aient été poussés, auquel cas je ne puis rien.

Tout en parlant Liseron tira des profondeurs de sa poche un outil en fil de fer, bien connu des voleurs avec effraction, et à peu près semblable à un crochet recourbé. Il introduisit cet outil dans la serrure, comme il eut fait d'une clef ; — le pêne joua dans la gâche aussitôt, sans opposer la moindre résistance, et la porte s'ouvrit avec un gémissement lugubre.

— Ah diable ! — murmura Liseron — voilà des gonds rouillés auxquels je promets une goutte d'huile si nous devons venir souvent par ici.

— Suis-moi, — dit Lascars en pénétrant le premier dans le parc — et referme la porte derrière nous.

Cet ordre fut exécuté et nos personnages se trouvèrent dans une allée sombre et majestueuse, presque semblable à la nef d'une cathédrale. — Les troncs rugueux d'une double rangée de tilleuls trois fois centenaires s'alignaient à droite et à gauche ; ainsi que des piliers gigantesques. Au-dessus de ces colonnes végétales, à une grande hauteur, les branchages arrondis formaient la voûte. Sous ces dômes verdoyants, dont la nature avait fait tous les frais, régnaient le silence et l'obscurité. — Çà et là, par une éclaircie du feuillage, se glissait un rayon égaré de la lune, pâle flèche d'argent tombant jusqu'au sol et rendant les ténèbres environnantes encore plus opaques. A l'extrémité de l'allée obscure se voyaient, ou plutôt se devinaient les batiments du château, à demi plongés dans les ombres. Ce fut de ce côté que se dirigea Lascars, suivis pas à pas par Liseron. Tous deux atteignirent un endroit où l'avenue qu'ils suivaient se trouvait coupée à angle droit par une seconde avenue, selon la mode des jardins à la française dessinés par Le Nôtre, dont on retrouve dans le parc de Versailles les grandioses conceptions. Le baron allait passer, lorsqu'il sentit la main de son lieutenant se poser su son bras. — Il se retourna en murmurant :

— Que me veux-tu ?

Liseron effleura de ses lèvres l'oreille de Lascars, et répondit, d'une voix faible comme un souffle :

— Arrêtez-vous, maître, et surtout parlez bas.

— Pourquoi ? — reprit Lascars étonné.

— Nous ne sommes plus seuls.

Le baron tressaillit.

— Tu crois ? balbutia-t-il.

— J'en suis sûr ; — regardez et écoutez.

En même temps Liseron indiquait du geste l'avenue latérale se croisant avec celle où il se trouvait en compagnie de son chef. Roland écouta avec attention et, au bout d'une ou deux secondes, il lui sembla que le bruit presque indistinct de pas légers, foulant le sable et froissant les feuilles mortes, arrivait jusqu'à lui. Ses regards interrogèrent avidement les ténèbres, et bientôt il lui fut impossible de conserver l'ombre d'un doute ; — un de ces rayons de lune dont nous avons parlé tout à l'heure se glissait par une éclaircie et formait dans les ténèbres une pâle traînée de lumière. Soudain, deux formes humaines traversèrent cette zone vaguement éclairée et disparurent aussitôt après ; mais le baron avait eu le temps de distinguer une femme en robe blanche, appuyée sur le bras d'un homme dans une attitude gracieuse et tendre. Cet homme et cette femme se rapprochaient insensiblement de Lascars.

— En vérité — murmura ce dernier — mon lieutenant est un précieux compagnon !... — ses yeux et ses oreilles sont incomparables et valent ceux des Indiens peaux rouges !... — sans lui je n'aurais rien entendu !...

Pour la seconde fois Liseron se pencha vers Roland.

— Maître — lui dit-il — ne restons pas là... — la plus légère brise pourrait écarter le feuillage et laisser arriver jusqu'à nous quelque rayon égaré qui nous trahirait...

Le conseil était sage. — Lascars ne fit aucune difficulté de le suivre et, quittant l'avenue, il alla se mettre en embuscade derrière un tronc d'arbre assez gros pour abriter Liseron en même temps... — Quelques secondes s'écoulèrent. — L'horloge du château et celle du clocher de Port-Marly se mirent à sonner toutes deux à la fois onze heures du soir. Le bruit des pas sur le sable de l'allée se rapprochait et devenait de plus en plus distinct... — Les promeneurs allaient effleurer l'arbre qui servait de cachette aux deux bandits.

— Quels sont ces gens ? — se demandait Lascars — une jolie femme de chambre, peut-être, au bras d'un galant valet de pied... — Oui, c'est probable... c'est même certain, car le marquis d'Hérouville et sa femme doivent reposer depuis longtemps.

La réponse à la question que Roland se posait en ces termes ne se fit point attendre,

— Cette nuit est bien belle, n'est-ce pas, mon amie ? dit à sa compagne l'invisible cavalier, en passant à quelques pas du baron — l'air se fait tiède pour nous étreindre, l'obscurité nous enveloppe et nous caresse !... — les nocturnes parfums des fleurs et des gazons montent vers nous ! de toutes les douces choses de ce monde, la solitude à deux, quand on s'aime comme nous nous aimons, n'est-elle pas la plus douce ?...

Trop émue, sans doute, pour parler, celle à qui s'adressaient ces tendres paroles n'y répondait qu'en s'appuyant avec plus d'abandon sur le bras amoureux qui la soutenait en l'enlaçant, puis le couple inconnu continua lentement sa route en laissant derrière lui cette senteur enivrante qui s'exhale de la chevelure et des vêtements d'une femme jeune et belle. Personne, en ce moment, n'aurait pu jeter les yeux sans épouvante sur le visage de Lascars, si la clarté du jour avait éclairé ce visage. Les traits décomposés du gentilhomme offraient une expression hideuse ; — la haine faisait trembler ses lèvres, et ses yeux s'injectaient de sang. Il venait de reconnaître la voix de l'homme qu'il abhorrait ; — la voix de Tancrède d'Hérouville.

— J'avais résolu de ne point agir cette nuit... — se dit-il dans un transport de rage froide — mais puisque le démon envoie mon ennemi à portée de ma main, je ne retarderai pas plus longtemps ma vengeance et j'en veux finir tout de suite !...

En se tenant à lui-même ce langage, Lascars tira de sa poche un des petits pistolets dont il s'était muni ; — il en arma sans bruit les deux coups et, quittant le tronc d'arbre qui l'abritait, il se glissa comme un serpent sur les traces du marquis. Quelque implacable que fût sa haine, — quelque ardent et impétueux que fût son désir de vengeance, — cette haine et cette vengeance ne pouvaient s'assouvir à l'instant même... — l'obscurité qui régnait dans l'avenue enveloppait d'un voile impénétrable la victime désignée et Lascars, pour ne faire feu qu'à coup sûr, pour envoyer ses balles droit au cœur qu'il voulait glacer, devait attendre qu'une nouvelle éclaircie, qu'un nouveau rayon lumineux, lui permissent de voir distinctement son ennemi. — Il était facile de prévoir que la détonation du pistolet et les cris de la marquise donneraient promptement l'alarme... les valets ne se feraient point attendre, mais, avant leur arrivée, l'assassin aurait disparu, et les serviteurs consternés ne trouveraient qu'une femme évanouie auprès d'un cadavre baigné dans son sang, — Lascars — nous l'avons dit — se mit en devoir de suivre Tancrède, et fut lui-même suivi par Liseron.

— Maître — demanda ce dernier tout bas — où diable allez-vous ainsi?...

— A la vengeance — répondit Roland.

— Vous songez à tuer M. d'Hérouville?

— Oui.

— Maître — balbutia Liseron — prenez garde...

Il n'eut pas le temps d'achever.

— Silence !... — dit Lascars, en l'interrompant d'un ton qui ne souffrait pas de réplique.

— Diable de capitaine ! — pensa le lieutenant — quelle superbe affaire il sacrifie au plaisir de se venger vite ! — enfin, il est le maître et je n'ai rien à dire !...

Le marquis et sa compagne marchaient toujours sur le sable fin et doux qui criait à peine sous leurs pieds.
— Ils allaient silencieux, la main dans la main, mollement appuyés l'un sur l'autre, fondant leurs âmes dans une commune pensée qu'un silence éloquent exprimait mieux que les plus ardentes paroles... Rien n'existait en dehors d'eux-mêmes ; le ciel, la terre, les désirs, les ambitions, les joies et les soucis de la vie, tout avait disparu ! — l'amour seul remplissait le monde ! C'étaient des gens heureux ! — oh oui ! bien heureux ! — ils aimaient ; — ils étaient aimés ; — ils étaient ensemble ; — ils étaient seuls... — Si le bonheur n'était pas avec eux, pur, immense et complet, où donc était-il ? Mais la mort aussi était là, sous la figure de Lascars tenant d'une main fiévreuse son pistolet tout armé. — Une seconde encore, sans doute, et la mutuelle ivresse de deux êtres charmants allait être interrompue par un coup de foudre !... et l'un de ces cœurs pleins d'amour allait cesser de battre !...

. . . .

XVIII

AU CHATEAU

Ce drame étrange et sinistre dont le dénouement fatal pouvait à chaque seconde éclater dans toute son horreur, cette poursuite silencieuse du meurtrier, s'acharnant sur les pas d'un ennemi qui ne soupçonnait point sa présence, durèrent plusieurs minutes, et ces minutes furent longues comme des siècles pour Lascars et pour Liseron. — Tancrède d'Hérouville et la marquise se dirigeaient du côté du château; — ils marchaient lentement, nous le savons, et les ténèbres protectrices semblaient s'épaissir autour d'eux; — mais enfin ils atteignirent l'extrémité de l'allée couverte et ils s'engagèrent sans défiance sur le tapis vert qui s'étendait autour du château et qu'ornaient des bassins de marbre blanc, des eaux jaillissantes et de vastes corbeilles de fleurs. Là, rien ne les défendait plus, l'égide d'obscurité venait de s'évanouir, et les clartés vives de la lune les enveloppaient de toutes parts. Un sourire cruel, ou plutôt le rictus farouche d'une bête fauve qui se sent maîtresse de sa proie, vint aux lèvres du baron. L'infâme gentilhomme était sûr de son coup. Plus d'une fois il avait tenu et gagné le pari d'abattre au vol une hirondelle avec la balle d'un pistolet. — Rien ne le pressait donc, il pouvait ajuster à loisir et prendre tout son temps. Une instinctive curiosité lui fit jeter un coup d'œil sur la marquise dont la taille svelte et souple, élégante et gracieuse comme celle d'une jeune déesse, se déployait à quelques pas devant lui. — Sous un réseau de blanches dentelles, les épaules de madame d'Hérouville semblaient taillées en plein marbre de Paros; ses bras nus sortaient de ses manches larges comme du calice d'une fleur; — ses beaux cheveux blonds se tordaient derrière sa tête, avec une négligence adorable, ainsi qu'un flot d'or et de soie.

— La baronne de Lascars avait une chevelure pareille à celle-là!... — se dit Roland avec un nouveau sourire — avant le quart d'une seconde cette jolie marquise sera veuve!... — les consolateurs ne lui manqueront pas!...

Le bras du baron se souleva; — son coude se rapprocha de son corps; — le canon du pistolet prit une direction horizontale et l'index de la main droite se reploya sur la gâchette. Il ne fallait plus désormais qu'un mouvement léger, une pression nerveuse à peine perceptible, pour envoyer Tancrède chez les morts... Ce mouvement ne fut pas fait; — cette pression nerveuse n'eut pas lieu. — Un revirement brusque venait de s'opérer dans les pensées de Lascars; — son bras retomba sans que le chien se fût abattu sur la platine, et, à la grande surprise de Liseron, le pistolet désarmé rentra dans la poche d'où il était sorti quelques minutes auparavant...

Après avoir donné une conclusion si peu attendue à la scène que nous venons de raconter, le baron, calme en apparence comme un promeneur inoffensif et désintéressé, suivit du regard le marquis et sa femme jusqu'au moment où ils rentrèrent au château par une porte qui se referma derrière eux. Aussitôt qu'ils eurent disparu, Lascars tourna sur ses talons.

— Compère Liseron — demanda-t-il — es-tu là ?..

— Oui, maître... — répondit le lieutenant qui s'était arrêté tout près de son chef, sur l'extrême limite des ténèbres et de la lumière.

— Regagnons le Moulin-Noir — continua le baron — nous n'avons plus rien à faire ici cette nuit.

— A vos ordres, maître ! — Pas accéléré ! en avant ! marche !... dit Liseron d'un ton plaisant.

Les deux hommes reprirent la route qu'ils avaient parcourue déjà, et tandis qu'ils cheminaient côte à côte le dialogue suivant s'engagea entre eux.

— Tu ne comprends pas grand chose, n'est-il pas vrai, — dit Lascars — à ce qui vient de se passer sous tes yeux ?

— Vous pouvez même ajouter, maître, que je n'y comprends absolument rien — répliqua Liseron.

— Mon brusque changement de résolution te surprend ? — reprit le baron — il te semble étrange qu'animé comme je le suis d'une haine implacable, et tenant dans ma main la vie de mon ennemi, j'aie écarté cette main et laissé l'ennemi s'éloigner ?

— Oui, maître, et c'est là justement ce qui me confond, car enfin vous paraissiez bien décidé, tout à l'heure, et quand j'ai voulu vous dire avec humilité que le moment me semblait mal choisi, vous m'avez imposé silence d'une façon qui ne souffrait pas de réplique.

— C'est vrai — murmura Lascars — mais, grâce au ciel, la réflexion m'est venue avant qu'il fût trop tard ! Je me suis souvenu qu'il fallait rarement suivre son premier mouvement, sous peine d'avoir à s'en repentir. Bref, j'ai repris mon empire sur moi-même, et je m'en félicite, car si j'avais cédé tout à l'heure à la soif homicide qui me dévorait, le marquis d'Hérouville n'existerait plus, il n'aurait pas passé sans transition du bonheur à la mort, il n'aurait pas souffert et je serais maintenant en proie au chagrin incurable de m'être incomplétement vengé. Comprends-tu cela, Liseron ?

— Pas très bien, je l'avoue — répondit le lieutenant — car enfin, si la mort de votre ennemi vous semble une vengeance incomplète, que faut-il donc pour vous satisfaire ?

Une lueur fauve, d'un éclat satanique, fit étinceler les prunelles du baron.

— Ce qu'il me faut — répliqua-t-il avec un accent haineux dont rien ne saurait donner une idée — ce qu'il me faut, c'est la souffrance morale de cet homme ! c'est l'agonie lente de son âme précédant celle de son corps !... — Je tuerai son bonheur avant de le tuer lui-même ! il est heureux époux, il est heureux père ! — je l'attaquerai d'abord dans ses enfants et dans sa femme, et peut-être ensuite trouverai-je plus de joie à lui laisser la vie qu'à lui donner la mort !

En écoutant les paroles que le prétendu Joël Macquart venait de prononcer, Liseron, malgré lui, frissonna de la tête aux pieds.

— Qu'as-tu à répondre ? — demanda Lascars.

— Pas un mot, maître — murmura le lieutenant d'une voix altérée.

— On dirait que je te fais peur !

— Vous m'épouvantez un peu, j'en conviens, et si le grand diable d'enfer n'était point une invention à l'usage des vieilles femmes et des petits enfants, je croirais qu'il a pris cette nuit votre forme et que c'est lui qui marche en ce moment à côté de moi.

— Flatteur ! — s'écria Lascars en riant. — Il faut toute ma modestie naturelle pour qu'une comparaison comme la tienne ne me donne pas un fol orgueil. — A propos — ajouta le baron après un silence — pourquoi donc, tout à l'heure, toi qui n'as point sur ces choses les mêmes idées que moi, voulais-tu m'empêcher de tuer M. d'Hérouville ?

— Oh ! mon Dieu, tout bonnement parce que je pensais au solide.

— Explique-toi mieux.

— Je me disais qu'un coup de pistolet tiré cette nuit sur le marquis nous faisait perdre d'amples bénéfices, car, le pillage immédiat du château étant impossible, la veuve n'aurait pas manqué de regagner Paris au plus vite, en emportant avec elle son or et ses bijoux ; — voilà pourquoi, il me semblait qu'il fallait attendre.

Lascars et son lieutenant venaient d'atteindre en causant ainsi la petite porte du parc. — Ils sortirent sans encombre de l'enceinte et suivirent le sentier qui devait les ramener à leur canot. Laissons-les se diriger vers le Moulin-Noir, et rejoignons le marquis et sa femme.

Le château de Port-Marly, nous l'avons dit dans un précédent chapitre, constituait une habitation vraiment princière. Les somptuosités de ses décorations intérieures et son ameublement étaient dignes d'un palais. — Les salons de réception, les deux salles à manger, l'une d'apparat, l'autre de famille, occupaient le rez-de-chaussée, auquel on accédait depuis le parc par un perron à double rampe. — L'appartement de Tancrède d'Hérouville et celui de sa femme se trouvaient au premier étage. — Chacun d'eux était composé d'une antichambre, d'un salon, de deux chambres à coucher, d'une bibliothèque servant de cabinet de travail, et d'une salle de bain. — Nous passons volontairement sous silence un certain nombre de pièces accessoires. Ces appartements, tout à fait indépendants l'un de l'autre, étaient réunis par une galerie vitrée, ornée de statues de marbre et de bronze, et de tableaux de maîtres des écoles italienne et française. — Cette galerie, constituant un véritable musée, renfermait des richesses artistiques dont plus d'une résidence royale aurait été jalouse. Des lanternes flamandes d'un précieux travail, garnies de verres dépolis, entretenaient pendant toute la nuit une clarté douce dans les vestibules, les escaliers et les couloirs. Tancrède reconduisit sa femme à l'appartement qu'elle occupait. Une jeune camériste, souriante et fraîche, attendait sa maîtresse dans le salon qui précédait la chambre à coucher.

— Mariette, mon enfant — lui dit madame d'Hérouville — vous pouvez vous retirer.

— Madame la marquise n'a pas besoin de moi ce soir ? — demanda la camériste.

— Non, je me déferai seule ; allez...

Et la marquise franchit le seuil de sa chambre. — Cette pièce était une véritable merveille de luxe bien entendu et de bon goût, nous pourrions presque dire de simplicité dans la richesse. — Le plafond en coupole et peint à fresque figurait un ciel lumineux, au milieu duquel voltigeaient des papillons éblouissants et de grands oiseaux des tropiques aux ailes bigarrées de vives couleurs. Les boiseries blanches, sculptées avec un art exquis et sobrement rehaussées de filets d'or, ne supportaient que trois tableaux, mais quels tableaux, ou plutôt quels chefs-d'œuvre ! Le premier était une *Madone*, de Murillo ; le second, une *Adoration des Mages*, du Titien ; et, le troisième, l'*Enfant Jésus et saint Jean-Baptiste*, du Corrège. — La marquise d'Hérouville étant blonde, Tancrède avait voulu que les draperies qui l'entouraient fussent d'une brocatelle du bleu le plus tendre. La même étoffe recouvrait les sièges en bois doré d'un merveilleux travail. Le tapis de la Savonnerie offrait, sur ses fonds d'une blancheur sans tache, un semis de bouquets de myosotis, de pervenches et de bluets. Le lit bleu, semblable à un dais et empanaché de plumes blanches, s'élevait sur une estrade et disparaissait à demi sous les plis lourds de la brocatelle et sous les nuages vaporeux de la mousseline des Indes. La cheminée elle-même était en marbre bleu lapis. Sa large tablette supportait une magnifique pendule de style Louis quatorzième, et deux immenses potiches du Japon, illustrées d'oiseaux d'or impossibles et de fleurs d'azur fantastiques. A côté de la couche monumentale que nous avons décrite reposaient côte à côte deux petits lits jumeaux, noyés parmi des flots de tulle et de gaze, de dentelles et de rubans. Dans chacun de ces lits se voyait un enfant blanc et rose, d'une merveilleuse beauté. Les traits de ces enfants n'étaient point pareils, mais tous deux ressemblaient à des anges endormis, et les maîtres immortels dont les œuvres rayonnaient sur les panneaux de la boiserie, Murillo, Titien, le Corrège, n'auraient pas rêvé d'autres modèles pour leurs plus divines créations. L'un de ces chérubins avait cinq ans environ. L'autre semblait de deux ans plus jeune. Leurs longs cils recourbés répandaient une ombre de velours sur leurs joues faites de roses pétries dans du lait. Leurs lèvres vermeilles souriaient à l'un de ces songes enchanteurs que Dieu envoie au sommeil si pur de l'enfance. Madame d'Hérouville, toujours appuyée sur son mari, s'approcha des lits jumeaux et enveloppa les deux enfants d'un regard où toutes les flammes de l'amour maternel éclataient. Tancrède, quittant le bras de sa femme, se pencha vers la plus jeune des innocentes et charmantes créatures; il effleura de ses lèvres le front ombragé de boucles blondes, lentement, doucement, avec des précautions infinies, afin de ne point interrompre le sommeil béni du petit ange.

XIX

UN CŒUR QUI LUTTE

La marquise sourit d'abord avec ivresse à cette caresse si discrète et si tendre, où débordait le cœur paternel, puis un indéfinissable sentiment d'inquiétude, nous pourrions presque dire d'angoisse, se peignit sur son visage, lorsque Tancrède se redressa, mais cette angoisse disparut avec la rapidité de l'éclair, car déjà M. d'Hérouville se penchait vers le second berceau, et il embrassait l'aîné des enfants comme il venait d'embrasser le plus jeune. L'angélique figure de la marquise devint aussitôt radieuse. Une larme d'émotion et de reconnaissance mouilla sa paupière ; elle murmura d'une voix que l'attendrissement rendait tremblante :

— Tu l'aimes donc aussi, mon pauvre Paul ?

— Si je l'aime ? — répondit Tancrède avec feu — et pourquoi donc ne l'aimerais-je pas autant que son frère ?... — C'est ton fils... — à ce titre, il m'est cher et sacré !... — Entre lui et Armand, je le jure, mon cœur ne choisit pas.

La jeune femme jeta ses deux bras au cou de son mari et lui dit dans un long baiser :

— Va, tu es bon comme Dieu lui-même et, si je n'avais le bonheur de vivre avec toi, la grâce suprême que je demanderais au ciel serait la joie de mourir pour toi !...

— Chère, bien chère Pauline — répondit le marquis — n'es-tu pas mon ange adoré? n'es-tu pas le sourire et la lumière de mon existence?... — n'es-tu pas l'orgueil et l'honneur de ma maison?... — Chaque jour, à chaque heure du jour, je bénis le Dieu de bonté qui nous avait faits l'un pour l'autre, et qui a daigné réunir enfin ceux que le monde semblait séparer...

Ici nous devons, avant de poursuivre notre récit, revenir sur nos pas, pour la dernière fois, et tourner nos regards vers le passé.

Nous avons vu le marquis d'Hérouville et la duchesse de Randan quitter Aix-la-Chapelle en emmenant avec eux Pauline qui se croyait et qu'ils croyaient eux-mêmes veuve du baron de Lascars. Nos lecteurs se souviennent-ils des paroles adressées par Tancrède à sa sœur, après lui avoir fait l'aveu du brûlant amour qui le dévorait. Ces paroles, les voici : « Je » n'oublie ni ce que je suis, ni quel est le sang dont je » sors... Je souffrirai, je mourrai s'il le faut, mais » jamais la veuve d'un misérable et d'un faussaire ne » deviendra marquise d'Hérouville!... » En parlant ainsi, Tancrède était de bonne foi. Il se croyait capable de vivre, sinon calme, du moins résigné, auprès de Pauline devenue libre, et de l'aimer toujours sans lui dire jamais qu'il l'aimait! Hélas! il devait s'apercevoir bien vite que l'entreprise tentée par lui était au-dessus des forces humaines!... La jeune femme fit au frère et à la sœur le récit de sa vie... — elle leur dit toutes ses souffrances, elle leur dévoila le piège infâme tendu par Lascars et dans lequel la fatalité l'avait fait tomber... Elle ne parla point, il est vrai, de l'amour naïf et profond qui s'était emparé de tout son être depuis la nuit sinistre où, pour la première fois, elle avait vu Tancrède, mais cet amour, comme une flamme qui se fait jour en dépit des obstacles, éclata dans ses réticences, dans son trouble, dans son silence. Le marquis se sentit aimé, ou plutôt adoré, et l'ardeur de sa passion grandit encore.

. . . .

L'enfant de Lascars vint au monde... Ce fut un fils. La duchesse de Randan voulut être la marraine de l'orphelin. Le marquis n'eut pas le courage d'assister à la cérémonie du baptême; il s'éloigna de Paris en dévorant ses larmes. La naissance de cet enfant lui semblait un nouvel obstacle ajouté à tous ceux qui déjà le séparaient de Pauline. Plusieurs mois s'écoulèrent. Tancrède, comblé par le hasard des précieuses faveurs qui peuvent et doivent rendre un homme heureux ; — Tancrède, grand seigneur, immensément riche, parfaitement spirituel et beau, était en réalité le plus malheureux des hommes! Epouvanté des ravages que causait en lui la passion, il sentait chaque jour son énergie morale diminuer; et il se disait en frémissant que bientôt peut-être il lui faudrait manquer à sa parole et à son serment. Alors, comme un soldat trahi par la fortune des batailles, il tentait de chercher son salut dans la fuite; — il se jurait de ne plus revoir Pauline; — il sollicitait du ministre de la guerre un congé illimité, et il partait pour quelque lointain voyage, mais, à peine éloigné de vingt-cinq lieues, il donnait aux postillons l'ordre de tourner bride, et il revenait, furieux et désespéré, comprenant bien que son corps seul fuyait Paris, que son âme restait auprès de la baronne de Lascars, et qu'il lui était aussi impossible de vivre sans elle que de vivre sans air. Il luttait encore cependant, ou plutôt il se débattait en vain. — Des nuits sans sommeil succédaient à des jours sans repos; sa vigoureuse nature semblait minée par un mal inconnu ; ses joues se creusaient ; un large cercle de bistre estompait le contour de ses paupières, et la fièvre continuelle qui brûlait son sang allumait dans ses prunelles un feu sombre; en un mot, Tancrède d'Hérouville, dans tout l'éclat de la jeunesse et sous son brillant uniforme de colonel, offrait aux regards étonnés le visage pâle des moines et des ascètes émaciés par les veilles, les mortifications et les extases. Ce changement si grand, si complet, n'échappait point à la duchesse. — Elle en éprouvait autant d'effroi que de douleur, elle devinait sans peine les causes qui le faisaient naître, mais elle n'osait aborder avec son frère un sujet dangereux, et rompre avec lui le silence qu'il s'obstinait à garder vis-à-vis d'elle. Pauline de Lascars aurait ressenti comme Tancrède, et sans doute avec la même violence, tous les troubles, tous les orages, tous les déchirements de la passion, mais les joies et les soucis de la maternité mettaient dans sa vie un puissant élément de distraction. — Elle aimait, certes, monsieur d'Hérouville autant qu'on puisse aimer, mais la chère et chétive créature qu'elle avait mis au monde prenait une grande part de son âme et, quand elle contemplait son fils endormi, elle sentait bien qu'elle n'était pas seule ici-bas et qu'il existait pour elle d'autres intérêts que ceux de l'amour. La maternité la consolait de tout, même de la mort de la bonne madame Audouin, qui s'était doucement éteinte après avoir embrassé une dernière fois sa fille adoptive. Pauline partageait sa vie entre l'hôtel de la duchesse, à Paris, et le château de Randan; Jane ne pouvait se passer de son amie et se refusait à toute séparation, même de courte durée. Une délicieuse enfant, Mathilde, sœur de Jane et de Tancrède, sortie du couvent où elle avait vécu pendant le voyage du marquis et de la duchesse en Allemagne, aimait de son côté madame de Lascars comme on aime une sœur aînée, et lui prouvait sans cesse cette affection avec la touchante ingénuité de son âge.

— Mon Dieu — se demandait parfois la duchesse — pourquoi Pauline n'est-elle pas véritablement notre sœur?

. . . .

Onze mois environ s'étaient écoulés depuis les scènes auxquelles l'hôtellerie du Faucon-Blanc, à Aix-la-Chapelle, avait servi de théâtre. La fin de décembre approchait, et madame de Randan avait abandonné son château des bords de la Seine pour son hôtel de la rue Saint-Guillaume. Onze heures du matin venaient de sonner. Pauline, absorbée par son fils, ne descendait que beaucoup plus tard, et la duchesse se trouvait encore dans son appartement avec sa jeune sœur. Une de ses femmes lui vint annoncer que le marquis d'Hérouville venait d'arriver et qu'il attendait au salon. Depuis près d'une semaine Tancrède n'avait point paru à l'hôtel. La duchesse, surprise et joyeuse de cette visite matinale, s'empressa d'aller rejoindre son frère. Elle le trouva debout auprès de la haute cheminée armoriée, sur laquelle il appuyait son coude. Tancrède s'absorbait si complètement dans sa pensée qu'il ne s'aperçut pas tout d'abord de la présence de la duchesse. Cette dernière, immobile en face de lui, le contempla pendant quelques secondes avec un étonnement douloureux. Il était méconnaissable. Le désordre de son costume et de sa chevelure témoignaient avec une déchirante éloquence du désordre de son esprit. Sa livide pâleur lui donnait l'apparence d'un spectre. L'une de ses mains pressait sa poitrine et paraissait étreindre son cœur ; — l'autre pendait à son côté, si amaigrie, si diaphane, qu'elle ressemblait à une main de cire ; — ses yeux étaient rougis et gonflés.

Nous avons constaté déjà le changement immense survenu depuis quelque temps dans l'apparence du marquis. — Huit jours avaient suffi pour achever l'œuvre de dévastation.

— Pauvre frère... se dit la duchesse en poussant un soupir — il se consume à petit feu !... il se tue ! sa lutte contre son cœur est un suicide véritable !... Voilà donc comment aiment les hommes... quand ils aiment !...

Madame de Handan s'approcha tout à fait du marquis et lui prit la main en murmurant de sa voix la plus douce :

— Tancrède...

M. d'Hérouville tressaillit comme si la duchesse, en le touchant et en lui adressant la parole, venait de l'arracher brusquement au plus profond sommeil. Ses yeux se fixèrent avec une sorte d'égarement sur le visage attristé de sa sœur, et il balbutia, sans presque avoir conscience de ce qu'il disait :

— C'est toi, chère Jane... — Je suis heureux, oh ! bien heureux de te voir.

— Et moi, mon frère — répondit la duchesse, en embrassant Tancrède — je suis triste... bien triste.

— Triste !... — répéta Tancrède — et pourquoi ?

— Parce que tu souffres.

Le marquis laissa tomber sa tête pâle sur sa poitrine.

— C'est vrai, murmura-t-il d'une voix sourde, je souffre, ma sœur... je souffre beaucoup.

— Ah ! — s'écria madame de Randan, — je le savais bien ! les yeux d'une sœur sont clairvoyants comme ceux d'une mère ! mais tu semblais vouloir me faire un mystère de cette souffrance, et je n'osais te questionner.

— Tu avais raison, chère Jane... — répliqua M. d'Hérouville — le moment n'était pas venu et j'aurais sans doute refusé de te répondre.

— Et aujourd'hui ? — demanda vivement la duchesse.

— Aujourd'hui je suis ici pour t'ouvrir mon âme... je me sens à bout de forces et tu vas tout savoir.

— Laisse-moi d'abord te remercier de ta confiance, quoiqu'elle soit un peu tardive, — dit vivement la jeune femme — et parle ensuite, parle vite !... J'ai hâte de l'entendre... non par curiosité, Dieu m'en est témoin, mais parce que, quand je connaîtrai le mal, je trouverai peut-être le remède.

Tancrède se laissa tomber dans un des larges fauteuils du temps de Louis XIV, formant un demi-cercle en face de la cheminée dans laquelle brûlait un grand feu. Il posa son coude sur l'accotoir de ce fauteuil, il appuya sa joue sur sa main, puis il resta silencieux et comme absorbé pendant un instant. La duchesse respecta sa rêverie.

— Excuse-moi, chère sœur — fit-il tout à coup, en relevant le front — je dois te paraître bien étrange, mais véritablement ma tête s'affaiblit.

Madame de Randan eut aux lèvres un sourire contraint.

— Ta tête s'affaiblit!... — répéta-t-elle, — à ton âge ! tu me permettras de n'en rien croire.

— Eh ! qu'importe l'âge ? — répliqua Tancrède — d'ailleurs, suis-je jeune encore ? depuis quelque temps j'ai beaucoup, beaucoup vieilli... — Ah ! tu le sais aussi bien que moi ! — reprit-il en interrompant un geste de dénégation de la duchesse — mais ce n'est point de cela qu'il s'agit... Ce n'est point pour cela que je suis venu... écoute-moi... j'irai droit au but.

— Tu ne doutes, je l'espère, ni de mon attention profonde, ni de mon intérêt sans bornes ? murmura Jane de Randan.

— Ni de l'un, ni de l'autre, et tu vas en avoir la preuve. — Je n'ai d'autres proches parents que toi et Mathilde ; j'aime Mathilde autant que je t'aime, mais la chère enfant est trop jeune pour être utilement consultée sur la plus grave de toutes les questions, une question qui touche à l'honneur... Il ne me reste donc que toi, chère Jane, et je t'érige en tribunal de famille !... ton jugement sera sans appel. — Comme tu me diras d'agir, j'agirai.

— La mission que tu me donnes est bien haute, la tâche que tu m'imposes est bien lourde... répondit la duchesse, parle, cependant, mon frère... je tâcherai de suffire à cette tâche et d'être digne de cette mission.

— Je suis placé dans une situation étrange et triste... — continua Tancrède, il me faut, ou cesser de vivre, ou commettre une action que ma conscience et mon orgueil patriciens me représentent comme indigne de ma naissance et de mon nom.

— Une action indigne!... s'écria madame de Randan, toi, mon frère!... allons donc!... C'est impossible!...

— Tu vas en juger à l'instant!... J'éprouve pour Pauline un amour insensé!... Depuis près d'un an je lutte contre cet amour... — Aujourd'hui tout est fini pour moi... mes forces sont à bout... la lutte est vaine... — je suis vaincu... — Regarde-moi, ma sœur, et tu me reconnaîtras à peine... le combat sans merci livré par mon orgueil à mon amour m'a brisé... — il faut que Pauline m'appartienne ou que je meure, il faut que je donne mon nom à la veuve du baron de Lascars, ou que j'emporte avec moi dans la tombe ce nom sans tache.

— Je ne te comprends pas, mon frère! s'écria la duchesse avec feu — comment donc un mariage avec une femme pure et charmante pourrait-il être un outrage à l'honneur?...

— Pauline est pure comme les anges, je le sais bien!... répondit vivement Tancrède, mais le nom qu'elle porte est un nom déshonoré!...

— Est-ce la faute de la pauvre enfant si son mari fut un scélérat? serait-il juste de la rendre responsable des crimes dont elle est innocente?

— Non, certes! cent fois non! et cependant les crimes des pères retombent sur les enfants, — Dieu lui-même l'a voulu ainsi!...

— Les hommes l'ont voulu peut-être, je te l'accorde, répliqua Jane, mais Dieu, jamais!... — Dieu, la bonté, l'équité suprêmes, ne peut frapper injustement!... — Et que me parles-tu, d'ailleurs, d'un nom souillé transmis par les pères aux enfants... — Ce funeste héritage n'a rien à faire ici !... — En devenant ta femme, Pauline quitterait son nom pour prendre le tien, et je te jure qu'elle le porterait dignement.

— Ainsi donc, — s'écria Tancrède, transfiguré, rayonnant — ainsi, tu ne me conseilles point de choisir la mort plutôt qu'un mariage avec Pauline ?

— Je te conseille, je t'ordonne au besoin, en ma qualité de juge suprême et sans appel, de vivre et d'être heureux.

— Mais nos ancêtres, — que diront-ils ?

La duchesse se mit à rire fort irrévérencieusement. — Une joie si profonde, si ardente, s'emparait de toute son âme, qu'elle oubliait un peu le respect du passé.

— Nos ancêtres !... — répondit-elle — en vérité, mon frère, je t'admire fort de songer à eux quand il s'agit de ton amour et de ton bonheur !... Tu te demandes ce qu'ils diront ?... sois-en sûr, ils ne diront rien, ou s'ils parlent par grand miracle, du fond de leurs tombes armoriées, ce sera pour souhaiter la bienvenue à la plus charmante marquise d'Hérouville des temps passés et des temps à venir.

Au point où il en était arrivé, Tancrède ne demandait pas mieux que de se laisser convaincre ; — s'il eût mit en avant des arguments nouveaux, ç'aurait été surtout afin de fournir à sa sœur l'occasion de les réfuter... Heureusement, il n'en fit rien... Il pressa contre son cœur et il embrassa avec une indicible effusion le charmant avocat qui venait de gagner si triomphalement la cause qu'il plaidait contre lui-même, et il s'écria :

— Tu m'as vaincu, chère Jane ! je cède ! j'étais dupe

d'un faux point d'honneur ! — mes yeux se sont ouverts et je rougis de mon aveuglement !... Le marquis d'Hérouville peut prendre pour femme, sans hésiter, celle que la duchesse de Randan consent à nommer sa sœur.

— Enfin tu consens !... — murmura Jane avec un radieux sourire — le ciel en soit béni !... Mais sais-tu, mon pauvre frère, qu'on a bien de la peine à te rendre heureux !...

— Es-tu sûre que, de son côté, Pauline consentira ?... demanda Tancrède qui semblait prendre plaisir à se créer de nouvelles et folles inquiétudes.

— Oui, mon frère, oui, j'en suis sûre, répondit la duchesse avec l'accent d'une moquerie inoffensive — et tu n'en doutes pas plus que moi, car tu sais bien que Pauline t'adore !...

— Je le crois... je l'espère... — balbutia le marquis — mais enfin on craint toujours.

— Et l'on a tort ! interrompit la duchesse — je vais d'ailleurs t'apporter une certitude positive.

— Qui te la donnera ?

— Pauline elle-même.

— Tu vas donc la voir ?

— A l'instant.

— Que lui diras-tu ?

— Rien qu'elle ignore, rien qui l'étonne, sois-en persuadé, mon frère, car je lui parlerai de ton amour et, portant la parole en ton nom, je lui demanderai sa main.

— Déjà !

— Recules-tu ?

— Non pas.

— Eh bien ! je cours... — oh ! n'essaie point de me

retenir... ce serait inutile, car je ne veux rien écouter... attends-moi là, mon frère, tu ne m'attendras pas longtemps.

La duchesse quitta rapidement le salon et prit le chemin de l'appartement de Pauline. Au bout d'un quart d'heure elle reparut; — elle n'était plus seule; — elle tenait par la main la fiancée de Tancrède.

. . . .

Un an et quelques jours après les événements accomplis à Aix-la-Chapelle, le mariage du marquis Tancrède d'Hérouville et de Pauline Talbot, baronne de Lascars, fut célébré à minuit dans une petite église, sans pompe aucune et devant un nombre restreint de témoins appartenant à la plus haute aristocratie. Immédiatement après la bénédiction nuptiale Tancrède fit monter Pauline en chaise de poste et l'emmena dans une terre qu'il possédait en Touraine. Là commencèrent pour les jeunes époux les douceurs d'une lune de miel qui dura une année tout entière, et qui sans aucun doute aurait duré plus longtemps si le marquis n'avait été rappelé à Paris par les nécessités de sa position et par les devoirs de sa charge. Presque aussitôt après l'installation de la nouvelle marquise à l'hôtel d'Hérouville un enfant vint au monde. — Ce fut encore un fils. — Il reçut le nom d'Armand. — Tancrède, transporté de joie et d'orgueil, se prit pour ce fils d'une adoration dont il nous serait difficile de donner une idée, mais en même temps — (et ceci nous paraît faire grand honneur à la délicatesse exquise de son âme) — il témoigna la plus paternelle affection à l'enfant du baron de Lascars, et finit par ressentir à tel point cette affection, qu'il en arrivait souvent à se croire le vrai père de l'orphelin. — Trois ans passèrent, et pendant ces trois ans aucun nuage ne vint obscurcir le ciel pur et radieux des deux époux dont l'existence se partageait entre Paris, le château de Randan et la terre en Touraine où la lune de miel s'était écoulée. Le marquis ne songeait point à faire habiter à sa femme le château de Port-Marly. — Il craignait que la proximité de Bougival ne rappelât à Pauline les pénibles souvenirs d'un mariage odieux, mais un jour Pauline elle-même lui donna l'assurance que son bonheur présent était si grand, si complet, que rien désormais ne lui pouvait remettre en mémoire un passé douloureux. La proximité de Paris et de Versailles, on doit le comprendre, rendait l'habitation de Port-Marly infiniment précieuse pour le marquis que son service de colonel et ses devoirs de courtisan appelaient souvent près du roi. En conséquence, et n'ayant plus à craindre de froisser les répugnances de Pauline, Tancrède visita le château et le parc avec elle, ordonna des modifications et des embellissements, fit renouveler en grande partie le mobilier et reconstitua sous tous les rapports la plus somptueuse résidence qu'il fut possible d'imaginer. Aussitôt que la tâche des artistes et celle des ouvriers furent achevées — aussitôt que l'habitation, splendidement restaurée, se trouva digne de recevoir ses hôtes, le marquis et la marquise quittèrent Paris et vinrent s'installer à Port-Marly. Nous savons déjà quelle brillante réception leur avait été faite par les vassaux du village et des alentours. Nous avons vu briller les feux de joie, — nous avons entendu résonner les décharges de mousqueterie et retentir les cris d'allégresse parmi les ténèbres illuminées...

XX

LE COLPORTEUR

Quelques jours après la nuit pendant laquelle nous avons vu le baron de Lascars s'introduire dans le parc du château de Port-Marly avec Liseron, et braquer sur Tancrède d'Hérouville le canon de son pistolet prêt à faire feu, la marquise assise, en peignoir du matin, devant une toilette-duchesse encadrée de dentelles, abandonnait son admirable chevelure blonde aux mains adroites et légères d'une de ses femmes. — Il était tout au plus dix heures. Tancrède, parti dès le point du jour pour la chasse, ne devait revenir que dans l'après-midi. — Pauline se livrait à une douce rêverie, tout en regardant ses deux fils, souples, alertes, hardis autant l'un que l'autre, déployer leur force et leur grâce dans une lutte enfantine, pousser des cris de joie, rouler et rebondir avec l'élasticité de leur âge sur le tapis moelleux, aussi épais, aussi touffu qu'une pelouse au printemps. Une seconde camériste franchit le seuil de la chambre à coucher, et s'arrêta près de la toilette, attendant que sa maîtresse l'interrogeât.

— Que voulez-vous, Gertrude ? — lui demanda Pauline.

— Madame la marquise, — répondit la cameriste — un brave homme, qui sollicite l'honneur d'être admis en présence de madame la marquise, vient d'arriver au château...

— Qu'est-ce que ce brave homme ?
— Un colporteur.
— Je n'ai besoin de rien.
— Ah ! madame la marquise — reprit Gertrude, — ce n'est pas un colporteur comme les autres... — il arrive des pays lointains... de l'Egypte et des Indes... — Sa balle est pleine des choses les plus belles et les plus curieuses du monde... — il m'en a fait voir quelques-unes afin que je puisse en parler à madame la marquise en pleine connaissance de cause.

— Qu'est-ce donc qu'il vous a montré, Gertrude ? — demanda Pauline dont la curiosité féminine commençait à s'éveiller.

— Ce sont des châles en crêpe de Chine, tout brodés de fleurs brillantes et d'oiseaux si bien coloriés qu'on les croirait naturels et vivants... — des étoffes merveilleuses où l'or se mêle avec la soie dans un tissu qui ne ressemble point à ceux qu'on fabrique en nos pays... — Ce sont des écharpes faites pour les sultanes, des dentelles d'argent, des flacons d'essence de rose et d'autres précieux parfums, des bijoux à la mode orientale... — que sais-je, enfin ?... — Je n'ai pas tout vu, madame, et d'ailleurs il y a de tout dans la balle du colporteur.

— Votre admiration me semble montée sur un ton très haut, Gertrude ! — répondit Pauline en souriant — mais si rares que soient les merveilles dont vous

parlez, elles me seraient parfaitement inutiles !...
— Vous le savez comme moi, mes armoires et mes coffrets regorgent d'étoffes et d'écharpes, de parfums, de dentelles et de bijoux.

— Faut-il donc congédier le colporteur?

— Sans doute, puisque je ne veux aujourd'hui faire aucune emplette...

— Ah ! madame la marquise — reprit la femme de chambre avec persistance — acheter quelque chose serait cependant une bonne action.

— Une bonne action, dites-vous ?

— Oui, madame la marquise.

— Comment?

— Le brave homme est pauvre et chargé de famille, père de trois enfants qu'il a grand'peine à nourrir... — ses marchandises ne peuvent tenter que les gens riches, et les gens riches ne sont pas nombreux, si bien qu'il est loin d'être heureux.

— S'il en est ainsi — s'écria Pauline — qu'il vienne ! faites-le monter ! — il ne sortira pas d'ici les mains vides, et la coquetterie trouvera son compte à la charité.

Gertrude sortit radieuse. — L'intelligente camériste venait de gagner loyalement deux jolis mouchoirs de soie promis par le colporteur, à la condition qu'elle déciderait sa maîtresse à le recevoir. Au bout de quelques minutes Gertrude reparut, précédant un petit homme sec et fluet, bizarrement vêtu moitié à la française, moitié à l'orientale, basané de visage comme un mulâtre, et courbé sous le poids d'une balle énorme qui semblait écraser ses chétives épaules. La figure bronzée du petit homme exprimait un respect timide poussé presque jusqu'à la crainte. — En présence de la marquise d'Hérouville, il offrait la physionomie d'un turc prêt à se prosterner devant son vizir.

— Mon ami — lui dit Pauline avec bonté — montrez-moi toutes les richesses apportées par vous... — il est impossible que je ne trouve point parmi vos marchandises quelques objets à ma convenance.

Le petit homme croisa sur sa poitrine ses deux mains, inclina la tête en ployant le genou, puis se mit à défaire sa balle et en étala le contenu sur les meubles et sur le tapis, sans prononcer une parole. Les deux enfants de la marquise avaient interrompu leurs jeux et regardaient le nouveau venu avec une muette curiosité. A la vue des étoffes éblouissantes, des babouches d'or et des narguilhés de Smyrne, ils se mirent à frapper dans leurs mains en poussant des exclamations joyeuses.

Lorsque le colporteur eut achevé son exhibition, et qu'il ne resta plus rien à sortir de la balle, il se recula de quelques pas, puis, bien différent de ses confrères dont la loquacité proverbiale est intarissable, et qui s'essoufflent à faire avec une verve gasconne l'éloge de leurs marchandises, il demeura silencieux, ne prenant la parole que pour répondre à Pauline lorsqu'elle lui demandait le prix ou l'usage de quelqu'un des objets étalés devant elle. Dans cette attitude d'immobilité complète, le colporteur ressemblait vaguement à une statue de bronze ; pas un des muscles de son visage ne bougeait, — seulement, — (lorsqu'il avait la certitude de n'être point observé) — ses yeux vifs et perçants promenaient autour de la chambre des regards investigateurs et semblaient étudier les moindres dispositions de l'appartement. Pauline examina tout, avec attention et avec intérêt, pendant plus d'une heure ; — elle fit choix ensuite d'un assez grand nombre de pièces d'etoffes et de plusieurs bijoux tunisiens d'une forme originale, — elle paya en or le prix demandé par le marchand et même elle ajouta libéralement quelque chose à cette somme, puis elle donna l'ordre à ses femmes d'aider le colporteur à remettre en bon ordre les marchandises dans la balle, et quand ce fut terminé, elle dit :

— Gertrude, mon enfant, emmenez ce brave homme, et qu'on le fasse dîner à l'office...

Le colporteur balbutia quelques paroles de reconnaissance ; il s'inclina au départ comme il l'avait fait à l'arrivée et suivit la camériste, en ayant soin de graver dans sa mémoire la topographie exacte des antichambres, des couloirs, des galeries qu'il traversait, et des escaliers que son guide lui faisait descendre. Une fois dans les régions inférieures du château, il fut entouré par tous les domestiques, et forcé de procéder à une exhibition nouvelle à laquelle, nous devons le dire, il se prêta de la meilleure grâce du monde. La curiosité des valets — (personne ne l'ignore) — est en général bien autrement avide et exigeante que celle des maîtres. Le porte-balle se vit harcelé longuement de questions saugrenues au sujet des pays lointains qu'il avait visités, et il lui fallut conter une histoire à propos de chaque objet rapporté par lui. Il se tira d'ailleurs avec une merveilleuse aisance de ces récits improvisés ; autant, en présence de madame d'Hérouville, il s'était montré silencieux, réservé, timide, autant, au milieu de la livrée mâle et femelle, il fit preuve d'une faconde inépuisable, d'un entrain soutenu, d'une fertilité d'imagination digne des plus grands éloges. Il avait réponse à tout et trouvait moyen de garder son sérieux en débitant des calembredaines inouïes à ses auditeurs stupéfaits et émerveillés. Sa complaisance le rendait déjà populaire dans le royaume des cuisines ; — il acheva la conquête de la valetaille par une libéralité grandiose et complètement inattendue...

— J'ai fait en haut — dit-il — d'excellentes affaires avec madame la marquise, votre digne maîtresse, — (puisse Dieu bénir la chère dame et lui donner longue vie et prospérité !) — il est juste, mes chers amis, que je vous fasse profiter dans une certaine mesure de ma bonne fortune.... — acceptez donc sans scrupule, acceptez ces petits objets ! — mes bénéfices me permettent d'être généreux, et si toutes mes journées ressemblaient à celle d'aujourd'hui, je serais bientôt un richard...

En même temps il distribuait aux femmes des rubans, des coupons d'étoffe ; — aux hommes des pipes turques ou des stylets mauresques damasquinés. Ces présents, quoique d'une valeur assez minime, portèrent l'enthousiasme à son comble. Le cuisinier se fit un point d'honneur de servir au porteballe un dîner digne d'un ministre. Le maître d'hôtel daigna se rendre lui-même à la cave afin d'y choisir les plus vieux vins des meilleurs crus. Chacun voulut boire à la santé du voyageur, et l'expansion devint bientôt générale sous l'influence des verres pleins et des bouteilles vides. Les rôles changèrent complètement. — Le petit homme au lieu de satisfaire la curiosité générale, comme il avait fait jusqu'alors, se mit à questionner à son tour et le fit avec une habileté si grande que les valets ne soupçonnèrent pas le moins du monde qu'ils répondaient à un véritable interrogatoire. Bientôt le colporteur, grâce à ces langues si bien déliées, n'ignora rien de ce qui semblait l'intéresser outre mesure ; — nous voulons parler des habitudes d'intérieur et de la façon de vivre du marquis d'Hérouville et de sa femme. Le petit homme paraissait tenir particulièrement à savoir si les absences du marquis étaient fréquentes, si elles étaient régulières ; si elles se prolongeaient parfois pendant une journée et pendant une nuit tout entière... La table resta mise dans l'office jusqu'au soir, et le crépuscule commençait à descendre du ciel lorsque le bizarre personnage que nous avons mis en scène rechargea sur ses épaules sa balle beaucoup plus légère qu'au moment de son arrivée, et se dirigea vers la grille du château, sous la conduite du maître d'hôtel et d'un valet de pied. Il marchait d'un pas incertain et titubant — tranchons le mot, il festonnait, comme disent les trop fervents adorateurs de la dive bouteille, et son équilibre se trouvait par instants compromis au point de faire croire à une chute imminente.

— Ah! ça! mon brave — lui dit le maître d'hôtel, qui de son côté n'offrait point un aplomb bien irréprochable — vous me semblez un peu chancelant ce soir, — (c'est la faute du Chambertin!) — voulez-vous un lit au château... je vous l'offre de bien bon cœur...

— Grand merci, répondit le porteballe — je suis plus solide que je n'en ai l'air... — les jambes sont molles présentement, j'en conviens, mais elles ne refusent point le service... — il faut que je sois à Paris demain matin... — j'y suis attendu pour affaires et vous voyez que je n'ai pas de temps à perdre...

— Comme ça, vous allez voyager toute la nuit sur le grand chemin ?

— J'arriverai vers les deux heures du matin...
— Et si vous rencontrez des voleurs en route?
— Est-ce qu'il y a des voleurs dans le pays?...
— Dam!... on le dit...
— Je n'y crois point...
— On parle cependant plus qu'il ne faudrait d'une fameuse bande qui doit avoir son repaire pas bien loin d'ici...
— Contes de bonnes femmes que tout cela...
— Eh! eh!... il ne faudrait pas trop s'y fier, et comme vous portez de l'argent et des marchandises précieuses, les brigands feraient une bonne affaire en mettant la main sur vous...
— Pas déjà si bonne, mon digne monsieur, car, s'ils entamaient la conversation, j'ai là de quoi leur répondre...
— Ah! vous avez pris vos précautions?...
— Mon Dieu, oui... — regardez plutôt.
Le colporteur tira de ses poches deux pistolets doubles et les mit sous les yeux du maître d'hôtel.
— Diable! — s'écria ce dernier — ce sont là de bons chiens de garde... — les voleurs seraient mal reçus!
— J'ose le dire, mon digne monsieur!... — je suis petit mais j'ai du courage! — je défendrais ma vie et mon bien...
— Il ne me reste donc, mon brave, qu'à vous souhaiter un heureux voyage.
— J'arriverai à bon port, soyez-en sûr. — Mais je ne vous en remercie pas moins de votre offre obligeante...
— Suivez bien le milieu de la route et ne vous laissez point rouler dans la Seine...
— Je tâcherai...
La grille s'ouvrit et le colporteur s'éloigna dans

10.

la direction de Bougival en titubant plus que jamais.

— Le diable m'emporte s'il arrive cette nuit! dit le maître d'hôtel au valet de pied en haussant les épaules, — il va se laisser choir d'ici à cent pas, au fond de quelque fossé!... Tant pis pour lui!... — Je m'en lave les mains... — je lui ai offert l'hospitalité... — je ne pouvais faire mieux; — le reste le regarde... — Sur ce, rentrons, Baptiste... il fait grandement soif, mon garçon, et nous allons vider une bouteille ou deux.

Aussi longtemps que le colporteur put se croire en vue des deux hommes qui l'avaient reconduit jusqu'à la grille, il décrivit de nombreux zigs-zags et sa démarche fut celle d'un passager novice, debout sur le pont d'un navire et secoué par un tangage et par un roulis formidables, mais dès qu'il eut disparu dans les ténèbres son attitude changea, — sa taille se redressa, — son pas devint ferme et assuré...

XXI

AU MOULIN-NOIR

Le colporteur conserva cette allure rapide et dégagée jusqu'auprès du cabaret de Sauvageon, dans lequel il entra. Un groupe de trois ou quatre buveurs entourait une des petites tables vertes, et vidait à grand bruit un énorme broc de vin d'Argenteuil. Le colporteur fit un signe de tête presque imperceptible à Sauvageon qui répondit par un clignement d'œil, et qui dit d'une voix très haute :

— Ah! ah! vous voilà, mon brave homme... — Vous m'apportez la forte toile dont j'avais besoin pour nappes et serviettes... — C'est bien... — J'aime l'exactitude... — Venez avec moi par ici... — Nous allons examiner la marchandise ensemble...

En même temps le prétendu Caillebotte prenait sur une des tables un flambeau muni de sa chandelle allumée et montait au premier étage, suivi du porteballe. Au bout de dix minutes ce dernier, débarrassé de son costume semi-oriental et de l'épaisse couche de bistre qui recouvrait sa figure, sortait du cabaret par une porte de derrière, descendait dans un des canots amarrés au bord de l'eau, et mettait le cap sur le Moulin-Noir. Il trouva le baron de Lascars debout auprès de l'embarcadère.

— Enfin te voilà, Liseron ! — s'écria le chef des Pirates de la Seine. — Je t'attendais avec impatience !

— J'ai bien employé ma journée, — répondit le lieutenant — et j'ose me flatter, capitaine, que vous serez content de moi...

Après ce début, Liseron rendit compte à Roland de tout ce qu'il avait appris dans cette journée si bien employée, et le faux Joël Macquart se montra satisfait des renseignements.

— Y a-t-il des ordres pour demain, capitaine ? — demanda le lieutenant comblé des éloges les plus flatteurs.

— Oui...

— Lesquels ?

— Arrange-toi pour avoir chaque jour, à partir de demain, deux hommes en faction depuis le matin jusqu'au soir vis-à-vis la grille du château de Port-Marly...

— C'est facile, capitaine, mais ces deux hommes n'attireront-ils pas l'attention ?

— Non, en s'y prenant adroitement... — il suffira de varier les costumes et de créer des situations vraisemblables. L'une de nos vedettes, par exemple, pourra pêcher éternellement à la ligne sans exciter le plus léger soupçon... — Le pêcheur à la ligne n'est-il pas, de sa nature, patient et obstiné ? — un mendiant qui se repose, un ivrogne cuvant son vin dans un fossé, un paysan faisant paître la chèvre qu'il tient en laisse, sont aussi gens inoffensifs dont on ne saurait se méfier... — Rien n'empêchera notre second émissaire de jouer successivement tous ces rôles...

— Ce sera fait, capitaine... — La consigne de nos vedettes, s'il vous plaît ?..

— Surveiller les mouvements du marquis d'Hérouville et me prévenir sans perdre une minute du moment de son départ soit pour Versailles, soit pour Paris...

— Suffit, capitaine..... — Vous serez obéi religieusement...

§

Laissons s'écouler un intervalle d'une quinzaine de jours. — Les deux espions placés par les ordres de Lascars et par les soins de Liseron à proximité des grilles du château de Port-Marly avaient exercé la plus active surveillance, et leurs rapports confirmaient les renseignements donnés par le lieutenant, c'est-à-dire que chaque semaine, le lundi et le vendredi, Tancrède d'Hérouville quittait son château vers deux heures de l'après-midi, pour se rendre soit à Paris, soit à Versailles, où l'appelaient les devoirs de sa charge, et ne revenait que le mardi et le samedi dans la matinée. Lascars avait décidé qu'il agirait dans la nuit du lundi au mardi de la troisième semaine, à l'époque où le croissant presque invisible de la nouvelle lune laissait les ténèbres régner en souveraines sur la terre. — Le jour fixé arriva. — L'un des espions, ce jour-là, vint au Moulin-Noir, un peu après trois heures, et apprit au capitaine que monsieur d'Hérouville venait de partir comme de coutume, emmenant avec lui son cocher, son valet de chambre et deux valets de pied. — Le temps était sombre et couvert. — De grands nuages se traînaient lentement au-dessus des campagnes jaunies par l'automne et ne laissaient pas même soupçonner derrière eux la présence du soleil.

— Ceci nous promet une nuit obscure ! — murmura Lascars — une nuit telle enfin qu'il la faut à des projets comme les miens !...

Son visage prit une expression de joie sinistre et ses yeux étincelèrent d'un feu sombre, tandis qu'il approchait de ses lèvres un petit sifflet d'argent dont le son bien connu avertissait Liseron qu'il fallait accourir.

Le lieutenant ne se fit point attendre.

— Vous avez besoin de moi, maître ? — demanda-t-il.

— L'expédition est pour cette nuit..... — répondit Lascars.

Liseron se frotta les mains.

— Nous allons donc enfin rendre visite au château de Port-Marly ! — s'écria-t-il — bonne affaire ! — nous ne reviendrons pas les mains vides !.. — Pour quelle heure le départ, capitaine ?

— Nous partirons d'ici à onze heure et demie... — Nous entrerons dans le château à une heure après-minuit...

— Voilà qui me semble merveilleusement combiné ! une heure du matin, c'est le moment du plus lourd sommeil... — Emmènerons-nous toute la bande ?..

— Non.

— Combien d'hommes ?

— Douze suffiront... — tu choisiras les plus actifs et les plus résolus...

— Oui, maître... — Quelle tenue ?..

— La tenue habituelle d'expédition... — Haillons déchiquetés, loques pendantes, visages noircis et méconnaissables...

— Les armes ?...

— Pistolets, hachettes et couteaux... — En outre,

chaque homme devra porter à sa ceinture deux torches résineuses qui serviront à allumer l'incendie...

— Je surveillerai tous ces détails... — votre plan, capitaine, est-il entièrement arrêté.

— Oui.

— Puis-je le connaître?...

— Plus tard. — Je t'instruirai de mes intentions quand il en sera temps...

Liseron porta la main à son bonnet de laine en façon de salut militaire.

— Suffit.. — murmura-t-il — j'attendrai... — Vous n'avez pas d'autres ordres à me donner, capitaine?...

— Non.

Le lieutenant s'éloignait — Lascars le rappela.

— Tu m'as dit, je crois — lui demanda-t-il — que madame d'Hérouville était belle?..

— Si elle est belle! — s'écria Liseron avec feu — ah! sacrebleu! je le crois bien? — moi qui vous parle, capitaine, je n'ai jamais rien vu d'aussi beau, même les peintures et les statues qui sont dans le palais du roi.

— Et — continua Lascars — les valets du château affirment que le marquis aime sa femme?

— C'est-à-dire qu'il en est fou! qu'il en perd la tête! — et, entre nous, capitaine, voilà une chose que je comprends, car à sa place j'en ferais autant! Si vous voulez me donner la marquise pour ma part du pillage, je ne réclamerai pas autre chose et je me déclarerai content et satisfait de mon sort...

Le baron haussa les épaules.

— Ne vas pas t'aviser de devenir sentimental, mon pauvre Liseron — dit-il ensuite avec un rire moqueur — tu serais un homme perdu! — je n'ai jamais compris les bandits romanesques !.. — Contente-toi d'aimer le bon vin et d'adorer les beaux écus neufs ! c'est là ton lot !.. — Crois-moi, n'en souhaite jamais d'autre.

Le lieutenant se retira, quelque peu confus de cette admonestation railleuse et Lascars, resté seul, se dit à lui-même :

— Décidément, le démon m'inspire !... — il vient de me montrer la voie qu'il faut suivre pour que ma vengeance soit complète !... —Marquis Tancrède d'Hérouville, c'est la honte, et non le sang, qui payera votre dette ! — une morte bien-aimée emporte d'abord avec elle le cœur brisé de son époux, puis le temps passe, le désespoir s'éteint, l'époux oublieux reprend son cœur, mais on pleure des larmes de sang, des larmes inguérissables, sur une femme vivante, vivante et déshonorée.

. . . .

A onze heures du soir, ce jour-là le plus étrange spectacle s'offrait aux regards dans la grande salle du Moulin-Noir. — Cette pièce était de dimensions imposantes, — elle occupait presque en entier le rez-de-chaussée du vieux batiment ; — les meules, les blutoirs et les engrenages qui la garnissaient autrefois avaient disparu, et nous ne saurions trouver pour elle de point de comparaison plus exact que l'entrepont d'un vaisseau de haut bord, dont on aurait supprimé les mâts, les embrasures et les canons. — Elle servait tout à la fois de dortoir et de réfectoire aux Pirates de la Seine. — Un nombre de hamacs correspondant au nombre des hommes de la bande se suspendait le long des murs, et le milieu était occupé par une table énorme, formée de planches ajustées grossièrement et clouées sur des tréteaux. — Quatre lampes de cuivre, à larges becs, suspendues au plafond par des chaînes de fer, répandaient dans la grande salle une clarté relativement vive, car nous prions nos lecteurs de se souvenir que ceci se passait à une époque où l'éclairage avait encore à faire de notables progrès. La table était couverte de grands plats de faïence commune contenant les restes d'un repas plus plantureux que délicat, consistant en montagnes de choux et de pommes de terre au lard, moutons rôtis et jeunes cochons grillés presque entiers. Une multitude de brocs de bois cerclés de fer, et de bouteilles noires au gros ventre, prouvait jusqu'à l'évidence que ni le vin ni l'eau-de-vie n'avaient fait défaut. Le festin, cependant, ne tournait à l'orgie d'aucune façon. — Les dialogues étaient bruyants, il est vrai, et les répliques s'échangeaient avec vivacité entre les nombreux convives assis autour de la table sur des bancs de bois et des escabelles, mais on n'entendait retentir ni menaces, ni vociférations, ni chansons tapageuses... — Chose digne de remarque et d'admiration, aucun des pirates n'était ivre. Ceux qui devaient passer la nuit dans leurs lits buvaient encore en cassant des noix, ou bourraient leurs courtes pipes aux tuyaux plus noirs que l'ébène. Les onze hommes prêts à partir sous la conduite du capitaine et du lieutenant mettaient la dernière main à leurs préparatifs. Déjà ils avaient revêtu leur costume d'expédition, et jamais loques plus pittoresques, jamais haillons plus triomphants ne firent battre le cœur et ne charmèrent les crayons de l'immortel Callot, ce Michel-Ange de la guenille fièrement portée. — Les douze pirates ainsi vêtus semblaient des échappés de *la Cour des Miracles*.

Les uns faisaient jouer les batteries de leurs pistolets et s'assuraient que les bassinets étaient remplis de poudre bien sèche... D'autres donnaient le fil, à l'aide de tessons de faïence, aux lames courtes et larges de leurs couteaux et de leurs hachettes. Quelques-uns, enfin, achevaient de se noircir le visage avec une préparation de suie écrasée dans de l'huile, ce qui leur prêtait un aspect hideux, effrayant, et les rendait complètement méconnaissables. — Onze heures et demie sonnèrent. Lascars entra dans la salle basse et fut accueilli par une joyeuse acclamation. Le capitaine des Pirates de la Seine portait un costume non moins délabré que les vêtements de ses soldats, mais il ne se peignait jamais la figure. Les exigences des rôles qu'il lui fallait jouer, et la nécessité de revêtir divers déguisements, l'avaient contraint à couper la longue barbe noire, mélangée de fils d'argent, avec laquelle nous l'avons vu faire sa première apparition dans le cabaret du *Goujon Aventureux*. Il s'était procuré, chez un loueur de costumes, de perruques et de masques pour les bals masqués de l'Opéra, une barbe rousse ample et touffue qui s'ajustait merveilleusement à son visage dont elle cachait plus des trois quarts. Une chevelure postiche également rousse, à grandes mèches ébouriffées, sur laquelle reposait un bonnet de laine, suffisait, avec sa barbe, à rendre complète sa métamorphose.

— Camarades — dit-il aux bandits qui s'étaient levés et qui l'entouraient — nous tentons cette nuit une entreprise qui, si elle réussit, doit nous rapporter plus d'or qu'aucune de nos expéditions précédentes.

Interrompu pendant une ou deux secondes par un brouhaha d'enthousiasme, il continua aussitôt que le calme fut rétabli :

— Je compte sur votre prudence et sur votre discipline accoutumées... — obéissance passive à mes moindres ordres, telle est la première, telle est l'indispensable condition du succès... — Quant au courage, je n'en parle pas... — Vos preuves ne sont plus à faire !... — En route, camarades, et que ceux qui restent souhaitent bonne chance à ceux qui partent.

La petite troupe quitta la salle basse du Moulin-Noir et prit le chemin de l'embarcadère.

XXII

PRESSENTIMENTS

Pendant la nuit précédente un mauvais rêve ou plutôt un lourd cauchemar était venu s'asseoir sur la poitrine de Pauline et l'oppresser péniblement. Le jour naissant avait chassé le cauchemar sans même laisser dans l'esprit de la jeune femme un souvenir bien distinct de ses terreurs nocturnes, mais la marquise n'en était pas moins restée sous une impression profonde de tristesse et de vague effroi.

— Chère bien-aimée — s'écria Tancrède en donnant à sa femme le baiser du matin — qu'as-tu donc? — comme te voilà pâle!...

— J'ai mal dormi... — répondit Pauline.

— Es-tu souffrante?

— Physiquement, non... — moralement, oui...

— Que veux-tu dire?

— Je veux dire que mon âme est pleine de noir, et que je sens malgré moi mes yeux se remplir de larmes...

En effet, tandis que Pauline disait ce qui précède, ses paupières se mouillaient, et deux ou trois perles liquides se suspendaient à ses longs cils de velours.

— Mon Dieu ! reprit Tancrède très ému et très agité en serrant la marquise dans ses bras — mon Dieu, chère enfant, tu pleures !...

— Je te répète que c'est sans le vouloir...

— Mais enfin, poursuivit le marquis — ce n'est pas, ce ne peut pas être sans motif... — Pourquoi ces larmes ?...

— Je l'ignore...

— Qu'est-il arrivé ?

— Rien...

— Ce chagrin qui t'oppresse, d'où vient-il ?...

— Je ne le sais pas ; d'ailleurs ce n'est point un chagrin puisque mon bonheur est si grand, si complet, si infini, que les anges eux-mêmes doivent me l'envier dans le ciel !..., — je suis heureuse... je le comprends... je ne l'ai jamais si bien compris... mais il me semble que je vais cesser de l'être,...

— Cesser d'être heureuse, ma Pauline ! y songes-tu ! — c'est de la folie !...

— Oui, sans doute, oui... c'est de la folie... mais tu m'interroges... je réponds...

— Personne au monde ne peut rien contre ton bonheur, poursuivit le marquis, ou plutôt contre le nôtre, car notre bonheur, c'est notre amour, et notre amour ne finira pas !...

— Oh ! jamais... jamais... — s'écria Pauline — mon cœur n'aura battu que pour toi quand la mort viendra le glacer !...

— Que parles-tu de mort, au printemps de la vie !... — d'où te viennnent ces idées lugubres ?...

— De cette tristesse de mon âme dont la cause m'est inconnue... — j'ai de sombres pressentiments... — il me semble qu'une catastrophe inévitable nous menace et va nous atteindre... il me semble que toute ma joie, toutes mes félicités vont s'évanouir comme un rêve...

En ce moment, les larmes de Pauline firent explosion et coulèrent avec abondance pendant quelques secondes, tandis qu'elle appuyait sa tête blonde sur l'épaule de son mari. Ce dernier prit dans ses mains les deux mains de la jeune femme et les couvrit de baisers, puis il murmura près de son oreille, de cette voix douce et caressante avec laquelle on parle aux enfants :

— Chère bien-aimée, je ne t'ai jamais vue ainsi... Tu ne souffres pas physiquement, dis-tu... tu te trompes... — Tes mains sont brûlantes de fièvre... — un malaise dont tu ne te rends pas compte amène à sa suite ces angoisses morales... — cherchons ensemble d'où vient ce malaise... — nous vivons ici dans une solitude presque absolue... n'en éprouves-tu pas quelque ennui ?... Ceci m'expliquerait tout, chère femme, car l'ennui est un mal terrible...

Un sourire vint aux lèvres de Pauline, semblable à un joyeux rayon de soleil perçant les nuages qui versent la pluie.

— Ai-je bien deviné ? — demanda Tancrède.

— Ah! mon ami, me connais-tu si mal? — répondit vivement la marquise — la solitude avec toi, avec nos enfants, c'est le ciel! — si l'ennui pouvait m'atteindre auprès de trois êtres chéris, je serais indigne d'être heureuse !... mais grâce au ciel, il n'en est rien! — cette résidence est un vrai paradis terrestre où les journées me semblent trop courtes et les heures trop rapides !... ne cherche pas plus longtemps, je t'en prie, le mot d'une énigme insoluble.., — j'ai mal dormi, je te le répète... Des rêves étranges et sinistres dont le souvenir est effacé maintenant ont troublé mon sommeil... — Je suis restée sans doute sous l'impression de ces vains fantômes de la nuit... — cette impression se dissipera... Elle se dissipe déjà, je le sens... avant une heure, les pressentiments et les tristesses qui m'assiégeaient au moment du réveil auront pris la fuite, et tu me retrouveras telle que je suis en réalité, telle que je veux être toujours, heureuse et souriante, avec la reconnaissance du présent et la confiance en l'avenir...

— Pauline, que tu me fais de bien !... que ces paroles sont douces et consolantes !... s'écria M. d'Hérouville, oui, je te crois... je veux te croire... j'avais déjà peur, chère enfant, mais voici le nuage qui s'envole et le ciel qui redevient pur.

La marquise avait dit la vérité, ou du moins, en prononçant les paroles que nous venons de reproduire, elle était de bonne foi. Tandis que tout en parlant elle appuyait son front sur l'épaule forte et sur la poitrine loyale de son mari bien-aimé, les vagues angoisses flottant dans son atmosphère s'évanouissaient, et bientôt elles eurent complètement disparu, ainsi qu'une neige fondue par les premiers rayons du soleil d'avril. La matinée se passa comme de coutume et, vers midi, Pauline se trouva si bien remise que lorsque Tancrède lui fit l'offre de rester auprès d'elle ce jour-là et de ne point aller à Versailles où l'appelaient cependant d'impérieux devoirs et où son absence ne pouvait manquer d'être remarquée, elle n'y voulut pas consentir, et, souriante et gaie, elle conduisit le marquis jusqu'au carrosse qui devait l'emporter pour vingt-quatre heures. M. d'Hérouville s'éloigna parfaitement rassuré. Aussitôt que le bruit des chevaux et des roues du brillant équipage eut cessé de se faire entendre, Pauline prit ses deux fils par la main et s'engagea avec eux dans l'une des longues avenues de tilleuls qui gravissaient le flanc des collines derrière le château. Parvenue à l'endroit le plus élevé du parc elle s'arrêta dans une salle de verdure ombragée par des marronniers deux fois séculaires, et entourée de larges bancs de pierre polie formant le cercle autour d'une table de marbre digne de supporter les homériques festins des chevaliers de la table ronde. Là elle s'assit sur un des bancs, et tandis qu'Armand et Paul jouaient à ses pieds avec les marrons d'Inde qui jonchaient le sol, elle contempla longtemps l'horizon magnifique s'étendant à perte de vue sous ses yeux. Au milieu des campagnes semées de villages et de maisons, la Seine déroulait ses méandres comme les anneaux d'un serpent immense moiré d'argent et d'azur. — Les grands arbres de cette île étroite et longue qui s'avance jusqu'aux dernières maisons de Port-Marly formaient un vif contraste avec les tons vaporeux des lointains fuyant dans la brume, que couronnaient d'une sorte de coupole nuageuse les fumées de la grande ville assise aux confins de la plaine. On connaît ce panorama, l'un des plus beaux qui soient au monde, — il n'existe pas un Parisien, croyons-nous, qui plus d'une fois ne l'ait contemplé du haut de la terrasse de Saint-Germain, mais, pour en bien connaître, pour en bien apprécier les joyeuses splendeurs, il faut le voir illuminé par les rayons d'un soleil radieux. Lorsqu'au contraire un ciel nuageux et morne tamise à grand peine dans l'espace des clartés pâles, et semble étendre devant les yeux du spectateur un rideau de brouillards transparents, ces plaines qui s'étendent à perte de vue, ces horizons succédant aux horizons, dégagent une immense tristesse, une insurmontable mélancolie... La campagne parisienne et la campagne de Rome — (les deux extrêmes cependant!) — produisent alors le même effet... Ce jour-là, nous l'avons dit, le ciel était bas et sombre et cette tristesse pénétrante dont nous venons de parler s'exhalait de toutes choses. Pauline, à peine remise du malaise moral dont nous connaissons les causes, ne pouvait manquer de ressentir très vivement cette impression. — En effet ses idées noires, ses pressentiments de mauvais augure lui revinrent presqu'aussitôt ; — elle s'effraya de sa solitude ; — elle regretta d'avoir laissé partir Tancrède ; — son cœur se gonfla de nouveau ; — ses larmes recommencèrent à couler ; — il lui sembla qu'un danger inconnu, mais terrible, était près d'elle, autour d'elle, l'enveloppant de toutes parts, et que ce danger, d'une minute à l'autre, allait se révéler sous une forme effroyable. Ces appréhensions funestes grandirent avec une foudroyante rapidité. — La marquise à moitié folle d'épouvante interrompit les jeux de ses fils, et prenant dans ses bras le petit Armand qui n'aurait pu la suivre assez vite, elle se dirigea haletante et éperdue vers le château...

XXIII

LA SOIRÉE

Lorsque Mme d'Hérouville eut quitté les avenues sombres et mystérieuses où ses pas, bien légers pourtant, résonnaient comme sous les voûtes d'une cathédrale, lorsque devant elle se déroulèrent les riantes pelouses semées de fleurs qui s'étendaient autour du château, lorsqu'enfin elle se retrouva tout près de ses serviteurs et de ses femmes, elle ressentit un soulagement immense ; — ses folles terreurs s'apaisèrent, un calme relatif rentra dans son âme... Elle ralentit le pas, rentra dans le château, regagna son appartement et n'en sortit plus. Les heures de cette journée s'écoulèrent avec une lenteur désespérante.

— Mon Dieu ! se disait la jeune femme en regardant l'aiguille d'or se traîner sur le cadran émaillé de la pendule, — mon Dieu ! si Tancrède était là, il me semble que je n'aurais jamais éprouvé de bonheur pareil à celui que me donnerait sa présence ! — Mais il ne reviendra que demain ! — Ah ! demain n'arrivera jamais !...

Un instant Pauline eut l'idée de monter en carrosse

et de rejoindre son mari à Versailles. — Pendant quelques minutes ce désir la domina si complètement qu'elle sonna l'une de ses femmes pour lui donner l'ordre de faire atteler, mais au moment de parler elle hésita, elle recula, et finit par renoncer à ce brusque départ.

— Tancrède me croirait folle ! se dit-elle, et n'aurait-il pas un peu raison ?... — En réalité, qu'ai-je à craindre ? d'où me vient la faiblesse étrange de souffrir d'une façon si cruelle pour d'absurdes pressentiments ?... — J'ai honte de moi-même et je veux être forte !...

La nuit arriva. — Les ténèbres enveloppèrent d'un voile impénétrable le parc et le château. En même temps que l'obscurité descendait du ciel, les craintes de Pauline changèrent de nature, ou plutôt, si nous pouvons ainsi parler, elles *prirent un corps*. La jeune femme se souvint de ces terribles histoires de vols à main armée, de pillage et d'incendies, dont on prétendait que les rives de la Seine et les campagnes environnantes, dans un rayon de plusieurs lieues, venaient d'être le théâtre. Jusqu'alors elle n'avait prêté qu'une oreille distraite et presque incrédule aux récits de ces violences et de ces attentats... — Elle devint subitement croyante ; — elle ne mit plus rien en doute de ce qu'elle avait entendu conter, et son imagination exaltée grandit encore la légende sinistre des bandits invisibles... Une fois dans cette voie, elle ne s'arrêta plus ; — elle se persuada que déjà le château sans doute était investi par une horde d'assassins, et, toute frémissante, elle fit appeler son valet de chambre.

— Laurent, lui demanda-t-elle, — avez-vous entendu parler des crimes nocturnes qui désolent la contrée ?

— Oui, madame la marquise, — répondit le valet.

— Ces crimes sont affreux, n'est-ce pas, et ils se renouvellent chaque nuit?..

— Si madame la marqr se veut bien me permettre d'exprimer mon opinion personnelle, j'aurai l'honneur de lui dire qu'il doit y avoir une certaine exagération dans les bruits qui courent à ce sujet. — Voici d'ailleurs quelque temps déjà qu'on ne parle plus de rien. — Il paraît que les brigands se tiennent tranquilles, ou qu'ils ont quitté le pays, ce qui vaudrait mieux encore...

— Ah! — s'écria vivement Pauline, — on ne parle plus de ces effroyables scélératesses?...

— Non, madame la marquise.

— Vous en êtes certain?...

Le valet de chambre s'inclina d'une façon affirmative. Madame d'Hérouville, un peu rassurée, reprit :

— On ne saurait néanmoins s'entourer de trop de précautions lorsqu'il s'agit des plus graves intérêts et même de la vie. — L'absence de monsieur le marquis m'impose d'ailleurs des devoirs auxquels je ne manquerai pas. — Vous allez, Laurent, prendre trois hommes bien armés et munis de lanternes, et vous ferez avec eux une ronde dans le parc.

— Oui, madame la marquise.

— Aussitôt de retour, vous viendrez me rendre compte de l'état dans lequel vous aurez trouvé toutes choses.

— Oui, madame la marquise.

Le valet de chambre sortit pour exécuter les ordres qu'il venait de recevoir, tout en se disant que rien ne semblait justifier ces mesures exceptionnelles et cette surveillance inaccoutumée; — mais Laurent était un bon serviteur : — il obéissait sans discuter, même lorsqu'il ne comprenait et n'approuvait pas. En conséquence il arma de carabines et de lanternes le jardinier chef et les deux palefreniers, puis, à la tête de cette petite troupe il explora consciencieusement le parc. Cette exploration dura environ une heure et demie. — Au bout de ce temps le valet de chambre se présenta de nouveau devant Pauline.

— Eh bien ?.. — lui demanda cette dernière.

— J'ai fait ce que madame la marquise m'avait ordonné, — répondit Laurent.

— Et vous n'avez rien vu de suspect ?

— Absolument rien. — Tout est tranquille. — Jamais nuit d'automne ne fut plus sombre, mais en même temps ne fut plus calme.

— C'est bien... Je vous recommande, Laurent, de veiller vous-même à ce que toutes les portes du château soient rigoureusement fermées.

— Madame la marquise, c'est un soin que je prends chaque soir, sans y manquer jamais.

— Vous pouvez vous retirer maintenant... — Ah ! un instant encore... — les pavillons qui se trouvent à droite et à gauche de la grille d'honneur sont-ils habités ?..

— Oui, madame la marquise.

— Par qui ?

— Par les aides-jardiniers.

— Deux vigoureux jeunes gens, je crois ?

— Deux hercules, madame la marquise.

— Donnez des armes à ces braves garçons, et enjoignez-leur de ma part de monter la garde jusqu'au point du jour autour du château... — Ajoutez que comme ce que j'attends d'eux ne fait en aucune façon partie de leur service, ils recevront demain matin une ample gratification, à titre d'indemnité de la nuit blanche qu'ils vont passer.

— Madame la marquise sera religieusement obéie, mais la gratification serait inutile. — Chacun ici doit se trouver trop heureux de se mettre pour toutes choses aux ordres de madame la marquise.

— Je sais que je suis servie avec zèle, — répondit Pauline en souriant, — mais je sais aussi qu'une juste récompense n'a jamais rien gâté.

— Madame la marquise est mille fois trop bonne...

— C'est bien, Laurent... — Je n'ai plus besoin de vous ce soir, — allez et faites ce que je vous ai dit.

Le valet de chambre s'inclina respectueusement et sortit. Au moment où il refermait la porte derrière lui l'horloge du château et la pendule de la cheminée sonnèrent la demie après dix heures. Absorbée par les préoccupations puissantes et insurmontables dont nous connaissons la nature, madame d'Hérouville, pour la première fois depuis qu'elle était mère, avait oublié ses enfants. D'habitude le sommeil s'emparait d'eux vers neuf heures, et alors, sans réclamer l'aide de ses femmes de chambre, Pauline les déshabillait elle-même et les plaçait dans les petits lits jumeaux où ils s'endormaient aussitôt du sommeil des anges pour ne se plus réveiller qu'aux naissantes clartés du jour.

Ce soir-là, nous le répétons, la marquise distraite ou plutôt absorbée, ne s'était point souvenue que l'heure du repos arrivait pour les deux chérubins, après une longue journée de luttes enfantines et de jeux bruyants. Paul, dormait dans un fauteuil immense, au fond duquel il s'était blotti gracieusement. — Sa pose était charmante. Son corps souple se ployait comme la tige d'une fleur ; — sa tête blonde reposait sur son épaule, et son visage, quoiqu'immobile, offrait une expression fière et joyeuse. — Armand, le plus petit, avait été vaincu par le sommeil au pied du fauteuil dans lequel se trouvait son frère. — Le tapis moelleux lui servait de couche, et de son bras gauche à demi ployé il s'était fait un oreiller. Pauline, à peu près rappelée à elle-même par les paroles tout à fait rassurantes de Laurent, tressaillit et rougit en voyant de quel oubli elle s'était rendue coupable. — Le sentiment de la tendresse et de ses devoirs de mère lui revint avec la promptitude de l'éclair. — Elle eut tout à la fois un sourire sur les lèvres et des larmes dans les yeux.

— Chers amours... — balbutia-t-elle, — qu'avais-je donc fait de mon cœur et de ma pensée, pour que ma pensée et mon cœur aient pu s'éloigner de vous un instant?..

Elle se pencha vers Paul dont elle baisa le front pur et blanc, puis elle le déshabilla d'une main si légère que c'est à peine si le petit garçon souleva ses paupières fatiguées et entr'ouvrit ses grands yeux.

— Mère chérie, — balbutia-t-il, — ton petit Paul a sommeil... bien sommeil... il ne faut pas le réveiller...
— Mère chérie, bonsoir...

— Mon petit Paul ne peut dormir avant d'avoir fait sa prière à Dieu... — répondit la marquise en effleurant d'un nouveau baiser les cheveux blonds de l'enfant.

Le fils de Roland de Lascars ne se fit point répéter ces paroles. — Il se souleva tout ensommeillé; — il s'agenouilla sur le fauteuil; — il joignit ses deux mains mignonnes, avec un geste digne de saint Jean le Précurseur, peint par le divin Raphaël, et ses lèvres roses murmurèrent :

— Petit Jésus, je vous donne mon cœur... — Veillez sur moi et sur ceux que j'aime. — Faites que je sois bon et qu'ils soient heureux... — Petit Jésus, bénissez la nuit qui commence comme vous avez béni la journée qui s'achève...

Et, complètement endormi, il retomba dans les bras de sa mère. — La marquise, à son tour, se mit à genoux près de son fils; — elle éleva ses mains et ses yeux vers le ciel, et cette prière ardente s'échappa de son cœur plutôt que de ses lèvres :

— Dieu de miséricorde et de bonté, vous avez entendu cet enfant, car les voix innocentes arrivent jusqu'à vous!... — C'est en son nom que je vous implore!... Daignez recevoir dans votre sein l'âme de son malheureux père!... — Seigneur, protégez mes fils... protégez mon mari bien-aimé, et si quelque malheur menace l'un de nous, permettez que ce malheur frappe sur moi et non sur eux...

Pauline prit ensuite le jeune garçon dans ses bras et le coucha sans interrompre son sommeil. Il en fut de même pour le petit Armand, dont les paupières restèrent closes tandis que sa mère le déshabillait et l'étendait dans sa couche mignonne. Pendant quelques secondes la marquise contempla ses deux enfants, et la plus sublime expression d'amour maternel se peignit sur son visage, puis elle s'approcha de l'une des croisées qu'elle ouvrit, et elle se pencha au-dehors. Elle ne pouvait rien voir, nous le savons, mais elle entendit très distinctement le bruit de pas lourds et irréguliers foulant le sable sous ses fenêtres.

— Qui donc est là?... — demanda-t-elle avec un commencement d'inquiétude.

— Madame la marquise, c'est moi, Guillot... — répondit une voix rude.

— Madame la marquise, c'est moi, Justin, — ajouta presque en même temps une seconde voix non moins rustique.

Justin et Guillot étaient les deux aides jardiniers logés dans les pavillons contigus à la grille d'honneur.

— Madame la marquise, reprit Guillot, nous exécutons les ordres que Laurent est venu nous donner de votre part. — Nous faisons faction autour du château.

— Ah! dam! oui... — appuya Justin, nous faisons faction tout de même, et nous avons des fusils chargés à balle... — Ah! mais!... Et si des mal-intentionnés arrivaient, nous saurions les recevoir !...

— C'est bien, mes amis... — dit Pauline, faites bonne garde cette nuit et venez me trouver demain matin.

— Oui, madame la marquise, nous n'y manquerons pas.

— Je suis contente de vous, — vous serez contents de moi.

— Oui, madame la marquise... — Oh! nous sommes tranquilles là-dessus.

Pauline referma la fenêtre et sonna ses femmes qui la déshabillèrent et quittèrent sa chambre à coucher après avoir allumé la veilleuse placée dans une coupe d'albâtre suspendue au plafond par une chaîne d'argent. Le logis des caméristes occupait, immédiatement au-dessous de l'appartement de la marquise, un petit entresol, mis en communication avec le cabinet de toilette par un escalier de service. Pauline, restée seule, traversa le salon et s'assura que la porte de l'antichambre qui s'ouvrait sur la galerie était fermée à clef et à double tour. Cette précaution prise, elle se coucha, et certaine que de bons serviteurs veillaient au dehors et rendaient toute surprise impossible, elle s'endormit d'un sommeil assez calme au moment où la pendule sonnait minuit.

Rejoignons Justin et Guillot. Les deux aides jardiniers, électrisés par l'espoir de la gratification promise, s'étaient sentis pleins de zèle dans le premier moment. Le fusil sur l'épaule et fredonnant du bout des lèvres une chanson populaire, ils allaient gaillardement, mais sans marcher l'un près de l'autre...
— Partis du même point en se tournant le dos, ils faisaient, chacun de leur côté, le tour de la moitié du château ; — ce trajet accompli, ils se rencontraient, échangeaient quelques mots, pirouettaient sur leurs talons et recommençaient. Ceci dura environ une heure.
— Au bout de ce temps Justin et Guillot s'arrêtèrent d'un commun accord en face l'un de l'autre, et le dialogue suivant s'engagea :

— Dis-donc, Justin...
— Hein, Guillot ?
— Les jambes me rentrent dans le corps, sais-t .?...
— Et à toi ?...
— A moi pareillement.
— Avec ça, le sommeil me gagne...
— Je t'en off. i autant, mon compère.
— Et pourtant il n'est que minuit ?
— Ah ! dam ! oui... — les douze coups viennent de sonner.
— Et le petit jour ne paraît qu'à six heures du matin... — Ça nous fait donc encore six heures de faction !...
— Diable !... — c'est long !...

— Peste!... je le crois; — le métier est rude!... — J'aurais été un mauvais soldat!...

— Oui, mais madame la marquise est une bonne dame et ne se montrera point ingrate. — Je suis sûr que nous recevrons pour le moins chacun un bel écu de six livres...

— Il me vient une idée, Guillot.

— Voyons ton idée, Justin?

— C'est de gagner l'écu sans nous exterminer le tempérament à trimer jusqu'au jour dans le brouillard, ce qui est fort malsain et peut nous rendre poulmoniques.

— Et le moyen de faire ce que tu dis?

— Voici : — La nuit est noire comme de l'encre. — Tout le monde dort au château, — personne ne s'occupe de nous. — Faisons comme tout le monde, allons dormir, — nous reprendrons notre faction de grand matin et, attendu que nous sommes des garçons discrets, personne ne se doutera seulement que nous l'avons quittée pendant quelques heures.

— Ça se peut tout de même, oui-dà!... — Mais si par malheur il arrivait un accident cette nuit?... — s'il venait des coquins rôder par ici?...

— Tiens; tu me fais rire!... — Eh! que diantre veux-tu qui arrive?... — Madame la marquise a pris peur, elle ne sait seulement pas pourquoi. Je réponds de tout. — Allons, allons... — viens-tu faire un somme ?

— Si tu réponds de tout, ça me va... — le premier réveillé éveillera l'autre.

— C'est convenu... — Tope-là, compère...

Puis les deux sentinelles improvisées reprirent, sans plus d'hésitations ni de remords, le chemin de leurs pavillons respectifs.

XXIV

EN AVANT !

Les bandits, au nombre de quatorze (y compris le capitaine et le lieutenant) — prirent place dans trois bateaux plats peints en noir. Les avirons, enveloppés de linges afin de ne produire aucun bruit en frappant les eaux, furent bordés, — Lascars donna le signal et les embarcations glissèrent, invisibles et muettes, sur la surface sombre du fleuve. La nuit semblait prêter au crime résolu sa discrète complicité. Jamais obscurité plus profonde n'avait pesé sur la terre endormie ; — des ténèbres compactes, impénétrables, — enveloppaient la Seine et ses rives, et nulle lueur phosphorescente ne brillait dans le faible sillage des trois barques. Lascars fut obligé de se rendre compte par induction du chemin parcouru, et lorsqu'il crut avoir franchi la distance qui le séparait du château de Port-Marly, il donna l'ordre d'atterrir et d'amarrer les embarcations. Ses calculs ne l'avaient pas trompé. — Il lui suffit de gravir la berge pour acquérir la certitude qu'il se trouvait presque en face des grilles du château. Il approcha ses mains de sa bouche et il imita à deux reprises, avec une rare perfection, le cri de la chouette, ainsi que devaient le faire quelques années plus tard les paysans vendéens. Un cri semblable lui répondit à peu de distance, et presque en même temps il entendit sur la route le bruit d'un pas léger.

— Qui va là ? — murmura-t-il.

Une voix étouffée à dessein répondit :

— C'est moi, capitaine, — moi, Landrinet...

Landrinet, l'un des deux espions, avait reçu l'ordre de ne point quitter son poste, cette nuit-là, avant d'être relevé par Joël Macquart en personne. Lascars reprit :

— Y a-t-il du nouveau ?

— Non, capitaine.

— Le marquis n'est point revenu ?

— Non, capitaine.

— Tout est tranquille au château et dans les environs ?

— Oui, capitaine.

— C'est bien... — Et tu es fatigué ?

— Franchement, capitaine, ça commence. — Je monte la garde ici depuis six heures du matin... les jambes me rentrent dans le corps.

— Va te reposer dans une des barques... elles sont toutes trois amarrées au bas de la berge.

— Merci, capitaine.

Lascars rallia son monde et prit le chemin qui côtoyait la muraille d'enceinte et que nous l'avons vu suivre avec Liseron, la nuit où pour la première fois il s'était introduit dans le parc. La troupe des Pirates de la Seine atteignit bientôt la petite porte et fit halte tandis que lieutenant attaquait la serrure avec l'outil de fer dont il savait si bien se servir. Au bout d'une minute la porte s'ouvrit et les bandits se trouvèrent sur le terrain du marquis d'Hérouville, sous la voûte de l'allée de tilleuls.

— Mettez-vous en file, camarades, — leur dit Lascars — et marchez l'un derrière l'autre, de manière à ce que chacun de vous ait une main sur l'épaule de celui qui le précédera. — Je passerai le premier et je vous conduirai de mon mieux... — il faut ici marcher à tâtons, et nos yeux ne nous servent à rien, car dans ces ténèbres du diable un aveugle y verrait aussi clair que nous !

Le baron s'orienta en appelant à son aide ses souvenirs — il parcourut l'allée dans toute sa longueur, non sans se heurter plus d'une fois contre les troncs d'arbres, et il déboucha, à la tête de ses compagnons, sur la pelouse qui s'étendait autour du château. Les bandits s'aperçurent alors, non sans inquiétude, que plusieurs fenêtres du vaste édifice étaient faiblement éclairées et ils manifestèrent à voix basse leurs appréhensions à ce sujet.

— Si nous avons affaire à des gens sur leurs gardes — se disaient-ils — nous réussirons difficilement à emporter de vive force le château... — l'affaire deviendra une vraie bataille... — l'alarme sera donnée... on sonnera le tocsin ; — nous aurons tout le village à combattre, et ceux d'entre nous que leur bonne étoile sauvera de la mort, seront trop heureux de prendre leurs jambes à leur cou et de disparaître les mains vides.

Lascars rassura ses hommes en leur apprenant ce qu'il tenait de Liseron, c'est-à-dire que les couloirs, les escaliers et les galeries du château restaient éclairés pendant toute la nuit.

— C'est commode pour nous, d'ailleurs, ajouta-t-il — et cela nous dispensera d'allumer les lanternes sourdes.

Les Pirates de la Seine étaient arrivés près d'une porte de service donnant accès dans les cuisines. — C'est par là que Lascars devait s'introduire. — Il se proposait de gagner ensuite le premier étage en gravissant les escaliers dérobés et en longeant les couloirs connus de Liseron. Tandis que ce dernier déployait ses talents et forçait sans bruit la serrure, le baron disait aux bandits :

— Formez le cercle autour de moi, camarades, et prêtez l'oreille avec attention ; — je suis obligé de parler très bas, et vous ne devez pas perdre une seule de mes paroles...

Les bandits suivirent à l'instant même cette recommandation, et Lascars reprit :

— Dans une entreprise comme la nôtre, vous le comprenez, l'essentiel est de pouvoir agir à sa guise, sans crainte, en prenant tout son temps. — Nous allons faire ce qui dépendra de nous pour atteindre ce résultat... — une fois le seuil du château franchi, je vous échelonnerai le long des escaliers et des galeries conduisant à l'appartement de la marquise, dans lequel je pénétrerai seul... — si nous avons la chance de n'éveiller aucun des valets, tout sera pour le mieux... — Dans le cas contraire, il importe d'étouffer des cris qui donneraient l'alarme et compromettraient le succès, mais néanmoins ne versez le sang qu'en cas d'absolue nécessité... — Vous êtes munis de cordes et de bâillons... je vous ordonne d'en faire usage plutôt que des haches et des poignards... — Si quelqu'un, homme ou femme, tentait de fuir, saisissez-le, garottez-le, rendez-le muet et impuissant, cela suffira... — ne tuez que pour votre défense et n'employez le fer que pour repousser le fer... — est-ce bien compris ?

— Oui, capitaine... — répondirent tous les bandits.

— Vous connaissez le son de mon sifflet d'argent ; —poursuivit Lascars — si vous l'entendez une seule fois cela signifiera que je suis en péril, et alors venez à mon aide... — s'il retentit deux fois, au contraire, vous devrez en conclure que nous sommes maîtres du château et que le pillage peut commencer.

Après avoir ainsi posé ces préliminaires, le capitaine des pirates entra dans une foule de détails et multiplia des recommandations au milieu desquelles il nous paraît inutile de le suivre. Il achevait à peine lorsque Liseron le prévint que la serrure venait de céder, et que par conséquent rien n'empêchait plus les bandits de franchir le seuil.

— Assez de paroles !... — dit alors Lascars — le moment d'agir est venu !... — en avant, camarades !...

Les cuisines du château de Port-Marly étaient dignes d'une habitation grandiose et quasi-princière. Douze piliers massifs supportaient leurs voûtes surbaissées en pierre de taille. — La haute et large cheminée offrait l'espace suffisant pour rôtir un bœuf tout entier comme au temps de nos bons aïeux, alors que les seigneurs féodaux tenaient cour plénière et table ouverte dans leurs domaines. Liseron battit le briquet, prit une lampe sur le manteau de la cheminée, l'alluma et, après avoir examiné les êtres avec attention, il dit à Lascars en désignant une porte vitrée :

— Je me reconnais le mieux du monde, voilà notre chemin, capitaine... — derrière cette porte se trouve un escalier qui conduit à la grande galerie du premier étage... — Je vous servirais maintenant de guide, les yeux bandés, s'il le fallait...

Avant de suivre son lieutenant, le baron plaça quatre hommes en faction dans les cuisines et leur renouvela la consigne que nous connaissons. Il fit ensuite signe à Liseron de passer le premier et il s'engagea derrière lui dans l'escalier. Huit des pirates venaient après eux. Les souvenirs du lieutenant l'avaient bien servi ; — l'escalier dérobé communiquait en effet avec la galerie du premier étage qui reliait entre eux l'appartement du marquis et celui de sa femme. Lascars laissa deux hommes sur la plus haute marche de l'escalier. — Les six autres reçurent l'ordre de se cacher dans les embrasures des fenêtres de la galerie, et le capitaine se remit en marche avec son lieutenant. Après avoir parcouru un espace de cinquante ou soixante pas, Liseron s'arrêta devant une haute porte précieusement peinte et sculptée.

— Maître — dit-il — j'ai passé par cette porte avec mon costume de colporteur et ma balle sur le dos. — On m'a fait traverser une antichambre, puis un salon ; — la chambre à coucher de la marquise est au bout.

— J'entrerai seul... — répondit Lascars, — ouvre-moi.

Liseron fit tourner l'espagnolette, mais la porte fermée en dedans, résista.

— Ah ! diable !... murmura le lieutenant — voilà un obstacle qui peut tout compromettre !... — si la serrure est à secret, si les verrous sont poussés et s'il devient indispensable d'enfoncer un panneau, nous aurons beau prendre des précautions infinies, nous ferons un bruit d'enfer, d'autant que cette galerie est sonore comme une église !...

III.   12

— Essaye toujours... — répondit Lascars.

Liseron se mit aussitôt à l'œuvre, en introduisant dans la serrure ce terrible morceau de fer qui lui servait de passe-partout, mais il rencontra des obstacles qui, d'abord, semblèrent insurmontables. Lascars, frémissant d'impatience et d'inquiétude, sentait les gouttes d'une sueur froide mouiller les racines de ses cheveux. Enfin, au bout de quelques minutes, un craquement sec se fit entendre pareil au bruit d'un ressort qui se détend.

— A la bonne heure!... murmura Liseron en poussant un soupir de soulagement. — Nous y voilà, mais ce n'est pas sans peine!...

— Tu as réussi?

— Je le crois... — nous allons d'ailleurs savoir tout de suite à quoi nous en tenir.

Le lieutenant appuya sur l'espagnolette pour la seconde fois et la porte obéissante tourna sans bruit sur ses gonds. — Les yeux de Lascars flamboyèrent.

— Tu es un précieux compagnon, — dit-il — et tu seras récompensé selon tes mérites, foi de Joël Macquart — je te promets double part de prise.

— Grand merci, capitaine!... — vous êtes généreux comme un roi!... — maintenant que faut-il faire?

— Attendre, et ne bouger d'ici sous aucun prétexte.

— Suffit, capitaine... — on respectera la consigne.

Lascars traversa l'antichambre et ouvrit la porte du salon qui précédait la chambre à coucher. Un silence profond régnait dans le château. Liseron s'assit sur un bon fauteuil et se mit à examiner avec une extrême attention et un plaisir manifeste les panneaux de tapisserie des Gobelins, d'après Boucher, qui recouvraient les murailles de l'antichambre.

— Si jamais je possède un château — se disait-il — j'aimerai fort à le décorer ainsi. — Seulement, comme il faut bien que l'expérience serve à quelque chose, j'aurai trois serrures à toutes mes portes, trois serrures à combinaisons, et une demi-douzaine de verrous que je pousserai de ma propre main chaque soir, ne voulant m'en rapporter qu'à moi seul pour un soin si important... — Bien habiles, je le proclame, seront les voleurs qui trouveront moyen de me prendre au gîte et d'arriver la nuit jusque dans ma chambre à coucher!... — oui... oui... je pourrai dormir tranquille!... — mais ces gens riches, ça ne pense à rien !

XXV

LA NUIT

Tandis que Liseron s'abandonnait à la jouissance purement artistique d'admirer les tapisseries des Gobelins de l'antichambre, et se livrait pour l'avenir à de doux projets de luxe et de sécurité personnelle, Lascars avait traversé lentement le salon d'attente, et il appuyait son oreille contre la porte de la chambre à coucher. Aucun murmure, même le plus léger, n'arriva jusqu'à lui.

— La marquise est endormie — se dit-il, — le moment ne saurait être mieux choisi... entrons.

Le misérable s'assura que l'écharpe de soie avec laquelle il se proposait de bâillonner la jeune femme, et les cordes minces et flexibles sur lesquelles il comptait pour la garrotter étaient à portée de sa main, puis il saisit l'espagnolette et la fit jouer d'un mouvement brusque, seul moyen d'éviter le grincement compromettant du fer contre le fer. — L'essai de Lascars réussit à souhait. — La porte s'ouvrit sans bruit et le nocturne visiteur, s'arrêtant sur le seuil, glissa sa tête par l'entrebâillement et examina d'un œil avide et soupçonneux l'intérieur de la chambre. La clarté douce, tamisée par les parois transparentes de la lampe d'albâtre, était suffisante pour lui permettre de se rendre compte de tous les objets, seulement les tentures de la couche monumentale lui cachaient les deux berceaux et la jeune femme endormie. — Lascars, avec la souplesse d'allure du jaguar qui s'apprête à surprendre sa proie, fit quelques pas en rampant, et prit soin que l'ombre de son corps se confondît avec l'ombre projetée sur le tapis par les lourds rideaux. Une fois près du lit, il redressa son corps presque courbé, et il avança de nouveau la tête. Le visage de Pauline était à demi tourné vers la ruelle et les dentelles de l'oreiller l'enveloppaient comme un flot de neige, dérobant ainsi au baron les traits fins et doux de ce profil délicieux. — Lascars tira de sa poitrine l'écharpe de soie.

— Je vais faire un coup de maître — se dit-il — et bâillonner la marquise sans lui laisser le temps de pousser un soupir.

Il gravit les premières marches de l'estrade, et prenant des deux mains l'écharpe fatale il se prépara à la lancer comme un lasso mexicain sur la bouche de sa victime dont elle devait étouffer les plaintes et les cris. Une seconde encore et l'œuvre maudite allait s'accomplir, mais la marquise fit un faible mouvement.

— Elle s'éveille !... — pensa Lascars, — une imprudence pourrait tout perdre !... attendons !...

Et, avec la rapidité de l'éclair, il se jeta derrière les tentures de velours aux grands plis, tombant du baldaquin empanaché. — Quelques secondes s'écoulèrent,

12.

— le sommeil de Mme d'Hérouville ne semblait point interrompu. — Le bruit faible et doux de sa respiration égale continuait à se faire entendre dans le silence. Lascars avança pour la seconde fois la tête vers l'intérieur du lit. — La marquise dormait toujours, mais son attitude n'était plus la même ; — son visage tourné du côté de la chambre recevait maintenant en plein les clartés de la veilleuse d'albâtre. Le baron fixa les yeux sur ce visage et, malgré son empire habituel sur lui-même, il tressaillit de la tête aux pieds, chancela, et sous le coup d'une émotion violente l'écharpe de soie s'échappa de ses mains tremblantes.

— Pauline !... c'est Pauline ! — balbutia-t-il avec une sorte d'égarement — la haute et puissante dame, la brillante marquise d'Hérouville, si heureuse et si riche, c'est ma veuve, ou plutôt c'est ma femme !

Certaines surprises foudroyantes produisent sur l'organisation humaine tout entière l'effet d'une violente décharge électrique ; — elles amènent à leur suite un anéantissement physique et moral presque complet.

Lascars, quoique trempé vigoureusement et bronzé d'ailleurs par l'étrange vie qu'il menait depuis si longtemps, ne put se soustraire à la loi commune. Pendant un instant la stupeur le paralysa ; toute présence d'esprit lui fit défaut ; il quitta les marches de l'estrade et il se laissa tomber sans force et sans volonté sur le premier siége qui se trouva près de lui. Cette prostration du misérable fut absolue, mais de courte durée. Il réagit avec énergie contre l'émotion qu'il éprouvait ; d'un seul coup d'œil il envisagea la situation telle que le hasard ou plutôt la destinée l'avaient faite, et des transports de joie farouche inondèrent son âme, à la pensée des conséquences probables de cette situation. Ces conséquences, rapidement et clairement déduites par l'esprit aiguisé de Lascars, constituaient pour le misérable tout un avenir de facile opulence et d'impunité quasi-certaine.

— Décidément — se dit-il — le diable est avec moi !... il arrange si bien mes affaires que, malgré mon rare mérite, je n'aurais pu les arranger mieux que lui !

Ici le baron pencha la tête sur sa poitrine, et se mit à réfléchir profondément.

— Dois-je me faire reconnaître à l'instant même ? se demandait-il.

— Il se répondit presque aussitôt :

— Pourquoi non !

Et, quittant le fauteuil sur lequel il s'était laissé tomber dans son premier moment de stupeur, il se dirigea de nouveau vers le lit, mais, comme il allait mettre le pied sur les marches de l'estrade, une réflexion soudaine l'arrêta.

— Que vais-je faire ? — murmura-t-il — et quelle imprudence me pousse ?... Pauline, éveillée brusquement, prendra peur, c'est inévitable, et sans rien vouloir entendre, sans rien pouvoir comprendre, elle poussera des clameurs qui rendront toute explication immédiate impossible entre nous et m'obligeront à recourir à la force ! décidément j'allais agir comme un fou, ou plutôt comme un sot !... — Ce n'est pas au milieu de la nuit, ce n'est pas sous ce déguisement sauvage que je dois me montrer à l'ex-baronne de Lascars !... — C'est en plein jour, à visage découvert ! oui, de par tous les diables ! — ajouta-t-il avec un sourire sinistre — le soleil éclairera les tendres épanchements de deux époux si longtemps séparés !...

En se disant à lui-même ce qui précède, Roland avait fait quelques pas dans la chambre. Les deux petits lits jumeaux frappèrent alors ses regards et attirèrent son attention.

— Les enfants! — balbutia-t-il en s'approchant des berceaux placés côte à côte et en attachant ses yeux sur les visages souriants et doux d'Armand et de Paul endormis.

Cette contemplation muette dura quelques secondes, puis une lumière inattendue éclata dans l'esprit du baron.

— Pauline — se dit-il — Pauline allait être mère au moment où je me suis séparé d'elle... au moment où elle a dû croire à ma mort!... — Six ans se sont écoulés depuis cette époque!... — Or, de par la pudeur et de par la loi, ma veuve n'a pu se remarier qu'au bout d'une année!... — l'aîné de ces enfants a cinq ans passés, donc il est mon fils... — Celui-là, Pauline, garde-le... il est sans valeur puisqu'il est à moi, mais l'autre, le fils de mon ennemi, je le prends, je l'emporte, et si tu veux le ravoir, marquise d'Hérouville, il t'en coûtera la moitié de ta fortune!...

Un plan nouveau, d'une audace étrange, venait de sortir tout d'une pièce du cerveau de Lascars, comme Minerve jaillit, dit-on, tout armée, du crâne de Jupiter.

— L'expédition de cette nuit n'aura pas été longue!... — continua le chef des Pirates de la Seine, avec une expression de triomphe surhumain. — Pas de sang, pas d'incendie, pas un cri, pas une plainte, et cependant, pour résultat, des millions!... — cela est grand!... cela est beau!... Le hasard me sert, il est vrai, mais je lui viens en aide en homme de génie!...

Le temps passait. — Quelques secondes encore, et

la pendule sonnerait la demie après une heure. — Peut-être suffirait-il du faible bruit du marteau d'acier frappant sur le timbre d'argent pour tirer la marquise de son assoupissement profond, et maintenant que Lascars avait éloigné toute idée de violence il ne craignait rien tant au monde que d'être découvert. — Comment s'y prendre pour emporter l'enfant sans troubler son sommeil? L'enlever de son berceau, il n'y fallait point songer... — le contact d'une main rude lui ferait sans doute ouvrir les yeux, et l'aspect effrayant d'un visage inconnu lui arracherait certainement des cris de terreur. Lascars n'hésita pas. Il saisit dans ses bras le berceau lui-même et, chargé de ce fardeau qui lui sembla léger, il se dirigea vers la porte de la chambre à coucher.

XXVI

UNE MÈRE

Tout en marchant avec des précautions infinies, le ravisseur ne quittait pas des yeux la marquise endormie. Il avait déjà parcouru la moitié de l'espace qui le séparait de la porte, déjà son triomphe semblait assuré, lorsque ses pieds heurtèrent tout à coup un jouet oublié par les enfants sur le tapis. — Ce faible obstacle le fit trébucher; — il perdit à demi l'équilibre et ne se maintint debout que par un brusque élan, par une violente réaction de tous ses membres. — Sous ce puissant effort, le parquet frissonna, les meubles furent ébranlés, les tentures du lit s'agitèrent et Pauline, réveillée en sursaut, se souleva, le front pâle et le regard effaré. Dans le premier moment la pauvre femme crut à quelque songe plus étrange et plus horrible que tous ceux qui, la nuit précédente, avaient épouvanté son sommeil. Comment, en effet, ajouter foi au témoignage de ses sens? — Comment admettre la réalité du spectacle inouï, impossible, qui s'offrait à ses regards ? — En face d'elle une figure hideuse et bizarre, un personnage presque fantastique, vêtu de haillons, le visage caché sous les flots d'une longue barbe rousse, tenait dans ses bras un des berceaux et semblait près de disparaître avec lui.

— Je rêve !... — murmura Pauline en passant ses deux mains sur son front pour rejeter en arrière ses cheveux épars — je rêve, ou ma tête s'égare !...

Elle se dit cela, mais l'illusion, le doute, l'incertitude, n'eurent que la durée de ces éclairs qui flamboient dans les chaudes nuit d'été. — L'effrayante vision n'était point immobile... — homme ou fantôme, le ravisseur se dirigeait vers la porte qu'il allait atteindre. — La marquise comprit tout, ou plutôt, ne sachant rien, elle devina tout ! Une clameur sourde, indistincte, un râle de fureur, pareil au rauquement d'une bête fauve, s'échappèrent de sa poitrine haletante. — Elle saisit, elle agita d'une main fiévreuse la torsade de soie qui pendait entre les rideaux de son lit et qui mettait en branle les sonnettes d'appel, puis, avec l'irrésistible impétuosité d'une tigresse à laquelle on enlève ses petits, elle bondit vers Lascars qu'elle atteignit auprès de la porte ; elle le prit à la gorge, et ses faibles mains, ses mains blanches et patriciennes, devinrent fortes comme des tenailles de fer pour le contenir et pour l'étouffer... Surpris, déconcerté par cette agression rapide et terrible, Roland lâcha le berceau qui se renversa en touchant le sol. — L'enfant roula sur le tapis et, tout étourdi par sa chute, demeura sans mouvements... La marquise le crut mort — elle devint folle de rage et de désespoir, et n'eut plus qu'une pensée : — venger la victime sur le meurtrier... — Alors s'engagea, dans le demi-jour transparent de cette chambre

tranquille et chaste qui ressemblait à un sanctuaire, alors s'engagea, disons-nous, une de ces luttes effroyables que la plume est impuissante à raconter. Pauline voulait crier, elle voulait appeler à l'aide, mais la tension inouïe de ses nerfs, de ses muscles, de son être entier, rendait muettes ses lèvres crispées. Lascars, presque étranglé par les petites mains d'acier qui ne lâchaient pas prise, et dont l'implacable étreinte semblait se resserrer de seconde en seconde, sentait venir la suprême, la mortelle suffocation qui précède l'agonie.
— Le sang bouillonnait dans son cerveau et sonnait un glas funèbre en heurtant à grands coups ses tempes embrasées ; — sa vue se troublait ; — son cœur, près de se briser, se gonflait et l'étouffait. — Le misérable s'épuisait en inutiles efforts et se tordait comme un reptile. — Lui aussi il voulait parler, il voulait appeler ses complices à son secours et ne pouvait articuler aucun son !... Des gémissements rauques et confus s'échappaient seuls de ses lèvres déjà noircies... — Le silence forcé des deux acteurs de cette lutte ajoutait encore à l'horreur, à l'étrangeté de la scène... — les piétinements de Pauline et de Lascars s'assourdissaient sur l'épais tapis... — De l'autre côté de la porte on ne pouvait rien entendre... on ne pouvait rien deviner... Lascars — on doit le comprendre — n'avait plus désormais qu'un désir et qu'une ambition — être libre ! fallût-il acheter sa liberté par l'anéantissement complet de ses projets et de ses espérances, par la mort immédiate de la marquise. — Tuer lui-même Pauline, il était impossible d'y penser ! — sa force anéantie le mettait à la merci même d'un enfant, et d'ailleurs l'étreinte mortelle de la jeune femme paralysait ses mouvements... Tout à coup, malgré le trouble de ses

pensées, malgré l'absolu désordre de son esprit, il se souvint du sifflet d'argent pendu sur sa poitrine. S'il pouvait le saisir, l'approcher de ses lèvres, en tirer seulement un son, il était sauvé!... — la horde de ses soldats, de ses complices, de ses défenseurs, obéirait, prompte comme la foudre, au signal bien connu! — les pirates attendaient là, tout près... — il ne leur fallait qu'un appel... La main défaillante du bandit chercha le sifflet d'argent... — Elle ne le trouva pas — elle ne pouvait pas le trouver. — Pauline, dans son premier élan, au moment où elle nouait ses doigts d'ivoire autour du cou nerveux de Lascars, avait brisé la chaînette de métal qui le soutenait!

— Je suis un homme mort! — pensa le baron en voyant cette unique planche de salut lui faire défaut. — J'échoue au port! c'est dommage!...

En même temps il lui sembla que les parois de son crâne se fendaient comme les murailles d'une vieille maison — que son cœur éclatait dans sa poitrine trop étroite, et que de grands papillons de feu, de gigantesques chauves-souris aux ailes noires, passaient devant ses yeux troublés. Un bruit étrange et terrible, pareil au fracas d'une montagne qui s'écroule, ébranla son cerveau et lui fit éprouver une sensation de douleur aiguë — puis il cessa de voir, d'entendre, de sentir; — ses jambes amollies ployèrent sous lui; — il tomba lourdement à la renverse. — Pauline le suivit dans sa chute. — Le corps entier de la jeune femme tressaillait d'horreur — son épouvante et son dégoût égalaient presque son désespoir, mais ses mains roidies, ses ongles incrustés dans la chair, ne pouvaient lâcher prise que par l'effort d'une volonté énergique; — or, la volonté lui faisait défaut et la folie, sans doute, allait s'emparer d'elle si cette scène effroyable se fut prolongée pendant quelques minutes encore. Par bonheur le dénouement était proche. La porte du cabinet de toilette s'ouvrit brusquement; un flot de vive lumière jaillit dans la chambre, et les femmes de la marquise parurent effarées sur le seuil... Le spectacle terrifiant qui frappa leurs yeux les métamorphosa d'abord en statues, mais bientôt elles comprirent le formidable drame auquel nos lecteurs viennent d'assister, et comme elles virent qu'après tout leur maîtresse était vivante et que l'agresseur au contraire, quel qu'il fût, paraissait mort, l'une d'elles eut le courage de marcher en avant, tandis que l'autre retournait dans le cabinet et secouait à les briser les cordons de sonnette destinées à se faire entendre de tous les valets du château. Pendant ce temps la première camériste, jetant sur les épaules nues de Pauline un vêtement de nuit, balbutiait :

— Madame la marquise, ma bonne maîtresse, nous voici !... vous n'avez plus rien à craindre ! au nom du ciel qu'est-il arrivé ?...

Madame d'Hérouville tourna vers la femme qui lui parlait son visage livide et ses yeux hagards, puis elle répondit d'une voix éteinte et méconnaissable :

— Il a tué mon enfant... mon enfant bien-aimé n'existe plus !... — regarde !... — regarde !...

La camériste poussa un gémissement douloureux ; — elle prit dans ses bras le petit garçon et elle appuya ses lèvres sur son front d'ivoire et sur ses joues faiblement rosées. Sous ces caresses, l'étourdissement passager d'Armand acheva de se dissiper ; — l'ange ressuscité ouvrit ses grands yeux d'un bleu sombre, et sa bouche à demi souriante murmura ces paroles vagues, ces syllabes presque indistinctes qu'une mère trouve si douces, si charmantes, et qu'elle comprend si bien !...

— Madame la marquise — dit vivement la camériste radieuse — le chérubin n'est pas mort... il n'est pas même blessé, grâce au ciel !... il respire... il sourit... il parle ! — il est en pleine force et santé !

La langue n'a point de mots, la musique n'a point de notes capables de traduire exactement le cri de joie poussé par Pauline qui se dressa comme un ressort d'acier détendu, saisit Armand que lui tendait la femme de chambre, le serra contre son cœur de toutes les forces de sa tendresse délirante et l'inonda de baisers et de larmes.

Paul, éveillé depuis un instant dans son petit lit par le bruit et par les allées et venues qui se faisaient autour de lui, s'étonnait, s'inquiétait, appelait sa mère, et ne recevant pas de réponse commençait à pleurer et à gémir. — La seconde camériste prit soin de le rassurer et n'eut point de peine à y réussir. — Lascars, toujours étendu sur le tapis, ne donnait aucun signe de vie.

En ce moment le valet de chambre de la marquise et celui de Tancrède, logés tous deux fort près de l'appartement de leurs maîtres, arrivèrent dans la chambre à coucher, par l'escalier de service et par le cabinet de toilette, et voyant le corps inanimé du bandit et le désordre que nous avons essayé de peindre, ouvrirent les fenêtres et se mirent à crier : *Au secours !...* de toute la vigueur de leurs poumons. — D'autres fenêtres s'ouvrirent aussitôt aux étages supérieurs, et des voix lointaines répondirent :

— Tenez bon !... — nous voici !... — nous arrivons... courage !...

En moins d'une minute, le château fut rempli de mouvement et de tumulte.

XXVII

RÉSURRECTION

Que faisaient les Pirates de la Seine apostés dans les salles basses, dans l'escalier dérobé, dans la galerie, tandis qu'au milieu des ténèbres de cette nuit d'horreur s'accomplissaient les événements qui précèdent?... Le lieutenant, séparé de la chambre à coucher par un vaste salon, n'avait rien soupçonné de la lutte terrible mais silencieuse dans laquelle Lascars venait d'être vaincu par l'indomptable courage, par la force incalculable et irrésistible que Dieu donne aux mères, lorsqu'il s'agit pour elles de défendre leurs enfants ou de les venger. Le premier bruit qui parvint aux oreilles de Liseron fut celui de la sonnette agitée avec violence par Pauline. — Ce bruit inquiéta le lieutenant, mais néanmoins, fidèle à sa consigne, il attendit sans bouger le coup de sifflet du maître. Ce coup de sifflet ne se fit point entendre, — nous savons déjà pourquoi. — En revanche, des sonneries nombreuses retentirent soudainement, en haut, en bas, de toutes parts... — Puis des clameurs confuses, des pas pressés, des cris se multiplièrent et grandirent en se rapprochant. L'éveil était donné ! — Joël Macquart avait échoué dans sa téméraire entreprise, en douter plus longtemps devenait impossible ! — mais que se passait-il donc et pourquoi le sifflet d'argent s'obstinait-il à rester muet ? Incapable de supporter davantage cette incertitude, qui commençait à se compliquer d'une notable dose d'épouvante, le lieutenant franchit le salon et jeta un coup d'œil rapide dans la chambre à coucher, par l'entrebâillement de la porte. Ce coup d'œil lui montra la chambre pleine de monde et le chef des pirates étendu près du seuil, immobile, les yeux vitreux, les lèvres noires, en un mot parfaitement semblable à un cadavre déjà roidi. Liseron trouva qu'il en savait assez long et s'empressa d'écouter et de suivre les sages conseils de la prudence et de la peur. — Il battit en retraite avec l'agilité d'un cerf qui vient d'éventer la meute, et il s'élança dans la galerie en criant d'une voix mal assurée :

— Le capitaine est mort !... camarades, sauve qui peut !

L'effet de ce peu de mots fut immédiat et prodigieux. — Une terreur panique s'empara des lâches coquins. — Chacun de ces douze bandits se vit par anticipation accroché bel et bien à une potence de vingt pieds de haut ; tous prirent leurs jambes à leur cou, dégringolèrent le long des marches de l'escalier, traversèrent les cuisines en courant à perdre haleine, s'enfoncèrent à corps perdu dans les ténèbres du parc, et ne se crurent définitivement hors de péril que lorsque la petite porte percée dans la muraille de clôture se fut refermée derrière eux. Tout ce qui précède s'était accompli avec une telle rapidité, qu'un moment où les valets descendirent des étages supérieurs, la troupe entière des Pirates de la Seine était déjà loin du château, ne laissant derrière elle aucune trace de son passage, si bien que l'on dut croire qu'un seul homme avait eu l'audace de s'introduire avec effraction et escalade dans une immense maison pleine de monde, et véritablement on le crut.

Revenons à Pauline. L'héroïque jeune femme avait fait preuve au moment du danger d'une force plus qu'humaine et d'une incompréhensible énergie. — Maintenant que ce danger n'existait plus, la réaction commençait et la nature reprenait ses droits. — Madame d'Hérouville se sentait faible comme une convalescente. — Ses bras énervés ne pouvaient même plus presser contre sa poitrine le petit Armand. — Ses larmes coulaient avec abondance, et les battements de son cœur semblaient au moment de s'arrêter. Ses femmes de chambre s'empressaient autour d'elle, mouillaient ses tempes avec de l'eau fraîche et lui faisaient respirer des sels pour prévenir un évanouissement imminent. De toutes les parties du château les valets accouraient l'un après l'autre, s'interrogeant mutuellement et ne pouvant se répondre. — Ils affluaient dans le salon d'attente où ils s'arrêtaient, puis la curiosité l'emportant sur le respect et sur l'étiquette, ils franchissaient le seuil de la chambre à coucher, et regardaient avec des yeux effarés le visiteur nocturne dont la mort foudroyante restait enveloppée pour eux d'un mystère impénétrable. Personne — excepté les deux caméristes occupées de leur maîtresse — ne devinait la vérité... — Comment supposer, en effet, que cette faible femme aux mains d'enfant avait pu soutenir une lutte acharnée contre un farouche bandit, et sortir victorieuse de cette lutte ? — Tout à coup un brusque mouvement de recul s'opéra dans le cercle des curieux qui se pressaient autour du cadavre. — Les plus rapprochés croyaient voir un des bras de ce cadavre remuer légèrement. Mais c'était peut-être une illusion. — Quelques secondes s'écoulèrent. — L'attention des spectateurs redoublait. Le bras remua de nouveau, et cette fois d'une façon marquée, décisive, incontestable. — La poitrine du bandit se souleva, — un soupir rauque s'échappa de ses lèvres, — ses yeux commencèrent à rouler dans leurs orbites; en même temps une de ses mains se rapprochait de sa gorge meurtrie. Laurent, le valet de chambre de Pauline, sortit vivement du groupe, se dirigea vers sa maîtresse et s'écria :

— Madame la marquise... madame la marquise, grande nouvelle ! — le misérable n'est pas mort ! — il respire ! — il remue ! il revient à lui ! — Dans un instant il pourra parler, madame la marquise jugera sans doute utile et convenable de l'interroger.

En apprenant à l'improviste que le scélérat aux mains duquel elle avait arraché son fils respirait encore, la jeune femme fut saisie d'un tremblement nerveux; sa pâleur devint plus livide ; — ses dents claquèrent; — c'est à peine si elle eut la force de répondre :

— Non... non... je ne veux pas le voir... non, je ne veux pas lui parler. — Sa présence me tue. — Éloignez de moi cet homme !... éloignez-le ! éloignez-le !...

— Quels sont les ordres de madame la marquise à l'égard de ce gredin ? continua Laurent. Faut-il envoyer quérir la maréchaussée et le livrer à qui de droit cette nuit même ?

— Qu'on l'emporte et qu'on veille sur lui... balbutia Pauline. — Demain M. d'Hérouville décidera de son sort. — Allez.

Le valet s'inclina, rejoignit le groupe et donna ses instructions à voix basse. — Un des domestiques prit Lascars par les épaules, un autre le souleva par les pieds, puis, tous deux, suivis du reste de la livrée, quittèrent la chambre à coucher où la marquise demeura seule avec ses femmes.

— Monsieur Laurent — demanda chemin faisant, le domestique qui portait les pieds du baron, — qu'allons-nous faire de ce gaillard-là, s'il vous plaît ?... — il est lourd tout de même, savez-vous !

— Vous allez le descendre dans les cuisines... — répliqua le valet de chambre qui prenait plaisir à se donner dans cette affaire un rôle important, — on lui mettra sous les narines le plus fort vinaigre qu'on trouvera dans la maison afin de le faire revenir à lui complètement, et je me charge ensuite de le loger dans un endroit sûr, où il restera jusqu'au retour de M. le marquis, après toutefois que je lui aurai fait subir, pour ma satisfaction personnelle, un petit interrogatoire préliminaire.

— C'est cela, monsieur Laurent ! — c'est cela ! s'écria la valetaille en chœur, — vous l'interrogerez, il répondra, et nous saurons ainsi de quelle façon ce coquin s'est trouvé pris comme un loup dans un traquenard.

Au bout de quelques secondes la troupe entière envahissait les cuisines et Lascars, qui semblait plus inanimé que jamais, fut placé sur un antique fauteuil en bois de chêne, noirci par le temps, craquant de vétusté, et dans lequel le maître d'hôtel daignait parfois s'asseoir pour donner ses ordres ou pour faire sa sieste. Autour de lui le cercle se reforma, et des exclamations animées s'échangèrent et se croisèrent rapidement.

— Regardez donc, camarades, regardez ! — quelle mine de scélérat ! — disait une voix.

— Ah ! le fait est qu'il est affreux ! — répondait une autre.

— Il suffit de jeter les yeux sur sa figure pour comprendre que cet homme est capable des plus grands crimes !...

— Cette barbe rousse ferait peur au diable !

— Tout de même, camarades, il paraît qu'on ne s'enrichit guère dans le métier de voleur et d'assassin, car ce bandit est vêtu de guenilles qu'aucun mendiant ne voudrait porter.

— Assez de bavardages ! — dit Laurent d'un ton magistral — qu'on aille me chercher du vinaigre... — En route, marmiton ! — Pendant ce temps je vais fouiller le prisonnier.

Le valet de chambre, joignant aussitôt l'action aux paroles, écarta l'espèce de souquenille flottante, déchirée en cent endroits, qui tombait jusqu'aux genoux du baron et cachait la ceinture de cuir sanglée autour de ses reins. Il retira successivement de cette ceinture deux pistolets doubles, des torches résineuses, un couteau dans sa gaine et le paquet de cordes minces et flexibles avec lesquelles Lascars se proposait de garotter la marquise. Des clameurs d'indignation s'élevèrent à la vue de ces objets et se formulèrent à peu près ainsi :

— Oh ! le misérable ! deux pistolets ! deux pistolets doubles ! — il tenait là-dedans la vie de quatre honnêtes gens, savez-vous !

13.

— Et ce grand couteau ! — un véritable coutelas de boucher ! — Il me semble que je vois sur la lame des taches de sang. — Combien a-t-il égorgé d'innocentes créatures avec ce couteau-là ? — Satan seul pourrait le dire...

— Des torches aussi ! il avait des torches ! — l'infâme bandit voulait donc incendier le château ? — miséricorde ! nous aurions tous péri dans les flammes !

— Je ne sais pas ce qu'il voulait faire de ces cordes, mais je sais que le bon Dieu est juste !... — C'est à lui qu'elles serviront ! — je me charge de lui lier les pieds et les pattes, et je vous jure que les nœuds seront solides !

Le marmiton revint avec une écuelle remplie de vinaigre. — Laurent imbiba de ce liquide un linge qu'il appliqua sur le visage du captif, et qu'il y maintint pendant une ou deux secondes. Au bout de ce temps un tressaillement convulsif secoua les membres de Lascars qui se débattit faiblement et fit entendre des gémissements inarticulés. — Le tampon d'étoffe appuyé contre ses narines et contre sa bouche l'étouffait. Laurent, satisfait du prompt résultat qu'il venait d'obtenir, rendit au captif la liberté des organes respiratoires. — Lascars en profita pour gonfler d'air vital, par de longues et profondes aspirations, sa poitrine oppressée. — La circulation du sang recommençait dans ses veines ; les effets morbides produits par une strangulation incomplète disparaissaient rapidement, mais la pensée et le souvenir étaient encore bannis de son cerveau congestionné. Bref, le chef des Pirates de la Seine se trouvait dans l'état d'un condamné à mort, détaché du gibet avant que la corde fatale ait achevé son œuvre. En cet état — (nos lecteurs n'auront aucune peine à le croire) — le baron était hideux. — La teinte violacée de l'apoplexie couvrait son visage ; — le sang injectait ses yeux ; — un cercle de meurtrissures noires et bleuâtres (l'empreinte des doigts d'acier de Pauline), formait un collier sinistre autour de son cou.

— Ma parole d'honneur, — murmura Laurent, — je n'oublierai jamais cette face de coquin ! — c'est à vous donner le frisson ! pour sûr je reverrai ce bandit dans mes rêves.

Lascars, livré à lui-même, faisait des mouvements automatiques et irréguliers, semblables à ceux d'un cadavre que galvanise le courant d'une puissante électricité. A mesure que la vie, un instant suspendue, reprenait son cours, et que l'équilibre se rétablissait, ces mouvements devenaient plus vifs. Enfin arriva le moment où le cerveau, suffisamment dégagé, fonctionna comme de coutume ; — l'intelligence qui semblait à jamais éteinte, se ranima soudain, apportant la lumière avec elle et chassant les ténèbres de l'entendement. Lascars, ainsi qu'un homme tiré d'un lourd sommeil, reprit alors conscience de sa situation, d'une façon d'abord vague et incertaine, mais qui s'éclaircit peu à peu et devint bientôt complète. — Sa tête se pencha sur sa poitrine et il interrogea sa mémoire.

XXVIII

LE PRISONNIER

Le capitaine des Pirates de la Seine interrogea ses souvenirs, avons-nous dit, et se rappela tout ce qui s'était passé depuis son départ du Moulin-Noir jusqu'au moment où, vaincu par Pauline, il avait perdu connaissance. Les faits postérieurement accomplis lui parurent non moins clairs, et véritablement il n'eut pas grand mérite à deviner ce qu'il ignorait... — Il était prisonnier et les valets du château, pressés autour de lui, ne le laisseraient point échapper !... Tout se résumait en ces quelques mots...

Pendant une ou deux secondes Lascars se sentit rouler dans les abîmes du découragement et du désespoir et se répéta qu'il était perdu. — Jamais jusqu'à ce jour et jusqu'à cette heure il n'avait prévu la possibilité d'une catastrophe le livrant aux mains de la justice... Or, il ne s'illusionnait point ! — il savait quel compte terrible il aurait à rendre !... — il savait qu'une fois la lumière faite autour de lui, le bourreau réclamerait sa tête, et qu'aucune puissance humaine ne pourrait le sauver !... Le baron se dit ce qui précède en beaucoup moins de temps que nous n'en avons mis à l'écrire ; — son énergie morale chancela car le misérable n'avait de courage que l'épée à la main, et la perspective de la mort prochaine l'épouvantait, mais il fit un violent effort sur lui-même, il appela sa présence d'esprit à son aide et elle obéit docilement.

— Après tout — pensa-t-il — rien ne me prouve que la situation soit désespérée ! — un homme tel que moi doit trouver dans son génie les ressources nécessaires pour échapper aux plus mauvais pas... — D'ailleurs celui qui s'abandonne est un sot !... — Je lutterai jusqu'au bout !

Une fois cette résolution prise, Lascars ranimé releva la tête et son regard perçant se reposa sur les visages qui l'entouraient. Cet examen rapide lui donna la certitude qu'aucun de ses complices ne partageait son sort.

— Ils m'ont abandonné, les lâches ! — se dit-il avec indignation : — mais presqu'aussitôt il ajouta : — Tant mieux après tout ! seul prisonnier, seul compromis, je puis ne songer qu'à ma défense... ces maladroits coquins, s'ils étaient arrêtés, m'auraient perdu sans ressource par leurs aveux...

Le valet de chambre Laurent jugea convenable d'interrompre le monologue du captif.

— Brigand que vous êtes, — s'écria-t-il d'un ton qu'il voulait rendre solennel — puisque le diable, auquel vous appartenez de droit, a jugé convenable de ne point s'emparer aujourd'hui même de votre vilaine âme (qui ne saurait manquer de lui revenir tôt ou tard), — préparez-vous à me répondre, et n'oubliez pas que le mensonge serait inutile...

Lascars porta les deux mains à son cou meurtri, et balbutia d'une voix rauque, effrayante, presque inintelligible :

— Je souffre horriblement... j'ai du feu dans la gorge... par grâce, par pitié, un verre d'eau...

— De la pitié ! — répliqua Laurent — misérable ! vous n'en méritez aucune !

Le prisonnier poussa un long gémissement et prit l'attitude d'un homme dont l'agonie commence.

— Néanmoins — poursuivit le valet de chambre d'un ton plus doux — mes principes m'ordonnent de faire en toute occasion preuve d'humanité, même avec ceux qui sont indignes d'être des hommes !... — marmiton, donnez à boire au scélérat...

Un immense gobelet, rempli d'eau fraîche, fut présenté à Lascars qui le vida d'un trait et parut ressentir un soulagement immédiat.

— Merci... — murmura-t-il — oh ! merci ! vous venez de faire une bonne action dont le ciel vous récompensera.

— Coquin que vous êtes — interrompit Laurent avec indignation — osez-vous bien parler du ciel !

— Pourquoi non ?

— Un tel mot, dans votre bouche, n'est-il pas un blasphème ?

— Vous me traitez cruellement, monsieur... vous me condamnez sans merci... et sur de fausses apparences !... — murmura le prisonnier, — je prie Dieu qu'il vous pardonne un jugement inique comme je vous le pardonne moi-même...

— De fausses apparences ? un jugement inique ! —

répéta Laurent abasourdi de l'étrange attitude que semblait vouloir prendre le malfaiteur — mordieu !... vous nous la baillez belle ! — Sont-ce de fausses aprences, par hasard, qui nous persuadent que vous vous êtes introduit dans ce château, et jusque dans la chambre de madame la marquise, au milieu de la nuit en brisant les serrures ?

— Rien ne vous prouve que j'ai fait tout cela à mauvaise intention... — répondit Lascars d'un ton persuasif.

Laurent donna sur la table qui se trouvait à côté de lui un coup de poing retentissant.

— Ah ! c'est trop fort ! — s'écria-t-il, — vos intentions ! mort de ma vie ! il n'y a pas besoin d'être sorcier pour les deviner ! — c'étaient le pillage... l'incendie... l'assassinat — Osez-vous nier, coquin hypocrite que vous êtes ? osez-vous nier cela ?

Lascars leva les yeux vers le ciel.

— Dieu lit au fond des âmes ? — dit-il — lui seul est juste, parce que lui seul est infaillible...

— Et sans doute — reprit le valet de chambre — c'était également à bonne intention que vous étiez munis de ces pistolets et de ce couteau ?

— Il n'est point défendu de veiller à sa sûreté personnelle...

— Et ces torches ?... — les aviez-vous aussi pour votre sûreté personnelle ?

— Ne faut-il pas s'éclairer dans les ténèbres ?

— Eh ! bien — continua Laurent qui trépignait de colère — puisque vous avez réponse à tout, nous allons entendre vos explications ! — Elles doivent être curieuses ! — Et d'abord, qui êtes-vous, s'il vous plaît ?

— Un honnête homme méconnu...

— C'est facile à dire, mais c'est difficile à prouver...

— Peut-être...

— Les honnêtes gens ont un nom... — les scélérats aussi... — seulement ils le cachent... — cachez-vous le vôtre ?

— Jamais...

— Dans ce cas, vous ne ferez, je suppose, aucune difficulté de me l'apprendre...

— Aucune... lorsque toutefois je n'ignorerai plus à quel titre vous me faites subir un interrogatoire...

— Comment, à quel titre ?

— Sans doute, je ne puis, vous le comprenez, me tenir aux ordres du premier venu... Êtes-vous magistrat, juge, commissaire, ou greffier ?...

— Ah ! ça mais — s'écria Laurent non sans quelqu'embarras — il me semble, Dieu me pardonne, que c'est vous qui me questionnez !

— Je vous questionne en effet, mais uniquement pour savoir s'il m'est possible de vous répondre... — répliqua Lascars.

— Eh ! bien, non, je ne suis pas juge...

— Le château dans lequel je me trouve — reprit le baron — appartient, je le sais, à très haut et très puissant seigneur le marquis d'Hérouville... — Je ne connais pas ce gentilhomme... est-ce à lui que j'ai l'honneur de parler ?

Un éclat de rire des assistants accueillit ces paroles et Laurent devint cramoisi.

— Scélérat ! — répondit-il avec une dignité capable d'imposer silence aux rieurs, apprenez que je suis le propre valet de chambre de madame la marquise, qui daigne m'accorder toute sa confiance.

Lascars salua d'un air de politesse ironique.

— Je respecte comme je le dois — dit-il — le valet de chambre de madame la marquise, mais malgré la grande position sociale et l'honorabilité reconnue d'un si haut personnage, je lui demanderai la permission d'attendre que le marquis d'Hérouville, ou le magistrat aux mains duquel je serai vraisemblablement remis sous peu, jugent convenable de me questionner...

— Ainsi — s'écria Laurent avec un mécontentement manifeste — vous refusez de me répondre ?

— Très positivement...

— Prenez garde !

— Qu'ai-je à craindre de vous, monsieur le valet de chambre ? riposta sèchement le baron — il me semble que mon sort n'est point entre vos mains...

Les domestiques du château se regardèrent les uns les autres, et se dirent à voix basse :

— Peut-être bien, après tout, cet homme-là n'est-il pas si coquin qu'il le paraît ! — Rien n'est capon comme un renard pris au piège ! le pauvre diable est trop insolent pour être bien coupable...

Lascars s'aperçut à merveille de l'effet qu'il produisait sur la masse de ses auditeurs, et s'applaudit d'avoir atteint son but. Quant au valet de chambre, il reprit avec un redoublement d'importance et de dignité :

— Vous n'avez rien à craindre de moi, c'est vrai, dangereux scélérat, et c'est à d'autres qu'il appartiendra de vous juger et de vous punir, mais je suis seul chargé du soin de votre garde, et je vous jure que vous ne m'échapperez pas..

Lascars haussa les épaules

— Ah çà — dit-il — regardez-moi donc ! — est-ce que j'ai l'air d'un homme qu'un grand danger menace, et qui veut fuir devant ce danger ?...

— C'est ma foi vrai ! pensèrent les valets — il semble tranquille comme un bon bourgeois qui n'a rien à se reprocher ! —c'est à n'y rien comprendre ! et, pour sûr, tout ceci cache un mystère !...

XXIX

LA GLACIÈRE

Le valet de chambre était assez intelligent pour s'apercevoir que, quoique le bon droit fût évidemment de son côté, il avait à faire à forte partie et perdait un peu de terrain à chaque réplique de son étrange interlocuteur. Ceci ne pouvait lui convenir. — Il résolut donc de substituer immédiatement l'action au dialogue et de démontrer au prisonnier, par des preuves irrécusables, l'étendue de sa supériorité.

— Nicolas — dit-il à l'un des valets — tu as été matelot du roi, si j'ai bonne mémoire, avant d'entrer au service de monsieur le marquis ?...

— Oui, monsieur Laurent — répondit Nicolas — et fin gabier, je m'en flatte !

— Les matelots sont passés maîtres, à ce qu'on prétend, dans l'art de faire des nœuds très solides et très compliqués — reprit le valet de chambre.

— Quant à ce qui est de ça, monsieur Laurent, c'est la vérité vraie.

— Eh bien ! mon garçon, tu vas me prouver que tu n'as point oublié ton ancien métier.

— Que faut-il faire ?...

— Prendre les cordes que voici et attacher les pieds et les mains de ce misérable.

— Ce sera bâclé vite et tôt, monsieur Laurent, et j'ose croire que vous serez content de moi.

L'ex-matelot se mit à la besogne sur-le-champ, et deux minutes lui suffirent pour entourer les poignets et les chevilles de Lascars d'un lacis inextricable de cordelettes.

— S'il se détache — fit-il ensuite avec l'accent d'un légitime orgueil — je prends volontiers l'engagement de me laisser pendre à sa place.

Le prisonnier était redevenu muet et sombre. — Un pli profond se creusait entre ses sourcils, et ses lèvres se crispaient en un rictus sauvage.

— Voilà qui va bien — reprit Laurent — et maintenant, mes amis, nous allons le mettre en lieu sûr.

— Faut-il le descendre dans l'une des caves du château — demandèrent les valets.

Laurent secoua la tête.

— La résidence seigneuriale de Port-Marly ne doit point être transformée en prison pour les brigands de cette espèce... — répondit-il — les caves sont faites pour les vins généreux et non pour les voleurs... — d'ailleurs, j'ai mieux que cela...

Un frémissement de curiosité courut dans l'assistance.

— Oui, pardieu !... j'ai mieux que cela !... — reprit Laurent — nous allons transporter ce coquin à la glacière !...

— A la glacière !... à la glacière !... — s'écrièrent les valets en riant — il s'y conservera bien au frais !...

Laurent mit dans ses poches les pistolets doubles et le couteau de Lascars. — Il détacha une clé massive, accrochée contre la muraille avec beaucoup d'autres à un tableau chargé d'indications, il prit une lanterne allumée et il se dirigea vers la porte de sortie en disant :

— Suivez-moi, et que deux d'entre vous se chargent du brigand !...

La glacière se trouvait située près de l'extrémité des parterres, à deux cent cinquante ou trois cents pas du château et sous l'ombrage d'un épais massif d'ormes gigantesques. C'était un petit pavillon d'apparence rustique, coiffé d'un toit de chaume en forme de champignon, faisant fabrique dans le paysage, et destiné, ainsi que l'indiquait son nom, à conserver, malgré les chaleurs de l'été, la provision de glace des châtelains de Port-Marly. Le château étant resté désert pendant plusieurs années, après la mort de l'oncle de Tancrède, on avait négligé de donner des soins à un approvisionnement inutile, et au moment où se passaient les faits que nous racontons, la glacière ne contenait pas un seul morceau de glace. Inutile d'ajouter que le petit bâtiment dont il s'agit n'avait aucune fenêtre et une porte unique située au nord. Laurent ouvrit cette porte, et sa lanterne à la main pénétra le premier dans l'intérieur du pavillon ; — cet intérieur, formé d'une seule pièce, basse et ronde, était entouré d'un quadruple rang de paillassons très épais. — Un escalier pratiqué au point central conduisait à une salle souterraine, voûtée, dallée, parfaitement sèche et d'une remarquable fraîcheur.

— Il faut en toutes choses de l'humanité !... — reprit Laurent, fidèle à sa devise. — Jetez un paillasson dans la salle basse et couchez le prisonnier sur ce paillasson.

Cet ordre reçut une exécution immédiate ; — le baron frémissant de rage fut descendu dans le cachot improvisé qui ne le cédait en rien aux plus sombres cabanons du grand et du petit Châtelet.

— A merveille ! — s'écria le valet de chambre — voilà notre malfaiteur en lieu sûr !... — il ne s'agit plus maintenant que de faire bonne garde, et j'ose espérer que monsieur le marquis, à son retour de Versailles, n'aura que des éloges à nous prodiguer...

— Nicolas et Baptiste — dit-il ensuite — avancez à l'ordre !

Les deux domestiques interpellés s'approchèrent du valet de chambre, qui continua :

— Je vais vous donner une grande preuve de confiance, mes camarades... — c'est à vous que je confie l'honneur de veiller sur le prisonnier... — distinguez-vous dans l'accomplissement de cette mission, et ne suivez pas l'exemple funeste des deux aides jardiniers qui ont manqué à tous leurs devoirs et seront congédiés sans miséricorde au point du jour.

— Soyez tranquille, monsieur Laurent ! — s'écrièrent avec un élan de zèle Baptiste et Nicolas — nous aurons l'œil !... — vous pouvez compter sur nous.

— Voici la consigne. — Toi, Nicolas, prends ce pistolet double et ce coutelas, dépouilles opimes du scélérat, prends aussi la lanterne pour t'éclairer et assieds-toi sur la plus haute marche de l'escalier. — Ce poste est incomparable ; d'ici tu vois le brigand et aucun de ses mouvements ne peut t'échapper... — si, par impossible, il venait à bout de rompre ses liens et tentait de fuir, n'hésite pas un seul instant, mon garçon, et brûlelui la cervelle !... — Je prends la chose sur moi... tu m'entends ?...

— Je vous entends le mieux du monde, monsieur Laurent — répondit Nicolas avec un gros rire — et je le ferais comme vous le dites, mais quant à ce qui est de briser ses liens, ça lui est défendu, au scélérat !... — les cordes sont neuves et solides... — un taureau ne viendrait point à bout de les rompre !... — Je ne parle pas de détacher les nœuds... j'y ai mis la main, c'est tout dire... le diable, s'il les voulait défaire, y perdrait son latin.

— Ainsi, tu réponds de cet homme ?

— Sur votre tête — monsieur Laurent !...

— J'aimerais mieux t'entendre en répondre sur la tienne...

— Façon de parler, monsieur Laurent, pour témoigner que je prends la responsabilité de la chose et que vous pouvez dormir sur vos deux oreilles !...

— Et moi ? demanda Baptiste, aurai-je une consigne aussi...

— Tu en auras une, mon garçon, et elle sera encore plus simple, si c'est possible, que celle de ton camarade... — voilà le second pistolet ; — tu te tiendras en dehors de la glacière, adossé contre la porte, et non seulement tu ne laisseras entrer personne, mais, en outre, tu ne permettras à personne de s'approcher... — Est-ce compris !...

— Oui, monsieur Laurent — s'il vient quelqu'un, je crierai : Au large ! et si c'est un mal intentionné, je ferai feu de mon pistolet...

— C'est parfaitement cela, mon garçon.

Satisfait de l'intelligence des deux sentinelles commises par lui à la garde du prisonnier, le valet de chambre quitta la glacière et regagna le château, accompagné du reste de la valetaille. Nicolas, pénétré de l'importance de ses fonctions, assis sur la plus haute marche de l'escalier, ainsi que le lui avait ordonné Laurent, la lanterne à côté de lui, le pistolet double à portée de sa main droite, le coutelas à portée de sa main gauche, sifflottait du bout des lèvres l'air de *Malborough*, et ne perdait pas de vue le prisonnier étendu au-dessous de lui dans une obscurité presque complète, et semblable à une masse inerte et sombre.

Un quart d'heure environ se passa ainsi, puis Lascars fit un mouvement brusque et, malgré les entraves qui le paralysaient, il vint à bout de se mettre sur son séant.

— Eh ! l'homme !... — cria tout aussitôt Nicolas en saisissant le pistolet — bougez pas !... — Je réponds de vous et, si vous ne vous tenez point tranquille, je vous préviens qu'il vous arrivera malheur !...

— Mon ami... — balbutia Lascars d'une voix gémissante — mon ami, écoutez-moi.

— Je ne suis pas l'ami d'un brigand !... — interrompit Nicolas — et je n'ai rien à écouter... — dormez donc, je vous le conseille, ou, si vous tenez à parler, faites la conversation avec vous-même, mais assez bas pour que je ne puisse vous entendre.

Lascars grinça des dents et tordit ses mains sous les cordes qui les unissaient étroitement. — Cet accès de colère dura peu. — Le baron reprit courage malgré le rude accueil de son gardien, et, après un silence, il continua :

— Je comprends ce qui se passe dans votre âme... — vous me regardez comme un scélérat, et la seule pensée de m'écouter et de me répondre vous irrite et vous indigne... — jeune homme, cette indignation vous fait honneur... — elle prouve combien vous êtes honnête!... — je l'admire du fond du cœur! — elle redouble l'intérêt que vous m'inspirez...

— Je vous inspire de l'intérêt, moi!... — s'écria Nicolas.

— Un intérêt profond...

— Est-ce donc — reprit le valet d'un ton moqueur — est-ce donc parce que j'ai si bien attaché les cordes qui vous lient ?...

— C'est parce que vous remplissez votre devoir, en toutes choses, franchement, loyalement, consciencieusement... — On vous a donné l'ordre de me lier, vous avez obéi!... — on vous a donné l'ordre de veiller sur moi, vous le faites!... — on vous a enjoint de me tuer si je cherchais à fuir, et vous me briseriez la cervelle, j'en suis sûr, sans scrupule et sans remords...

— Vous en pouvez jurer hardiment!... répliqua Nicolas — pour nous autres, M. Laurent représente les maîtres... — Or, il a pris la chose sur lui, et je ne connais que ma consigne...

— Brave jeune homme!... — honnête jeune homme! — dit Lascars avec un enthousiasme merveilleusement joué — ah! vous êtes une admirable nature, une nature que la corruption du siècle n'a point effleurée!... — vous avez conservé les rudes et grandes vertus du marin qui vit sous l'œil de Dieu, sur le pont du navire! — aussi, ma confiance en vous est sans bornes et je vous en donnerai bientôt des preuves...

Ici, Nicolas se sentit mordu par une curiosité presque irrésistible. — Les paroles du prisonnier l'intriguaient au delà de toute expression, mais il devinait vaguement qu'il manquerait à son devoir en entamant un long entretien avec l'homme dont la garde lui était confiée. Une lutte s'engagea entre la curiosité et le devoir — cette lutte fut courte — la curiosité l'emporta.

— Cependant, avant de céder, il fit une dernière tentative de résistance, et il répondit :

— Je n'ai besoin ni de votre intérêt, ni de vos preuves de confiance, et vous pouvez les garder pour vous...

Lascars comprit à merveille que cette rebuffade était le cri suprême de la conscience expirante. — Il ne s'en inquiéta point et il poursuivit :

— Vous étiez présent à l'interrogatoire, ou plutôt à la tentative d'interrogatoire que le valet de chambre de madame la marquise d'Hérouville a tenté de me faire subir.

— J'étais présent comme tous les autres — murmura Nicolas.

— Ce valet — continua Lascars — ce Laurent, n'est qu'un pauvre être vaniteux et nul !... — Gonflé d'un sot orgueil par la faveur des maîtres, il se croit quelque chose et fait niaisement la roue comme un dindon qui se pavane.

— Ah ! quant à ça, c'est vrai tout de même ! — s'écria Nicolas en riant avec une satisfaction profonde. Que voulez-vous ? à tous les étages de la société, le cœur de l'homme est fait de la même façon.

— Aussi, j'ai refusé de répondre — reprit le prisonnier — mais je suis prêt à vous révéler ce que je n'ai pas voulu lui dire.

XXX

LASCARS A L'ŒUVRE

— Eh ! quoi — fit vivement Nicolas — vous dévoileriez pour moi le mystère de votre présence au château ?...

— Oui, murmura le prisonnier.

— Vous me révéleriez pourquoi vous vous étiez introduit dans l'appartement et dans la chambre à coucher de madame la marquise. et vous me démontreriez qu'il n'y avait point en vous de mauvaises intentions d'incendie, de pillage, d'assassinat ?...

— Assurément, je vous démontrerai tout cela...

— Diable ! — s'écria Nicolas — je crois que ce sera difficile !

— Beaucoup moins que vous ne le pensez...

— Faites-le donc — je consens à vous prêter une oreille attentive...

— Vous me comblez de joie, bon jeune homme... — mais la fatigue m'accable... — ma voix épuisée ne saurait monter jusqu'à vous sans me contraindre à de pénibles efforts... — Prenez pitié de ma situation cruelle, et, je vous le demande, au nom de l'humanité, rapprochez-vous un peu de moi...

Nicolas fit une grimace expressive.

— Me rapprocher de vous... — dit-il ensuite — grand merci !... Grâce à Dieu je ne suis point assez nigaud pour me jeter dans la gueule du loup quand rien ne m'y force, et vous ne m'avez pas encore démontré que vous êtes un honnête homme injustement soupçonné...

— Que craignez-vous donc ?

— Je n'en sais rien.. mais la défiance est la mère de la sûreté... et je me défie, à tout hasard...

— Eh ! que pourrai-je contre vous ? — En admettant que je sois un monstre de duplicité et d'hypocrisie, quel piège me serait-il possible de vous tendre ? — mes mains sont attachées, et les nœuds sont solides, puisque c'est vous les avez faits...

— C'est vrai... — murmura Nicolas en réfléchissant — je ne cours aucun risque et je puis me hasarder sans imprudence...

En même temps, toujours muni du pistolet double, il descendait les marches de l'escalier et s'asseyait sur la dernière. — Une distance de cinq ou six pas, tout au plus, le séparait alors de Lascars.

— Maintenant — dit-il — vous pouvez parler aussi bas que cela vous conviendra, j'ai de bonnes oreilles et je ne perdrai pas une syllabe... — je vous conseille seulement d'aller droit au but... — d'une minute à l'autre M. Laurent peut revenir faire sa ronde, et je n'ai point envie d'être surpris si près de vous... d'ailleurs les paroles inutiles ne font qu'embrouiller les affaires et, en toutes choses, il n'y a qu'un mot qui serve !... — dites ce mot !... — si vous n'êtes pas un voleur, qu'est-ce que vous êtes ?...

— Je suis un ambassadeur, répondit gravement Lascars.

Nicolas se mit à rire aux éclats.

— Un ambassadeur !— s'écria-t-il — vous !... — sous ce costume !... — allons, allons, monsieur le brigand, je commence à comprendre que vous vous moquez de moi depuis un quart d'heure...

— Je vous répète que je suis un ambassadeur — reprit le baron, — ou si vous l'aimez mieux, un émissaire fidèle et dévoué de l'un des plus anciens et des plus chers amis de votre maîtresse, madame la marquise d'Hérouville...

— Il faut que cet ancien ami de notre maîtresse soit bien pauvre — répliqua Nicolas, — pour habiller de semblables loques les gens qu'il envoie en mission...

— Ces loques sont un déguisement...

— Soit !... — je le veux bien... quoique le déguisement me semble bizarre !... — Bref, vous vous prétendez chargé d'un message ?...

— D'un message de la plus haute importance, duquel dépendent le repos et le bonheur de madame la marquise...

— Comment donc se fait-il que lorsqu'on vous a fouillé, tout à l'heure, dans les cuisines, on n'ait trouvé sur vous ni lettre ni billet ?...

— Il est des choses qu'on ne doit jamais écrire... Le message est verbal...

— Et vous vous êtes introduit, à minuit, en forçant les portes, dans le but unique de le communiquer à madame ?...

— Je n'avais pas le choix des moyens... — Il me

14.

fallait parler à la marquise, lui parler sans retard, avec le plus complet mystère... — J'ai pris un parti hasardé, dangereux, mais qui, après tout, pouvait réussir, et sans doute aurait réussi sans la mauvaise chance qui s'est déclarée contre moi à l'improviste...

— Qu'avez-vous donc de si mystérieux à apprendre à madame la marquise ?...

— Ceci n'est pas mon secret et vous êtes trop loyal pour ne pas comprendre que je ne puis vous le révéler...

— Bien... bien... — dit Nicolas — mais il me semble que notre maîtresse a mis peu d'empressement à vous entendre, puisqu'au lieu d'écouter votre message elle a sonné de toutes ses forces et a crié à l'aide de tout ses poumons...

— Ceci est fort simple... — répliqua Lascars — madame la marquise s'est éveillée au moment où j'allais l'éveiller moi-même avec précaution... — la frayeur qui s'emparait d'elle ne lui a point permis de m'entendre...
— Elle m'a pris pour un malfaiteur... pour un assassin peut-être... Elle a perdu la tête — et, s'élançant sur moi, elle m'a saisi à la gorge... — Le respect m'empêchait d'employer la violence pour me dégager... — l'épouvante prêtait des forces irrésistibles aux faibles mains d'une femme... — j'ai cru mourir... — j'ai perdu connaissance... Lorsque je suis revenu à moi-même, j'étais prisonnier et entouré de monde... — Vous savez le reste...

Nicolas réfléchit pendant quelques secondes, puis il se mit à hocher la tête d'une façon significative. Cette manifestation inquiétante ne pouvait échapper au baron dont les regards investigateurs étudiaient le visage et les gestes de son gardien.

— Est-ce que vous ne me croyez pas ? — demanda-t-il vivement.

— Ma foi, non !... — répondit Nicolas. — Avec la meilleure volonté du monde, cela m'est tout à fait impossible...

— Pourquoi?

— Mais d'abord parce que votre récit est incroyable, et cette raison en vaut bien une autre... ensuite, parce qu'une idée m'est venue : — depuis un instant je me demande dans quel but vous m'avez raconté tout cela — et j'avoue que je ne trouve point...

— Dans quel but?... — s'écria Lascars.

— Oui.

— J'attendais cette question, jeune homme, et j'y vais répondre d'une façon triomphante... je vous ai accordé ma confiance dans le but de faire votre fortune...

Nicolas tressaillit sur la marche de pierre qui lui servait de siège.

— Ma fortune !... — répéta-t-il. — Peste ! — je voudrais vous croire... — par malheur vous n'avez guère la mine d'un homme qui fait la fortune des autres...

— Il ne faut jamais se fier à l'apparence ! — dit sentencieusement Lascars.

— C'est vrai, mais à quel propos m'enrichiriez-vous, moi que vous ne connaissez pas ?...

— Je vous enrichirai pour vous récompenser d'un service immense que j'attends de vous.

Nicolas sentit redoubler son incrédulité primitive.

— Ah ! ah !... — dit-il en ricanant — c'est fort bien !... — je vous vois venir !... — vous me prenez pour un imbécile, et vous allez m'offrir une grosse somme si je vous donne la clef des champs... — Pas trop mal inventé, monsieur le brigand, mais je vous préviens à l'avance que ça ne réussira pas... — Donc, cherchez ailleurs quelque dupe et ne me traitez plus comme un sot !...

— Jeune homme, vous vous lancez trop vite dans le champ des suppositions, — répliqua Lascars — la crainte d'être trompé vous égare !... — je n'ai rien de pareil à vous demander... — si vous me faisiez, en ce moment, l'offre de la liberté, je refuserais...

Nicolas resta stupéfait.

— Ah ! ca, définitivement — demanda-t-il — qu'est-ce que vous attendez de moi ?

— Le salut de votre maîtresse.

— Madame la marquise court donc un danger ?

— Un danger immense et que seul je puis prévenir.

— Comment ?

— En ayant avec elle un entretien cette nuit même..

— Un entretien avec notre dame !... — s'écria Nicolas — et cette nuit encore !... — allons, l'homme, vous devenez fou !... — vous savez bien que c'est impossible !...

— Non, cent fois non, ce n'est point impossible !... — il faut que ce soit et cela sera, si véritablement, comme vous le dites, vous êtes dévoué à la marquise d'Hérouville !...

— Je donnerais mon sang pour elle !... elle est si bonne, notre dame !

— Alors, vous n'hésiterez pas...

— Voyons, parlons raisonnablement !!! — De quelle façon cet entretien pourrait-il avoir lieu, à moins que je ne vous lâche, et je ne vous lâcherai pas, tenez-le pour certain ?...

— La marquise viendra me trouver ici... — répondit Lascars d'un ton ferme.

Nicolas haussa les épaules et regarda le baron avec une sorte de pitié. — Il commençait à se persuader que le captif avait bien réellement perdu la tête.

— Allez toujours... — murmura-t-il — on ne peut empêcher un fou de débiter ses folies.

— Ecoutez : — reprit Lascars. — Vous allez avoir la preuve immédiate que j'ai tout mon bon sens et que, depuis le commencement de cet entretien, je ne vous ai pas dit un mensonge.

— Je suis curieux de savoir comment vous me prouverez ça...

— Où est le couteau que vous a donné le valet de chambre ?

— Il est en haut de l'escalier.

— Allez le chercher.

Nicolas obéit et revint avec l'arme tranchante enlevée à la ceinture de Lascars.

— Soulevez ma souquenille — continua ce dernier et coupez les boutons de la veste informe qu'elle recouvre... — il y en a dix, chacun de ces boutons contient un double louis d'or de quarante-huit livres.

— Diable ! — mais cela fait un assez joli magot ! — s'écria Nicolas.

— Ces dix louis d'or, je vous les donne à l'instant poursuivit le prisonnier — et je vous promets une somme dix fois plus forte, si vous consentez à me venir en aide, sans engager votre responsabilité, sans manquer à un seul de vos devoirs, et en servant en même temps la marquise d'Hérouville.

XXXI

LE BILLET DE LASCARS

— Vous me donnerez ces dix doubles louis !... — murmura Nicolas dont la stupeur nous paraît plus facile à comprendre qu'à décrire...

— Ils sont à vous... — répondit Lascars — prenez-les...

— Et ce n'est pas de la fausse monnaie?

— Je vous le jure ! — d'ailleurs, rien ne vous empêche de vous en assurer cette nuit même...

— Et vous m'en promettez dix fois autant?

— Oui.

— Alors si, comme vous le dites, je puis vous servir sans me compromettre et sans manquer à aucun de mes devoirs, je serais bien sot de refuser pareille aubaine... que faut-il faire?

— Me procurer le moyen d'écrire un billet...

— A qui?

— A madame la marquise.

— J'ai justement dans ma poche un vieux porte-feuille... — on peut en détacher une page...

— C'est tout ce qu'il faut... — hâtez-vous.

Nicolas se gratta l'oreille.

— Mais j'y songe... — reprit-il avec embarras — il se présente une difficulté...

— Légère, sans doute?...

— Oh que nenni! — je la crois même insurmontable...

— Laquelle?... — demanda le baron non sans inquiétude.

— Pour écrire, il faut avoir les mains libres et les vôtres ne le sont pas...

— N'est-ce que cela?...

— C'est bien assez!

— Il dépend de vous que la difficulté disparaisse... — détachez pendant un instant les cordes qui me lient...

Nicolas fit un haut-le-corps, accompagné d'une grimace des plus expressives.

— Ah! pour cela — s'écria-t-il ensuite, — non! — cent fois non! — mille fois non!... j'aimerais mieux rendre les dix louis...

— Pourquoi donc vous cabrer ainsi à propos d'une chose tellement simple?... — avez-vous peur de moi?

— Oui, pardieu, j'en ai peur!... — Tout ce que vous venez de me dire peut fort bien n'être qu'un prétexte pour ravoir la liberté de vos mains et pour en abuser en me tordant le cou...

Lascars haussa les épaules.

— Si telle est en effet votre pensée, — répliqua-t-il — prenez vos précautions... mettez-moi dans l'impuissance de vous nuire...

— Comment?

— C'est facile... — déchirez une page de votre por-

tefeuille et placez-la sur mes genoux avec un crayon...
— Détachez ensuite mes mains et, tandis que j'écrirai, tenez vous à deux pas de moi, le pistolet braqué sur ma tête, prêt à me brûler la cervelle si je fais un mouvement suspect... — De cette façon vous tiendrez ma vie et vous n'aurez aucun risque à courir...

Après quelques secondes de réflexion Nicolas trouva cette proposition acceptable. — Il prépara la feuille de papier et le crayon ; — il dénoua les cordes qui serraient les poignets engourdis du captif, puis, effleurant presque du double canon de son pistolet les cheveux de ce dernier, il lui dit :

— Vous voilà satisfait !... — maintenant, dépêchez-vous !...

Le baron ne demandait qu'à faire vite. Il saisit avidement le crayon et il traça les lignes suivantes, en déguisant son écriture de manière à la rendre méconnaissable :

« Madame la marquise, au nom des événements ac-
» complis à Aix-la-Chapelle, au nom du baron Roland
» de Lascars, au nom de tous les souvenirs du passé,
» il faut que je vous parle ; — j'ai à vous révéler un
» secret d'où dépend votre repos, votre bonheur,
» l'avenir du marquis d'Hérouville et celui de vos deux
» enfants. — Si vous voulez éviter un immense scan-
» dale, si vous voulez détourner de vous une infortune
» irrémédiable, accordez-moi, sans perdre une minute,
» l'entretien que je sollicite. »

Lascars plia ce billet assez adroitement pour qu'il fut impossible de le déplier sans trahir une curiosité indiscrète, puis il dit à Nicolas :

— J'ai fini... — voici mes mains... — vous pouvez m'attacher de nouveau...

— Et maintenant, demanda le valet, lorsqu'il eut resserré les nœuds.

— Maintenant — répondit le baron — faites parvenir cette lettre à votre maîtresse...

— Vous êtes donc bien certain du résultat qu'elle doit produire?...

— Autant que je le suis d'être votre prisonnier...

— Et j'agirai dans l'intérêt de madame la marquise?...

— Vous acquerrez des droits à sa reconnaissance éternelle...

— Alors je porterai ce papier moi-même...

— Digne jeune homme — s'écria Lascars — votre récompense ne se fera point attendre!...

Nicolas y comptait bien!... — il prit le billet; il regagna la partie supérieure de la glacière, il appela Baptiste, qui montait la garde au dehors, à côté de la porte, et lui transmit la consigne de veiller à sa place sur le captif et de le tuer sans miséricorde s'il cherchait à s'enfuir; — ensuite, un peu inquiet, malgré tout, de l'immense responsabilité qu'il assumait sur sa tête, il prit le chemin du château, avec le plus ardent désir de ne point rencontrer Laurent, auquel il faudrait donner des explications embarrassantes.

Ce désir fut réalisé et Nicolas arriva sans encombre jusqu'à l'appartement de Pauline. Une des femmes de chambre le reçut dans le salon d'attente.

— Qu'est-ce que vous voulez? lui demanda-t-elle.

— Je voudrais parler à madame la marquise.

— Cette nuit! — s'écria la camériste.

— Tout de suite...

— C'est impossible.

— Pourquoi?...

— Madame est très souffrante... — Elle vient d'avoir une crise nerveuse... — Elle ne peut recevoir ni vous ni personne...

— Il faut cependant que je la voie — fit le valet avec insistance — je suis chargé pour elle d'une communication de la plus haute importance...

— Eh bien ! mon garçon, revenez quand il fera jour...

— Quand il fera jour, il sera trop tard... — répliqua Nicolas.

— Puisque la chose semble si pressée, dites-moi donc de quoi il s'agit et je m'acquitterai de votre commission auprès de madame...

— Je n'en ferai rien, car c'est un secret.

— Madame la marquise n'a point de secrets, — répondit sèchement la femme de chambre, — et, si elle en avait, vous n'en seriez pas le confident... — décidez-vous donc à parler, ou allez-vous-en car, je vous le répète, madame ne vous recevra certainement pas...

Nicolas comprit qu'il ne pouvait lutter contre la suprême importance d'une camériste favorite; — il prit son parti d'un air assez piteux et, tirant de sa poche le billet du baron, il le tendit à la femme de chambre en disant :

— Pour madame...

— De quelle part?...

Cette question fournit à Nicolas l'occasion de prendre sa revanche :

— Madame le verra sans doute en lisant... — répliqua-t-il — les affaires de madame ne regardent que madame... — Souvenez-vous seulement que c'est pressé et que j'attends la réponse...

— C'est bien... — murmura fort aigrement la camériste en franchissant le seuil de la chambre à coucher.

Pauline, étendue sur une chaise longue, et pâle comme une morte, ne parvenait point à se remettre des émotions terribles qu'elle avait subies. — Ses nerfs, tendus à se rompre, la faisaient cruellement souffrir et le moindre bruit lui causait des tressaillements douloureux.

— Un des valets du château vient d'apporter cette lettre pour madame la marquise; — dit la femme de chambre en s'approchant de sa maîtresse — je lui ai demandé de quelle part... — il a refusé de me répondre...

Pauline prit machinalement le billet de Lascars; elle le déplia et ses yeux se fixèrent sur son contenu d'une façon distraite, mais à peine eut-elle lu les premiers mots que ses pupilles se dilatèrent et que son visage offrit une indicible expression de stupeur et d'effroi. Elle dévora les quelques lignes tracées par le baron, et tout son corps se prit à trembler comme celui des fiévreux de la campagne de Rome, quand la *mal'aria* fait couler son poison mortel dans le sang apauvri de leurs veines.

— Mon Dieu! — s'écria la camériste, à qui ces symptômes inquiétants n'échappèrent point — mon Dieu! — est-ce que madame la marquise se trouverait plus souffrante?

Pauline ne répondit pas, — elle ne sembla même point entendre; — au bout de quelques secondes elle demanda, d'une voix presque éteinte:

— Où est le valet qui vous a remis ce billet?...

— Dans le salon d'attente de madame la marquise...

— Qu'il vienne...

— Vous pouvez entrer, Nicolas... — madame la marquise veut vous voir... — dit la camériste en ouvrant la porte.

Le jeune homme fit une entrée triomphante. Pauline reprit, en se tournant vers ses femmes.

— Passez dans le cabinet de toilette... je vous rappellerai lorsque j'aurai besoin de vous...

Nicolas accompagna d'un regard moqueur la sortie des caméristes. — Ce regard signifiait clairement :

— Chacun son tour! — le mien est venu... — on ne me recevrait pas, disiez-vous, et voici qu'on vous congédie pour rester avec moi !...

Pauline avait été brisée par les précédentes émotions.

— L'émotion nouvelle et foudroyante que lui envoyait sa mauvaise étoile parut la galvaniser. Elle quitta sa chaise longue, et se tenant debout devant Nicolas qui gardait une attitude respectueuse, elle lui dit :

— Répondez vite... qui vous a donné cette lettre pour moi?...

— Madame la marquise, c'est le prisonnier...

Pauline chancela.

— Le prisonnier ! — balbutia-t-elle — l'homme qui s'est introduit cette nuit dans mon appartement, dans ma chambre?

— Lui-même, madame la marquise... il m'a juré qu'en me chargeant de faire parvenir le billet que voilà, je rendrais un immense service à madame la marquise... Mon zèle pour les intérêts de madame ne me permettait pas de refuser cette mission... Mais si l'homme m'a trompé et si j'ai follement agi, je supplie madame de me pardonner... ma bonne intention et mon dévouement pourront peut-être me servir d'excuse...

— Vous avez bien agi, — répondit Pauline — et je ne vous reproche rien...

Nicolas devint radieux.

— Que Dieu soit loué ! — murmura-t-il.

— Parlez vite ! que s'est-il passé ?

XXXII

BONHEUR DE SE REVOIR!!! (VIEILLE CHANSON.)

Nicolas s'empressa de faire à la marquise le récit qu'elle lui demandait. — Il entra dans les moindres détails de son entretien avec le prisonnier ; — il répéta chacune des paroles échangées entre eux ; — il n'omit rien enfin, si ce n'est de mentionner les dix louis reçus et les cent louis promis. — Pauline, en écoutant cette narration longue et diffuse, éprouvait une émotion extraordinaire. — L'étonnement, la terreur et l'angoisse se peignaient tour à tour sur son visage bouleversé.

— Madame la marquise veut-elle me charger d'une réponse?... — demanda Nicolas lorsqu'il eut achevé.

— Non... — murmura la jeune femme après un instant de silence. — Je parlerai moi-même à cet homme.

— Madame la marquise me donnera-t-elle l'ordre d'amener au château le prisonnier ?

— Non... — répondit de nouveau et vivement Pau

line. — Où dites-vous qu'il est enfermé ?... — reprit-elle.

— Dans la glacière...
— J'irai le trouver là...

Nicolas ne put retenir un geste de surprise.

— Madame la marquise ne craint-elle pas ?... — commença-t-il.

— Je ne crains rien !... — interrompit Pauline.

En prononçant ces derniers mots elle frappa sur un timbre, ce qui fit aussitôt rentrer ses femmes.

— Jetez sur mes épaules un mante à capuchon... — dit-elle.

— Madame la marquise va donc sortir ? — demanda la première camériste stupéfaite.

— Oui.

— Madame veut-elle que je l'accompagne ?

— Non. — Restez dans cette chambre et veillez sur les enfants... je vous les confie...

Les femmes de chambre échangèrent un regard significatif, et chacune d'elles pensa :

— Décidément il se passe ici, cette nuit, d'étranges choses ! — Qu'est-ce que tout cela signifie ?...

Pauline s'enveloppa dans une longue mante de soie brune ; elle rabattit le capuchon sur sa tête, de manière à cacher en partie son visage — elle fit signe à Nicolas de la précéder, et elle sortit de son appartement, puis du château. — Au moment de s'enfoncer au sein des ténèbres elle eut un instant d'hésitation. — Le jeune valet s'en aperçut.

— Si madame la marquise le désire, j'irai chercher une lanterne dans les cuisines — dit-il.

— A quoi bon ? — Je connais le chemin... — Marchez le premier. — Je vous suis.

Au bout de quelques secondes, Nicolas et la marquise atteignirent la glacière.

— Qui va là ? — s'écria Baptiste depuis l'intérieur — on n'entre pas ! — Dites qui vous êtes, sinon je me servirai de mes armes !

— Imbécile ! c'est madame la marquise ! — répliqua l'ex-matelot en ouvrant la porte.

Baptiste resta pétrifié. — La présence de madame d'Hérouville en ce lieu et à cette heure, lui paraissait incompréhensible ; — il ne pouvait en croire ni ses yeux ni ses oreilles.

— Le prisonnier est-il attaché ? — demanda Pauline à son guide.

— Oui, madame, et solidement, j'ose m'en flatter — répondit ce dernier. — C'est moi-même qui ai fait les nœuds.

— Je n'ai, par conséquent, aucune violence à redouter de sa part ? — poursuivit la marquise.

— Absolument aucune. — D'ailleurs, Baptiste et moi, nous restons là et nous n'en bougerons pas.

— Vous allez à l'instant quitter la glacière l'un et l'autre — ordonna Pauline. — Vous vous tiendrez en dehors, auprès de la porte, et vous n'en franchiriez le seuil que si vous n'entendiez crier au secours.

— Eh quoi ! — balbutia Nicolas — madame la marquise veut rester seule avec cet homme ?

— Oui, je le veux. — Allez.

Un ordre donné de cette manière était indiscutable. — Les deux valets s'inclinèrent et sortirent.

— Ce que c'est pourtant que les maîtres ! — dit tout bas l'ex-matelot à l'oreille de son camarade ; — en voilà-t-il des cachotteries et des mystères ! — Qui aurait cru cela de madame la marquise ? — Penser qu'une si grande dame a pour connaissances des hommes de l'espèce de celui qui est là-dedans, et même qu'elle leur obéit au doigt et à l'œil ! — Foi de Nicolas ça me chavire la boussole et l'entendement ! — Et toi, Baptiste, qu'est-ce que tu penses ?. — Dis ton avis... — Ça sent-il bon ?...

— Oh ! moi — répondit Baptiste avec le ton sceptique et railleur d'un véritable enfant du dix-huitième siècle — je pense que les grandes dames ont des allures tout comme les autres, et même un peu plus que les autres !... Elles l'ont prouvé, chacun sait ça ! et elles le prouveront encore ! — C'est à la cour de Sa Majesté le roi qu'il faut voir ce qui se passe !

Cependant Pauline, tremblante et se soutenant à peine quoiqu'elle fit des efforts inouïs pour dompter son émotion, s'était avancée jusqu'au niveau de la plus haute marche de l'escalier. La lanterne abandonnée par Nicolas sur le sol dans la partie inférieure de la glacière laissait dans l'ombre le haut du visage de Lascars, mais éclairait de lueurs pâles ses haillons sordides et la longue barbe rousse tombant sur sa poitrine. Un étrange sourire, un sourire où se mêlaient à doses égales l'amertume et le triomphe, crispait les lèvres du prisonnier sous ses moustaches épaisses.

— Vous m'avez écrit, monsieur — murmura Pauline en faisant un appel à toute son énergie ; — et quoique la demande que vous m'adressiez fût étrange, je n'ai point voulu l'accueillir par un refus. — Mais, vous le comprenez aussi bien que moi, cet entretien doit être court. — Parlez donc. — Qu'avez-vous à m'apprendre ?...

Lascars se souleva à demi sur la paille.

— Madame la marquise — dit-il avec une ironie

qu'il ne cherchait guère à dissimuler — excusez-moi d'abord si je ne m'incline pas devant vous humblement et respectueusement ; — j'ai la bonne volonté, mais non le pouvoir de le faire... — Les liens dont vos valets m'ont chargé expliquent mon impuissance mieux que toutes les paroles du monde. — Permettez-moi de vous témoigner ensuite ma reconnaissance... — Je vous rends mille grâces d'avoir accueilli ma requête, et surtout d'avoir écarté les témoins indiscrets d'un entretien que nul ne doit entendre.

Pauline écoutait frémissante ; — des tressaillements convulsifs secouaient son corps ; — une angoisse indicible lui serrait le cœur.

— Oh ! cette voix ! — balbutia-t-elle lorsque le prisonnier eut achevé ses railleuses actions de grâces. — Cette voix ! mon Dieu ! cette voix !...

Lascars eut un éclat de rire.

— Madame la marquise — demanda-t-il ensuite — la reconnaîtriez-vous, par hasard ?

— C'est celle d'un homme qui n'existe plus... — murmura la jeune femme avec une sorte d'égarement.

— Un homme qui, peut-être, vous intéressait ? continua le baron.

— Toujours... toujours cette voix !... s'écria Pauline en appuyant ses mains sur son front comme pour y rappeler sa pensée, prête à s'enfuir — ma tête s'égare ! — je deviens folle ! — les morts sortent-ils du tombeau ?...

— J'en doute très-fort, madame — répliqua le baron — et d'ailleurs, s'il faut en croire les légendes de tous les temps et de tous les pays, les trépassés qui reviennent sur la terre sont des êtres immatériels, de purs esprits, des spectres, des fantômes... — Or, vous avez eu cette

15.

nuit même la preuve irrécusable que j'étais bien vivant.
— Mon cou porte vos marques, et les portera longtemps !... — Tudieu, que ces petites mains sont solides !
— Ah ! madame la marquise, si je suis encore de ce monde, franchement, ce n'est pas votre faute !
— Cette incertitude est horrible ! — se dit Pauline à elle-même — à tout prix, il faut en sortir... — il le faut ! je veux savoir ! je veux être sûre !

Puis, s'adressant au prisonnier toujours immobile dans le cercle faiblement lumineux dont il était le centre, elle demanda avec une apparente fermeté qui cachait une immense défaillance :

— Vous qui m'avez écrit au nom des souvenirs d'un passé maudit, en évoquant pour moi le nom du baron de Lascars, qui êtes-vous ?

— Madame la marquise — répliqua le captif — la distance qui nous sépare en ce moment est trop grande et me contraint à parler trop haut. Veuillez descendre les marches de cet escalier — lorsque vous serez à côté de moi, je vous répondrai.

Pauline, semblable à une somnambule que la volonté de son magnétiseur fait agir sans qu'elle ait conscience de ses actes, obéit passivement à l'injonction du prisonnier et descendit les marches.

— Me voilà près de vous — dit-elle d'une voix à peine distincte — parlez.

— Vous voulez savoir qui je suis ? — commença Lascars.

— Je le veux.

— Prenez cette lanterne et maintenez-la pendant quelques secondes à la hauteur de ma figure.

Pauline obéit de nouveau et fit ce que son interlocuteur lui disait de faire. Lascars éleva non sans peine jusqu'à son cou ses poignets étroitement liés. Il saisit des deux mains sa fausse barbe, dont il rompit les attaches par une brusque saccade et, se montrant ainsi à visage découvert, il s'écria :

— Regardez maintenant, madame la marquise, et peut-être reconnaîtrez-vous l'homme comme déjà vous avez reconnu la voix.

Pauline jeta les yeux sur cette figure soudain démasquée et poussa un sourd gémissement.

— C'est lui !... — balbutia-t-elle éperdue — mon Dieu, Seigneur, mon Dieu, prenez pitié de moi !

— Oui, baronne, c'est parfaitement moi ! — répondit Lascars avec un effrayant sourire — et le diable m'emporte, chère et fidèle épouse, si vous paraissez enchantée de me revoir !...

Pauline n'entendait pas ces paroles. — Elle était littéralement foudroyée. — Elle se sentait perdue... — Son anéantissement complet ne laissait plus de place en son âme que pour la souffrance, une souffrance aiguë, poignante, inexprimable, et elle répétait à demi-voix, sans même savoir que ses lèvres articulaient des sons :

— Vivant ! il est vivant !

— Oui, mordieu ! — reprit Lascars — bien vivant, je vous assure — et très disposé à vivre longtemps ! — Vous m'avez cru mort, chère baronne, et peut-être même, permettez-moi de vous le dire, vous êtes-vous trop hâtée de vous déclarer veuve et de porter mon deuil... — que diable ! un homme n'est pas forcément parti pour l'autre monde, parce qu'il passe quelque temps sans donner de ses nouvelles dans celui-ci... — Au moment de notre séparation, les circonstances étaient critiques pour moi — vous devez vous en souvenir... — la justice me poursuivait par erreur — (ces coquins de gens de loi n'en font jamais d'autres !...) — Je fus contraint, pendant cinq ou six mois, de me tenir coi et caché, mais aussitôt mes affaires mises en bon ordre, je revins au Faucon-Blanc pour vous y chercher... Mon cœur bondissait d'espoir et d'amour en arrivant à Aix-la-Chapelle, car je vous adorais, baronne, parole d'honneur, comme à vingt ans ; — d'ailleurs, n'alliez-vous pas me donner un fils ?... — Hélas ! quel coup cruel m'attendait ! — Vous aviez disparu ! — je cherchai vos traces ! — impossible de les retrouver ! — je versai bien des larmes — je maudis une vie où désormais j'allais me trouver seul, et j'appelai de toutes mes forces la mort qui ne m'obéit pas ! — Depuis six ans, j'ai mené l'existence d'une âme en peine — d'un tourtereau dépareillé, vous attendant toujours — vous demandant à tous les échos !... — les souffrances que j'ai subies attendriraient un cœur de rocher !... — Mais, à quoi bon parler de ces choses ? le passé n'est plus qu'un rêve ! — J'oublie les chagrins évanouis !... — Au diable, les mauvais jours et les souvenirs moroses !... Mon étoile brille au ciel et l'avenir est radieux, puisque je vous retrouve et qu'avec vous reviendra le bonheur !

Après cette longue tirade, débitée d'un ton tour à tour moqueur, sentimental et passionné, Lascars se tut et fixa sur Pauline ses yeux étincelants avec une expression diabolique. Ainsi doivent briller les prunelles du serpent lorsqu'il fascine sa proie frémissante qui se débat vainement et qui va périr. — La jeune femme demeurait immobile et muette ; elle semblait changée en statue de marbre.

— Chère baronne, — reprit Lascars en riant — le

silence a son éloquence, du moins les chansons l'affirment, mais je craindrais de tomber en quelque grave erreur si j'essayais d'interpréter le vôtre.... Est-ce donc la joie de me revoir qui vous immobilise ainsi?

XXXIII

PAULINE ET LASCARS

Les dernières paroles du misérable arrachèrent violemment Pauline à sa torpeur.

— Monsieur de Lascars, — balbutia l'infortunée — cessez une comédie infâme qui ne saurait tromper personne !... Vous avez tendu librement, volontairement, le piège dans lequel je suis tombée il y a six ans !... Vous avez tout arrangé, je le comprends, mais trop tard hélas ! pour me faire croire à votre mort !

— Et, quand cela serait ? — demanda le baron avec impudence.

— Cela est, osez-vous le nier ?

— Eh bien ! oui, j'en conviens, cela est, et vous me devez des actions de grâce, après tout, car vous rendre veuve c'était vous rendre heureuse, et les larmes versées sur moi n'ont pas terni beaucoup l'éclat de vos beaux yeux !... — vous faisiez profession à mon endroit, chère baronne, d'un amour modéré.

— Je connaissais les devoirs d'une honnête femme,

monsieur, je savais les remplir ; je souffrais sans me plaindre. Votre retour est un coup de tonnerre... Il me foudroie... il me brise... il me tue...

— A la bonne heure ! — s'écria Lascars avec un farouche ricanement — à la bonne heure ! c'est de la franchise !

— Eh ! — répliqua Pauline emportée par son indignation — puis-je éprouver pour vous d'autres sentiments qu'une haine profonde et qu'un profond mépris ?... — Vous me faites horreur ! — votre existence n'est qu'un long tissu de mensonges et d'infamies ! — Un crime nous avait séparés — c'est un crime qui nous rassemble ! — oui, un crime, car enfin pourquoi vous êtes-vous introduit cette nuit dans ma maison ?... — Pourquoi, si mon brusque réveil n'avait entravé vos projets, alliez-vous m'enlever mon fils ?

— Parce que votre enfant bien-aimé dans mes mains, chère baronne, devenait pour moi le gage le plus sûr du rapprochement que je souhaite.

— Un rapprochement ! — répéta Pauline — un rapprochement entre nous, misérable ! — vous savez bien que c'est impossible !

— Impossible, dites-vous ! — allons donc ! — nous sommes unis par des liens sacrés et indestructibles !

— Les liens maudits qui nous enchaînaient n'existent plus ! — vous les avez rompus vous-même en vous faisant passer pour mort !

— Vous parlez en ce moment comme une enfant ! — répliqua Lascars — Vous ne connaissez rien de la loi et vous prenez vos rêves pour des réalités ! — Le mariage est indissoluble, aussi longtemps que les époux vivent. — Or, vous avez la preuve que je suis bien vivant.

— Je possède votre acte mortuaire, émané des magistrats d'Aix-la-Chapelle, et j'ai dû le produire pour la célébration d'un second mariage.

— Erreur ne fait pas compte ! — mon acte mortuaire ne prouve qu'une seule chose, la sottise de ceux qui l'ont rédigé... Certes, vous étiez de bonne foi, je ne prétends point le contraire, mais vous n'en êtes pas moins ma femme !

Pauline cacha son visage dans ses deux mains.

— Votre femme — balbutia-t-elle — non ! cent fois non ! — je suis la marquise d'Hérouville.

— Vous êtes la baronne de Lascars, votre second mariage est nul et vous n'avez qu'un fils légitime, le mien, celui qui doit porter mon nom...

Les sanglots de la malheureuse femme éclatèrent ; son cœur bondissait dans sa poitrine, ainsi qu'un oiseau captif, et son corps se tordait comme un sarment jeté sur des braises ardentes. Lascars laissa pendant quelques minutes un libre cours à ce poignant désespoir ; puis, lorsqu'il lui sembla que la crise diminuait d'intensité, il reprit :

— A quoi bon ces larmes et ces gémissements ? — On ne lutte point contre les faits accomplis. — Soumettez-vous donc à ce qui est irrévocable. — Maudissez ma résurrection, je le veux bien, mais acceptez-la !

Pauline, par un étrange phénomène, reprit soudainement sa fermeté, son énergie, sa force morale, qui paraissaient à jamais brisées.

— Tout n'est peut-être pas perdu sans ressources — se dit-elle.

Alors elle se dressa, elle essuya des deux mains, par un geste brusque, les pleurs qui baignaient ses joues pâles, et, regardant Lascars bien en face, elle lui demanda :

— Qu'attendez-vous de moi ?

— Ma liberté d'abord, répondit le baron.

— Et ensuite ?

— Ensuite, nous verrons.

— Et, si je refuse de vous rendre libre ?

— Vous ne refuserez pas, baronne, je vous défie de refuser.

— Pourquoi ?

— Parce que la réflexion, bonne conseillère, vous dira d'éviter l'effroyable scandale auquel rien ne pourrait plus vous soustraire si vous n'obéissiez point à ma volonté.

— Vous parlez d'un scandale. — Je ne vous comprends pas.

— Je vais me faire comprendre ; voici de quelle façon se passeraient les choses si je restais votre prisonnier : — le jour paraît — le marquis revient de Versailles — il m'interroge — je refuse de répondre — il me livre à la justice qui me fait mon procès, sous le prétexte que je me suis introduit pendant la nuit dans une maison habitée, avec effraction, escalade, etc. — J'attends l'heure solennelle de l'audience publique — je comparais devant le tribunal, et, comme il ne me plaît point de me laisser condamner à quinze ou vingt ans de galères en qualité de voleur nocturne, je proclame bien haut mon nom, je prouve mon identité, enfin je démontre victorieusement que je venais reprendre chez le marquis d'Hérouville, Pauline Talbot baronne de Lascars, et l'enfant légitime issu de mon mariage avec elle. — Il me semble qu'à cela les juges n'auront rien à répondre, et qu'ils s'empresseront de proclamer mon innocence et de me rendre la clef des champs. Qu'en pensez-vous, baronne ?...

Pauline atterrée ne répondit pas. Roland poursuivit

— Ce n'est pas tout : — aussitôt libre, second procès, mais cette fois c'est moi qui l'entame... — Je suis plaignant et non plus accusé ; — je mets en cause M. d'Hérouville et vous-même... Je m'inscris en faux contre l'acte de décès d'Aix-la-Chapelle, je réclame ma femme et mon fils, et comme la loi est la loi, on ne peut me refuser de me les rendre.

— Ah ! — balbutia Pauline — la loi serait donc bien infâme !

— Infâme ! répliqua Lascars en riant — et pourquoi cela, s'il vous plaît... — elle se montrera juste, au contraire, en restituant à César ce qui appartient à César... — D'ailleurs, si vous voulez, changeons le dénouement, et supposons que, contre toute vraisemblance, contre toute équité, les juges annulant la première union vous laissent au second époux... — Quel tapage fera le procès ; — les causes célèbres s'en empareront aussitôt !... — Traduit dans toutes les langues, il retentira dans l'Europe entière ! il ira plus loin encore... il accomplira le tour du monde ! — que pensez-vous de l'éclat ajouté par ce bruit immense au beau nom d'Hérouville ?... — que pensez-vous de la joie du marquis, possesseur à la face de l'univers d'une femme dont le premier mari se porte à merveille et mène une vie *accidentée* ?... — Croyez-vous que son amour, son bonheur et le vôtre survivront à cette catastrophe ?... — Vous ne répondez rien, chère Pauline, et

bien vous faites, car vous n'en croyez pas un mot !...
— Quant à mon fils, je n'en parle point... — La question, en ce qui le touche, est indiscutable... La loi, les hommes, et Dieu lui-même, seraient impuissants à me l'enlever... — Rien ne peut m'empêcher de le prendre puisqu'il est à moi, de l'élever à mon école, de le former à mon image, enfin, pour tout dire en un mot, de le rendre digne de son père.

Cette pensée fit frémir Pauline et son âme révoltée se souleva ; — elle parvint cependant à rester calme en apparence.

— Vous croyez avoir tout prévu, monsieur... — dit-elle — vous vous trompez.

— Ai-je donc, par hasard, oublié quelque chose ? demanda Lascars en souriant.

— Oui...

— Alors, poussez la courtoisie jusqu'à me venir en aide, chère baronne, car j'ai beau chercher, parole d'honneur, je ne trouve rien...

— Vous avez oublié le cas où je dirais au marquis d'Hérouville : — « L'homme à qui j'avais le malheur
» d'appartenir, l'infâme que, tous deux nous avons
» cru mort, existe ! — il s'est introduit par la violence
» dans votre château... — il est prisonnier, — il est
» en vos mains... — décidez de lui... sauvez-moi... sauvez-nous !... »

Lascars, sans témoigner la moindre émotion, se mit à rire aux éclats.

— Trop tard, chère Pauline ! — dit-il ensuite — oui, trop tard ! — il n'est plus temps d'agir utilement ainsi !... Sans doute monsieur d'Hérouville, présent au château cette nuit et prévenu par vous, aurait pu, séance tenante, me brûler très bien la cervelle, et je

me plais à penser qu'il aurait eu l'intelligence de le faire, mais à présent ses mains sont liées. — Tous vos valets savent que le captif est entré vivant dans la glacière de votre parc... — Tous, ils en déposeraient au besoin, et, si votre second mari trouvait convenable et commode de se débarrasser de moi avec une balle ou un nœud coulant, il ne s'échapperait d'un mauvais pas que pour se jeter dans un plus mauvais ! — quant à me faire disparaître sans me tuer, je ne crains rien...
— Le temps des cachots souterrains, des donjons inaccessibles et des ténébreuses oubliettes est passé et ne reviendra plus ! — il faudra dès demain matin me montrer mort ou vif aux gens de loi, et tout grand seigneur que soit le marquis, les juges du Châtelet lui demanderaient compte de mon cadavre.

A ces paroles succéda un instant de silence pendant lequel on n'entendit que la respiration haletante et entrecoupée de Pauline.

— Vous le voyez — reprit Roland de Lascars — toutes les éventualités sont prévues, même celles qui vous semblaient favorables !... — Rien au monde — (si je ne m'échappe) — ne peut arrêter le procès, et par conséquent le scandale... — Réfléchissez et décidez-vous... — le temps presse...

Le parti de Pauline était pris déjà.

— Si je vous rends la liberté, — balbutia-t-elle — comment expliquerais-je votre fuite, et quel prétexte pourrais-je donner à l'entretien que je viens d'avoir avec vous?

— Ne vous inquiétez en aucune façon d'expliquer ma fuite... — répliqua le baron — Vis-à-vis du monde vous n'en serez point complice, et vous n'en aurez connaissance officiellement qu'au point du jour par le rapport de vos valets. — Quant à l'entretien qui vient d'avoir lieu, vous pourrez dire tout ce qui vous passera dans l'esprit, je prends l'engagement formel de ne jamais vous donner de démenti ! — Allons, chère baronne, hâtez-vous !.. — Chaque minute qui s'écoule ajoute au danger que nous courons tous deux.

— Ce danger — reprit la jeune femme — n'en planera pas moins sur ma tête, malgré votre fuite ! — vous n'êtes point homme à renoncer à des projets funestes... — Dès demain, dès ce soir peut-être, il vous plaira de provoquer le scandale dont vous me menaciez tout à l'heure.

Lascars contraignit son visage mobile à grimacer un hypocrite repentir.

— Pauline — dit-il, — vous me jugez mal... — je ne vaux pas grand chose, je le sais, mais je suis cependant moins mauvais que vous ne semblez le croire... En m'introduisant dans ce château j'avais, il vrai, l'intention formelle de vous contraindre par tous les moyens à revenir à moi... — Cette intention n'existe plus... — Votre désespoir m'a touché !.. — J'ai compris que vous arracher au bonheur présent serait prononcer votre arrêt de mort. — A quoi me servirait d'être votre bourreau ? — vivez donc, et vivez tranquille... — Vous n'avez, je le jure, rien à craindre de moi.

— Si vous êtes sincère — s'écria madame d'Hérouville — je vous pardonne du fond du cœur tout ce que j'ai souffert par vous, et je demande à Dieu de vous pardonner comme je le fais...

— Je suis sincère, Pauline... vous en aurez la preuve...

— Et mon fils aîné... — murmura la jeune femme,

reprise d'une angoisse inexprimable — mon fils aîné... notre fils... vous me le laissez, n'est-ce pas?

— Mon Dieu, que ferais-je de cet enfant? — répliqua Roland — pour lui je ne suis rien ; — il ne me connaît pas — il ne saurait m'aimer ; — il est d'ailleurs mille fois mieux dans vos mains que dans les miennes... Gardez-le donc et ne tremblez plus... — Non seulement je vous le laisse, mais encore je renonce pour l'avenir à tous mes droits sur lui... Le baron de Lascars, à partir de cette heure, est mort et bien mort ; — la marquise d'Hérouville peut dormir en paix ! — vous le voyez, madame, le sacrifice est complet et vous devez être contente de moi.

Pauline, en entendant le baron de Lascars parler ainsi, ne conserva ni doute ni défiance ; — elle se sentit revivre ; — un flot de reconnaissance inonda son âme et elle s'écria :

— Je vous crois, Roland, je vous crois et je vous bénis ! Dieu vous avait fait bon ! votre cœur redevient ce qu'il était jadis !.. — Vous venez de chasser mes terreurs et de rendre la paix à mon âme ! cela vous sera compté ! — une noble action efface bien des fautes ! — votre avenir, je l'espère de toute mon âme, rachètera votre passé...

— Mordieu ! — répliqua Lascars — je l'espère de mon côté, madame la marquise, et j'y compte très fermement ! — mais le temps passe, le jour approche, au nom de tous les saints du paradis, faites-moi libre !

— Vous avez raison — répondit Pauline — le temps presse !.. il faut que vous soyez libre à l'instant. Comment dois-je agir pour cela ?

— Détachez les liens qui serrent étroitement mes

poignets... Une fois mes mains dégagées, je me charge du reste...

La jeune femme se mit à l'œuvre sans perdre une seconde, mais aussi sans obtenir le résultat convoité avec tant d'ardeur par le prisonnier. Nicolas, l'ex-matelot, avait travaillé en conscience et ne s'était point exagéré le mérite et la solidité de ses nœuds. — Cette solidité, nous devons le dire, ne laissait rien à désirer, et pouvait faire concurrence au classique nœud gordien tranché par Alexandre. Pauline se brisa vainement les ongles sur les entrelacements des cordelettes; — rien ne bougea; — le chanvre tordu conserva son inflexible rigidité, malgré les efforts de la marquise.

— Je ne peux pas!.. — mon Dieu, je ne peux pas! — murmura-t-elle après avoir continué pendant quelques minutes ses inutiles tentatives.

En présence de cet insuccès complet, Lascars commençait à s'inquiéter sérieusement et son visage devenait d'une pâleur effrayante.

— Vous n'en viendrez jamais à bout de cette façon! — dit-il enfin d'une voix sourde.

— Mais alors, — comment m'y prendre?..

— Dénouer est impossible... — il faut trancher.

— Avec quoi?

— Peut-être trouverez-vous dans la partie supérieure de la glacière, auprès de l'escalier, un couteau qui vient de moi et dont s'était armé mon gardien.

Pauline prit la lanterne et gravit les marches. — Le premier objet qui frappa ses regards fut le couteau dont Roland venait de parler.

— Je le tiens! fit-elle avec un accent de triomphe.

Lascars poussa un soupir de soulagement.

— Vite ! — vite ! — reprit-il en tendant ses poignets, — appuyez ferme, et coupez les nœuds !

La marquise fut obligée de s'y reprendre à trois fois, mais enfin les cordes mordues par l'acier craquèrent et se rompirent. — Les mains du captif étaient libres !

— Donnez, donnez maintenant ! dit-il, le reste ira tout seul !

Il saisit le couteau ; d'un seul coup il dégagea ses chevilles des entraves qui les chargeaient ; — ensuite il se dressa péniblement et fut obligé de s'appuyer contre la muraille pour ne pas tomber ; — ses jambes, engourdies par les liens, refusaient de supporter le poids de son corps.

— Qu'avez-vous donc ? — demanda Pauline avec un nouvel effroi, car elle craignait autant que Lascars lui-même de voir échouer cette fuite qui devait la soustraire au plus terrible, au plus imminent des périls. — Qu'avez-vous donc?.. — répéta-t-elle, — vous semblez frappé d'impuissance et de paralysie !

— Oh ! soyez sans inquiétude, répondit le baron — ce n'est rien... — Dans quelques secondes la circulation du sang sera rétablie et je reprendrai toute ma force et toute ma souplesse pour sortir d'ici.

En ce moment la marquise se reprit à frissonner... — pour la première elle songeait aux deux hommes qui faisaient faction au dehors, et qui certes ne laisseraient point sans résistance échapper le prisonnier.

— Sortir d'ici ! — balbutia-t-elle — mais comment?... ne savez-vous donc point que deux hommes sont là, derrière la porte, bien armés... prêts à faire feu.

— Ne vous préoccupez nullement de ces hommes — répondit Lascars en souriant, — je vous affirme qu'ils ne m'inquiètent en aucune façon...

— Vous n'avez point l'intention, j'espère, d'employer contre eux la violence ?

— Je m'en garderai bien !

— Vous me jurez que pas une goutte de sang ne coulera ? poursuivit fiévreusement Pauline. Vous me jurez que mes gens n'ont rien à craindre ?

— Je vous le jure... — Non seulement je ne malmènerai pas vos valets, mais encore ils ne s'apercevront de ma fuite que lorsqu'il sera beaucoup trop tard pour me rattraper, et cela, grâce à vous, madame la marquise.

— Grâce à moi ? répéta la jeune femme étonnée.

— Oui... grâce à votre collaboration active et discrète... — Voici ce qu'il faudra faire... écoutez-moi bien... n'oubliez aucune de mes instructions et je réponds de tout...

Les instructions données par Lascars à Pauline furent courtes et rassurèrent complètement la jeune femme ; une rencontre entre le fugitif et ses gardiens devenait impossible, par conséquent aucune scène de violence et de sang n'était à craindre.

— Adieu, monsieur... — dit alors la marquise au baron, en se disposant à quitter la partie inférieure de la glacière — j'espère ne plus vous revoir en ce monde, mais je me souviendrai toute ma vie qu'il a dépendu de vous de briser à jamais mon bonheur, et que vous ne l'avez pas fait... Je prierai chaque jour pour vous, monsieur de Lascars, et si Dieu daigne exaucer mes prières, vous serez heureux !

— Pauline — demanda Roland de ce même ton hypocrite que nous lui avons vu prendre déjà — nous sommes au moment de nous séparer pour toujours...

Ne me tendrez-vous pas votre main, en signe de pardon et d'oubli?

— Non, monsieur — répondit fermement Pauline — j'ai pardonné, vous le savez bien, et l'oubli du passé est dans mon cœur !... mais ma main ne m'appartient plus et ne doit point toucher la vôtre.

— Que votre volonté soit faite, — murmura le baron en étouffant un soupir et en grimaçant un sourire — allez, madame... que Dieu vous protège !... — ah ! je possédais un trésor inestimable, et je l'ai follement perdu !... — J'ai commis de grandes fautes et j'en suis puni !... C'est justice !... l'expiation est méritée mais elle est cruelle !... adieu encore... adieu pour toujours !...

Pauline très-émue gravit rapidement les degrés et se dirigea vers la porte sans tourner la tête en arrière. Roland la suivit d'un regard chargé d'ironie et de menaces, et ces paroles sinistres vinrent expirer sur ses lèvres :

— Ce n'est pas un *adieu* qu'il fallait me dire, pauvre folle, car nous nous reverrons, marquise d'Hérouville !... — Oui, nous nous reverrons bientôt !... aujourd'hui j'ai baissé la tête !... — il fallait reconquérir à tout prix ma liberté perdue !... — Maintenant je suis libre et je parlerai haut !

Pauline avait atteint la porte de la glacière. — Elle frappa deux petits coups contre les massifs panneaux de chêne, et Nicolas s'empressa d'ouvrir.

— Que le bon Dieu soit béni !... s'écria-t-il. Enfin voilà madame la marquise !... madame est restée si longtemps là-dedans avec le scélérat, que nous commencions presque à prendre pour, Baptiste et moi.

— Et, que pouviez-vous craindre, mes amis ?... — demanda la jeune femme à demi-souriante et le cœur gonflé de joie, car elle appréciait d'autant mieux l'immensité de son bonheur qu'elle avait été plus près de le perdre.

— Ah ! — reprit Nicolas — nous savions bien qu'il n'y avait pas de danger et que le brigand, ficelé comme une carotte de tabac, ne remuerait ni pieds ni pattes, mais c'est plus fort que soi, on s'inquiète toujours !.. Dam ! c'est naturel, ces malfaiteurs-là sont si malins !... Bref, j'avais l'oreille collée au trou de la serrure, attendant toujours pour voir si madame la marquise ne nous appellerait pas à l'aide. — Dans des moments on parlait fort, et je me disais : — *Ça se gâte ! Nicolas, tiens-toi sur tes gardes, mon garçon !*... Mais j'avais beau prêter l'oreille, madame la marquise ne criait point.

— On parlait fort ! — murmura Pauline devenue tout à coup pâle comme une morte — qu'avez-vous entendu ?

— Pas un mot, madame la marquise — répliqua le valet — j'en jure sur mon saint patron !... — On entendait les voix très-bien, mais quant à ce qu'elles disaient, bernique !

Pauline respira.

— Présentement — continua l'ex-matelot — Baptiste va reconduire madame la marquise au château, et je rentrerai dans la glacière pour reprendre ma faction auprès du brigand.

— C'est inutile... — répondit la jeune femme.

Nicolas crut avoir mal entendu.

— Madame la marquise me fait l'honneur de me dire ? — demanda-t-il.

— Je vous dis qu'il est inutile de rentrer dans la glacière... — laissez dormir en paix ce malheureux qui n'est pas, je crois, un bien redoutable scélérat. Contentez-vous d'exercer au dehors une active surveillance.

— Cependant, madame la marquise... commença Nicolas.

— Eh bien, qu'y a-t-il ?

— Notre responsabilité.

— Je vous en dégage, — interrompit Pauline — ou du moins, je veux la partager avec vous... fermez cette porte à double tour.

— C'est fait, madame la marquise.

— Donnez-moi la clef, — maintenant.

— Madame la marquise, la voici.

— C'est bien, je garde cette clef, et je la remettrai moi-même à M. d'Hérouville au moment de son retour.

Pauline venait de suivre de point en point les instructions de Lascars ; — leur résultat devait être, on le comprend, et fut en effet d'assurer à ce dernier une complète liberté d'action dans l'intérieur de la glacière. Pauline, après avoir mené à bien ce petit coup d'Etat, refusa de se laisser accompagner, soit par Nicolas, soit par Baptiste, et reprit seule, à travers les ténèbres, le chemin du château, où elle arriva au bout de quelques minutes sans avoir fait de fâcheuse rencontre.

XXXIV

LE FEU PURIFIE !

— Eh bien ! Baptiste, qu'est-ce que tu dis de tout ça ? — murmura l'ex-matelot à l'oreille de son camarade, lorsque le bruit léger des pas de la marquise eût cessé de se faire entendre dans l'éloignement.

— Dam ! — répliqua Baptiste — je dis que c'est drôle tout de même, et que je n'y comprends goutte...

— Faut croire que le scélérat en avait long à conter à madame la marquise ! — poursuivit Nicolas — ils jabotaient tous deux là-dedans, que c'était une bénédiction !...

— Et maintenant madame la marquise ne veut plus qu'on entre dans la glacière !

— Sous prétexte de laisser dormir ce brave homme de brigand ! — Est-ce que tu trouves ça naturel ?

— Oh ! que nenni ! — c'est des mystères à n'en plus finir, ces choses-là !...

— Une vraie bouteille à l'encre, quoi !

— Sais-tu le plus clair de la chose, toi, Baptiste ?

— Ma foi, non... mais, quand tu me l'auras dit, je le saurai... — dis-le moi donc.

— Eh bien ! le plus clair, c'est qu'à la place de monsieur le marquis je ne serais pas content.

— Eh ! qui te dit qu'il le sera ? — je crois, moi, qu'il ne rira guère.

— Laisse-moi donc tranquille, camarade ! — madame la marquise est une fine mouche... — elle racontera ce qu'elle voudra et monsieur n'y verra que du feu.

— Dam ! tout de même c'est bien possible !... — les maris sont bâtis de cette façon, depuis que le monde est monde, et ils ne changeront jamais !...

Laissons les deux valets se livrer, selon la coutume de leurs pareils, à toutes sortes de commentaires saugrenus et de suppositions malveillantes, et rejoignons Lascars dans son cachot improvisé. Aussitôt que la marquise eut gravi les marches de l'escalier, le baron, dans la crainte que l'un de ses gardiens franchît indiscrètement le seuil, s'étendit sur le paillasson comme si des liens intacts serraient encore ses membres et paralysaient ses mouvements. Tout en conservant cette attitude, il prêtait l'oreille, et bientôt il entendit, avec un frémissement de joie, qu'on fermait la porte à double tour et qu'ensuite on retirait la clef de la serrure.

— Allons — pensa-t-il — tout va bien ! — Pauline exécute la consigne avec un zèle digne d'un meilleur sort ! Une porte solide me protége !... — je puis agir désormais sans aucune crainte d'être surpris.

En se disant ce qui précède, Lascars bondit sur ses jambes et, la lanterne d'une main, le couteau de l'autre, il atteignit en deux élans la partie supérieure de la glacière.

— Je n'ai que peu de temps pour préparer ma fuite !

— reprit-il en jetant autour de lui un rapide coup d'œil. — Heureusement la besogne ne sera ni longue ni malaisée !... Vive Dieu, celui qui pour prison m'a donné cette baraque était un homme selon mon cœur !

Jamais, en effet, depuis qu'il existe des prisons et des prisonniers, l'évasion ne fut plus facile; un quart d'heure, tout au plus, devait suffire pour la mener à bien. La glacière — (nous l'avons dit dans l'un des chapitres qui précèdent) — était un petit pavillon circulaire, coiffé d'un toit de chaume en forme de champignon. Ce chaume, d'une grande épaisseur pour résister victorieusement aux rayons du soleil, reposait sur les solives de la charpente, qu'une douzaine de poutrelles entrecroisées et tenant lieu de plafond séparaient du sol. Il s'agissait tout simplement d'escalader ces poutrelles, (manœuvre dont un enfant de dix ans se serait acquitté sans peine), puis de pratiquer dans la toiture un trou suffisant pour livrer passage à un homme. Une fois sur le champignon — nous voulons dire sur le toit — il ne resterait au fugitif qu'à se laisser glisser jusqu'à terre et à faire preuve de vitesse. On voit que l'évasion future de Lascars ne devait ressembler ni de près ni de loin aux évasions célèbres des Benvenuto Cellini, des Latude, des Casanova, et de tant d'autres immortels captifs. Le baron grimpa lestement sur le plafond à claire-voies dont nous avons parlé. — Il attaqua le chaume à l'aide de la lame bien affilée de son couteau, et il ne lui fallut que quelques minutes pour percer une ouverture carrée, large de deux pieds dans tous les sens. Ceci fait, et au moment où il allait se glisser par cette ouverture et prendre la clef des champs, une idée soudaine et triomphante lui traversa l'esprit. Il redescendit aussitôt, pour mettre cette idée à exécution ; il ouvrit sa lanterne et il se dit avec un sourire d'une expression diabolique :

— Je vais causer une bien grande joie à cette pauvre marquise qui se croira délivrée à tout jamais de moi ! Ah ! je donnerais beaucoup pour voir sa figure, tout à l'heure, quand un valet empressé lui portera la bonne nouvelle !...

Nous prions nos lecteurs de vouloir bien se souvenir que les murailles de la glacière étaient revêtues à l'intérieur d'une triple rangée de paillassons.

— Avant cinq minutes, — pensa Roland — tout ceci ne sera qu'une fournaise auprès de laquelle les feux de l'enfer pâliront ! — Le moyen, s'il vous plaît, de trouver trace d'un corps humain au milieu du cratère d'un gouffre incandescent ? — Les flammes auront tout dévoré, la chair et les os du prisonnier !... — La ci-devant baronne de Lascars, lorsque je reparaîtrai devant elle qui deux fois m'aura cru mort, sera prête à jurer que je suis immortel, ou que, nouveau phénix, je renais de ma cendre !...

Après ce court monologue Roland alluma quelques poignées de paille et les dispersa le long des murailles, à la base des paillassons, en ayant soin de laisser libre l'endroit par lequel il devait s'échapper. Il gravit ensuite les poutrelles, escalada le toit, s'élança sur le sol et prit la fuite dans la direction de la petite porte que nous connaissons. Il n'est aucun de nos lecteurs qui n'ait assisté, au moins une fois dans sa vie, à l'embrasement volontaire ou accidentel d'une meule de paille, donc personne n'ignore que le feu, mis en contact avec le plus inflammable des combustibles, se développe en quelques secondes d'une manière vraiment foudroyante et fait de si rapides progrès que nulle puissance humaine ne saurait l'empêcher d'accomplir jusqu'au bout son œuvre de dévastation. Il en fut ainsi dans la glacière. L'incendie attaché par Lascars au revêtement de paille du pavillon éclata soudainement comme un baril de poudre, et le fugitif avait à peine eu le temps d'atteindre l'allée sombre longeant le mur d'enceinte, que déjà des gerbes de feu s'échappaient de la toiture. Nicolas et Baptiste, appuyés en face l'un de l'autre aux deux montants de la porte éprouvèrent une immense surprise mêlée de terreur, et crurent à quelque phénomène surnaturel, lorsque les ténèbres se dissipèrent à l'improviste autour d'eux et furent remplacées sans transition par les rayonnements d'une clarté rouge et sinistre. — Nicolas fit le signe de la croix.

— Grand saint bon Dieu ? — s'écria-t-il — qu'est-ce que c'est que ça ?

— Pour sûr et certain — répondit Baptiste en tremblant de tout son corps — c'est le diable d'enfer qui vient délivrer le prisonnier.

— Saint Nicolas, mon puissant patron, protégez-moi ! — reprit l'ex-matelot avec ferveur.

— Sauvons-nous... — balbutia Baptiste.

Les deux hommes allaient, en effet, chercher le salut dans la fuite, lorsqu'une pluie d'étincelles les enveloppa de toutes parts et leur fit comprendre qu'ils se trouvaient en présence d'une catastrophe toute matérielle et non d'une intervention diabolique. Cette certitude ranima le courage de Nicolas. Il leva la tête et vit les langues rouges de l'incendie dévorant le toit de chaume.

— Miséricorde ! — s'écria-t-il — la glacière est en feu !...

— Comment donc ça peut-il se faire ? — demanda Baptiste.

— C'est bien simple ! — répliqua l'ex-matelot, le prisonnier en *se bougeant* aura renversé la lanterne, la lanterne aura mis le feu au paillasson, et maintenant tout flambe... — on dirait des fagots de la Saint-Jean !...

— Bonté divine ! ce malheureux homme va rôtir !...

— Oh ! ça doit être une chose finie ! — Je suis sûr qu'il ressemble présentement à un morceau de boudin oublié sur le gril.

— N'es-tu pas d'avis, camarade, qu'il faudrait essayer de le sauver ?...

— Un brigand de cette espèce n'en vaut guère la peine ! cependant on peut essayer tout de même... mais comment faire ?

— Entrons là-dedans.

— Impossible, puisque madame la marquise a pris la clef.

— Enfonçons la porte.

Nicolas et Baptiste — (nous devons leur rendre cette justice), — ne négligèrent rien pour atteindre le but qu'ils se proposaient. — Ils réunirent toutes leurs forces et toute leur énergie ; ils attaquèrent à grands coups d'épaules les ais de chêne retentissants ; — ce fût en vain... — ils ne parvinrent même pas à les ébranler.

— Nous ne faisons rien qui vaille ! — dit Nicolas au bout d'un instant — nous n'avançons ni peu ni beaucoup ! — il faudrait des haches !... — Cours au château et amène les camarades.

Baptiste ne se fit pas répéter deux fois cet ordre ; — prit rapidement le chemin des cuisines et revint au bout de quelques minutes, accompagné de tous les valets portant des haches et des maillets. Ils arrivèrent trop tard! quelques pas à peine les séparaient encore de la glacière au moment où la charpente tout entière s'écroula ; — les murailles la suivirent dans sa chute ; — un immense jet de flammes monta vers le ciel, puis s'éteignit, les ténèbres reprirent possession de l'espace, et le pavillon ne présenta plus qu'un entassement informe de débris fumants. — Les valets s'arrêtèrent, frappés d'épouvante.

— *De profundis!* — murmura Nicolas — le pauvre diable a vécu!...

— Ah! — s'écria une voix — brûlé vif!... — quelle horrible mort!

— Le fait est — répliqua l'ex-matelot — que si ce malheureux homme n'avait mérité que la potence, il est trop sévèrement puni! — Enfin, nous n'y pouvons rien, et nous serions bien sots de nous tourmenter, puisque tout cela n'est pas notre faute! — il ne reste maintenant qu'à prévenir madame la marquise... et je m'en charge.

— C'est pourtant moi qui perds le plus à cette catastrophe! — reprit-il à voix basse en regardant le château. — Les cent louis promis par le prisonnier viennent de s'en aller en fumée ; — mais bah! — il me reste dix beaux louis doubles, et ça vaut toujours mieux que rien.

Laurent, le valet de chambre de Pauline, se renfermait dans un silence plein de dignité et se contentait de s'avouer à lui-même que sans l'étrange caprice de madame la marquise détruisant ce qu'il avait fait et anéantissant les consignes données par lui, le déplorable événement qui venait de s'accomplir n'aurait point eu lieu!...

XXXV

LA FIN DE LA NUIT

A la suite des coups de tonnerre retentissant avec une effrayante rapidité pendant cette nuit terrible, madame d'Hérouville, en proie à une ardente fièvre du corps et de l'âme, ne songea même pas à se mettre au lit ; — elle savait trop bien que le sommeil s'obstinerait à fuir ses paupières, et elle voulait veiller jusqu'au jour auprès de ses fils endormis. — Il faudrait la plume d'un maître pour analyser les pensées confuses qui se succédaient en s'entrechoquant dans l'esprit bouleversé de la marquise, et la faisaient passer par de brusques alternatives d'espoir et de découragement, de confiance et de terreur. Tantôt Pauline se persuadait que Lascars ne réussirait point à s'échapper de la glacière, et qu'elle ne pourrait éviter la douleur et la honte de voir en face l'un de l'autre l'homme qu'elle méprisait le plus au monde et l'homme qu'elle aimait de toutes les puissances de son âme ; — celui dont elle avait été la femme ou plutôt la victime, et celui dont elle était la compagne heureuse et respectée !... — tous deux ayant sur elle des droits égaux, des droits sacrés !... Or, si la fatalité implacable mettait en présence Lascars et le marquis, le bonheur de Pauline devait infailliblement s'anéantir à jamais !... — Il ne resterait à la malheureuse femme qu'à demander à la tombe ou qu'à chercher au fond d'un cloître un refuge contre une infortune sans remède. La marquise se disait cela, des larmes amères et brûlantes s'échappaient de ses paupières rougies, et ses mains convulsives meurtrissaient sa poitrine.

Soudain le vent tournait ; — la réaction s'opérait ; — madame d'Hérouville ne doutait plus de la fuite du baron ; — elle se rappelait chacune de ses paroles ; — elle s'efforçait de croire à la sincérité de son repentir. — Alors, son cœur battait moins vite, son oppression diminuait, et parmi les sombres nuages qui lui cachaient l'avenir une éclaircie lumineuse apparaissait. Ces lueurs d'espérance étaient d'ailleurs de courte durée. — Le doute revenait presque aussitôt, amenant avec lui de nouvelles angoisses, et Pauline frémissante se demandait :

— Tiendra-t-il sa parole? — Lui, l'incarnation vivante du mensonge, ne s'est-il point fait un jeu de me tromper encore par de décevantes promesses?... — Son cœur est-il vraiment changé?... — L'homme qui me torturait lâchement jadis aura-t-il aujourd'hui pitié de moi ?...

Tandis que la jeune femme se posait ces questions, d'autant plus irritantes qu'elles étaient insolubles, Lascars prenait la clef des champs, la glacière incendiée flamboyait comme une botte d'allumettes, et Nicolas s'apprêtait à venir rendre compte à sa maîtresse des événements accomplis. La camériste de Pauline n'essaya plus, comme la première fois, de l'éloigner en lui refusant obstinément la porte. — Elle s'empressa de prévenir sa maîtresse que Nicolas demandait à lui parler, et madame d'Hérouville donna l'ordre d'introduire sur-le-champ le jeune valet. L'allure de ce dernier était singulièrement contrainte, et sa physionomie exprimait l'embarras le plus vif au moment où il entra dans la chambre à coucher.

— Comment se fait-il que, malgré mes ordres, vous ayez quitté votre poste ?... — lui demanda Pauline.

— Si j'ai quitté mon poste, c'est que... c'est que j'apporte à madame la marquise une mauvaise nouvelle... — balbutia Nicolas.

— Une mauvaise nouvelle !... — répéta la jeune femme dont un frisson glacial effleura l'épiderme.

— Mon Dieu ! oui, madame la marquise !... — Un grand malheur vient d'arriver, mais je jure bien à madame que ni Baptiste ni moi nous n'en sommes fautifs... — Ça c'est la vérité la plus vraie...

— Expliquez-vous ! — Quel est ce malheur ?... — Le prisonnier s'est-il échappé ?

— Ah ! madame la marquise, ceci ne serait rien !...

— Parlez !... mais parlez donc !...— s'écria Pauline, — vous me faites mourir d'impatience !...

— Eh bien, madame, poursuivi Nicolas, — le feu a pris à la glacière, et cela sans qu'il nous soit possible de comprendre de quelle manière il a été allumé.

— La glacière est en feu ?...

— Hélas !... la glacière n'existe plus ! Telle était la violence de l'incendie, qu'au bout de quelques minutes, tout s'est écroulé et, au moment où je parle, charpentes et murailles ne forment qu'un monceau de débris fumants.

— Grand Dieu !... le prisonnier ?...

— Madame la marquise avait emporté la clef avec elle... — La porte, fermée à double tour, a résisté à nos efforts. — Bref, nous n'avons pu secourir le pauvre diable, dont il me semble encore entendre les cris déchirants. — Ah ! madame la marquise, c'était à fendre le cœur !...

Nicolas, parfaitement certain de n'être point démenti, jugeait convenable d'ajouter de son cru les *cris déchirants* du captif, afin d'introduire dans son récit un élément de pittoresque et de pathétique. Pauline se tordait les mains.

— Enfin, madame la marquise, — continua l'ex-matelot d'un ton lugubre, — il a péri dans la fournaise !...

— Dieu veuille avoir son âme !...

— Ah ! le malheureux ! le malheureux ! — murmura la jeune femme d'une voix brisée — comme il a dû souffrir !...

— Par bonheur il n'a pas souffert longtemps... — hasarda Nicolas. — Cric ! crac ! — le temps de tourner la main... plus personne !

Pauline fit signe au valet de se retirer, et dès qu'elle se trouva seule elle se laissa tomber à genoux devant un prie-Dieu de velours rouge, surmonté d'un magnifique Christ d'ivoire.

— Seigneur, Seigneur, — balbutia-t-elle, — vous êtes le Dieu juste, le Dieu terrible, et vous êtes en même temps le Dieu de miséricorde et de bonté !... — Celui qu'a frappé votre main puissante était un grand coupable, mais il vient d'expier ses fautes par la plus effroyable de toutes les tortures !... — Vous avez puni, Seigneur ! — pardonnez maintenant ! — Roland de Lascars n'existe plus ! — Son supplice rachète sa vie ! — Ses lèvres ont murmuré des paroles de repentir que lui dictait son âme !... — Ce repentir suprême doit plaider pour lui près de vous !... — Accueillez-le, Seigneur !... ouvrez-lui la porte du ciel !

Pauline se releva et, s'approchant de ses fils qu'elle contempla longuement, elle ajouta tout bas :

— Oh ! mes enfants, mes chers enfants bien-aimés, Dieu vient de sauver votre mère !... — Il vous la rend... mais à quel prix ! ! !

Une haute glace de Venise, encadrée dans les rinceaux dorés de la boiserie, se trouvait derrière les berceaux. — La marquise jeta sur cette glace un regard distrait ; — elle vit son image s'y refléter ; — son pâle visage semblait sculpté dans un bloc de marbre incolore, mais un feu sombre brillait sous ses longs cils encore humides, et sur son front rayonnait une sorte d'auréole étrange. — Pauline frissonna.

— Mon Dieu ! — s'écria-t-elle, — n'ai-je donc plus d'entrailles ?... — Que se passe-t-il dans mon âme ?... — Ma pensée secrète m'épouvante ! — La hideuse mort de cet homme me cause une joie farouche, et je me fais horreur à moi-même !...

C'était la vérité. — Madame d'Hérouville, après le premier moment d'émotion et de pitié, s'efforçait en vain de trouver au fond de son cœur un regret sincère de la catastrophe qu'elle croyait accomplie. — Elle ne pouvait verser une larme ; — elle se sentait enfin contrainte de s'avouer à elle-même que, s'il lui suffisait de prononcer un mot pour rendre la vie à Lascars, ce mot elle ne le dirait pas.

— Je suis complice de l'incendie, puisque je ne l'aurais point arrêté !... murmura Pauline avec épouvante.
— J'ai l'infâme volonté du meurtre, puisque, pouvant sauver ce malheureux, je le laisserais mourir !... Mon Dieu, mon Dieu... prenez pitié de moi !...

C'en était trop pour la malheureuse femme. — Brisée par des chocs successifs, elle ne put supporter le dernier coup que lui portait la délicatesse exquise jusqu'à l'exagération de son admirable nature.

Les forces de l'âme et du corps lui manquèrent à la fois. — Elle perdit connaissance et tomba sur le tapis à côté des deux berceaux. Ses femmes accoururent au bruit de sa chute et s'empressèrent de la relever, mais toutes leurs tentatives pour la tirer de son profond évanouissement restèrent inutiles. — Elles la déshabillèrent, la mirent au lit, et l'un des valets courut chercher un médecin à Saint-Germain. Il était grand jour quand le docteur mandé en toute hâte arriva au château de Port-Marly. — La marquise venait de reprendre ses sens, mais une fièvre ardente se déclarait, accompagnée de délire, et cette fièvre offrait tous les symptômes d'une affection cérébrale des plus dangereuses. Le médecin, homme de bon conseil et de quelque savoir, jouissait d'une clientèle nombreuse et nullement aristocratique. — Il expérimentait volontiers *in anima vili*, ainsi qu'il le disait familièrement, mais lorsqu'il se vit au chevet d'une grande dame comme la marquise d'Hérouville, le cas lui parut grave, la responsabilité l'effraya ; il douta pour la première fois de son mérite, il hocha la tête et il demanda :

— Où se trouve présentement monsieur le marquis ?
— A Versailles, auprès du roi, — lui répondit Laurent.

— Quand doit-il revenir ?
— Nous l'attendons dans l'après-midi.
— Il ne s'agit pas de l'attendre, — reprit le médecin, — il faut lui dépêcher un exprès afin qu'il revienne au plus vite.
— Madame est donc en grand péril ? — s'écria Laurent consterné.

Le docteur fit un signe affirmatif et continua :
— Il faudrait en même temps faire prévenir le médecin habituel de madame la marquise. — Je ne connais point le tempérament de la malade, et je ne puis par conséquent prendre sur moi de mettre en œuvre une médication énergique...
— Le médecin en titre de mes maîtres habite Paris.
— Eh bien ! qu'on coure à Paris sans perdre une minute ! — Qu'on crève des chevaux si cela est nécessaire, mais qu'on arrive... — Le temps presse et je ne réponds de rien...

Pauline était adorée de tous les gens de sa maison. — La pensée que leur bonne maîtresse courait un danger donna des ailes aux valets. — Deux d'entre eux montèrent à l'instant les plus rapides chevaux de l'écurie de Tancrède, et partirent à franc étrier ; — l'un se dirigea vers Paris, l'autre prit la route de Versailles. Le marquis d'Hérouville fut glacé d'étonnement et d'effroi à la vue d'un domestique à sa livrée, accourant pâle, les vêtements souillés de poussière et d'écume ; — il faillit tomber foudroyé lorsqu'il apprit la fatale nouvelle... Il refusa d'attendre qu'on mit les chevaux à son carrosse ; — il s'élança sur le coureur arabe qui venait d'apporter son valet, et il le fit bondir et voler du côté de Port-Marly avec la plus effrayante impétuosité. Epuisé par cette allure folle, le généreux

animal tomba sans vie à quelques pas des grilles du château. Tancrède aimait ce rapide enfant du désert, et cependant il ne donna ni un regard, ni un regret à son cadavre encore palpitant... — il était arrivé !...
— Que lui importait la mort d'un cheval?... Il dégagea ses pieds des étriers; — il traversa rapidement les cours, franchit les escaliers et ne s'arrêta que dans la chambre à coucher de Pauline, à côté du lit en désordre sur lequel s'agitait sa femme bien-aimée, en proie au délire de la fièvre, murmurant des paroles indistinctes, des mots interrompus, et frappant l'air de ses deux mains, comme pour éloigner de sa couche une vision funeste, un fantôme effrayant.

XXXVI

VIVE LA FOLLE ORGIE ET LA NAPPE ROUGIE !...
(*Chœur d'opéra.*)

Le marquis d'Hérouville, à demi fou de désespoir, saisit les mains brûlantes de sa femme; — il les appuya contre son cœur; — il les couvrit de baisers en s'écriant :

— Pauline, chère Pauline, au nom du ciel, au nom de notre amour, reviens à toi ! — Regarde-moi, je t'en conjure ! Dis-moi que tu me reconnais !... — Dis-moi qu'aucun danger ne menace ta vie !...

Mais Pauline restait insensible aux accents de cette voix si chère et ses lèvres continuaient à balbutier des phrases sans suite enfantées par le délire.

— Hélas ! — murmura le médecin — madame la marquise ne peut ni vous entendre ni vous répondre...

— Ah ! — reprit M. d'Hérouville — si elle meurt, je veux mourir !...

Ce fut pendant une heure une scène déchirante. — Tancrède sentait sa tête s'égarer; — il sanglotait comme un enfant; — il se frappait la poitrine; — il appelait le ciel à son aide... — les assistants pleuraient à chaudes larmes... — on eût dit que tout espoir était perdu et que déjà la mort implacable avait achevé son œuvre! Enfin un grand bruit de chevaux et de grelots se fit entendre dans la cour d'honneur, et un carrosse s'arrêta devant le perron du château. Le docteur Louis, médecin par quartier du Roi, de son Altesse Royale le Dauphin, et de plus investi de toute la confiance du marquis d'Hérouville, venait d'arriver de Paris en poste.

Tancrède quitta le chevet de la malade et courut à sa rencontre.

— Sauvez-la, docteur! — lui cria-t-il en se jetant dans ses bras — sauvez-la! — ma fortune et ma vie sont à vous si vous la sauvez!

— Du calme, monsieur le marquis... — répondit le médecin illustre — tout ce que peut faire un homme, je le ferai... — vous n'en doutez pas...

— Je sais, docteur, que votre savoir est immense et presque infaillible... je sais que votre dévouement est sans bornes, aussi je compte sur vous comme je compterais sur Dieu lui-même...

— Dieu seul est tout puissant! — murmura le médecin, tandis que Tancrède l'entraînait dans la chambre à coucher.

Après avoir appuyé sa main pendant quelques secondes sur la veine et sur le front de Pauline, le docteur demanda :

— Madame la marquise éprouvait-elle depuis quelques jours des symptômes alarmants?...

— Je n'en ai remarqué aucun... — répondit Tancrède — je me suis séparé de ma femme hier dans l'après-midi... — Elle semblait jouir de la meilleure santé...

17.

— Soupçonnez-vous la cause de cette crise terrible?

Le marquis secoua la tête négativement. — Il ignorait les événements nocturnes dont son château venait d'être le théâtre, et aucun des valets ne s'était senti le courage de l'arracher aux poignantes préoccupations de sa douleur pour l'instruire des faits accomplis.

— Quand êtes-vous revenu? — reprit le docteur.

— Il y a une heure à peine...

— Eh! bien, en votre absence, il a dû survenir quelque catastrophe de nature à déterminer chez madame la marquise une soudaine et violente perturbation des facultés physiques et morales...

Tancrède se tourna vers le valet de chambre de Pauline pour l'interroger.

— Monsieur le docteur ne se trompe point... — répondit Laurent — il s'est passé cette nuit, ici, d'étranges choses...

— Quelles sont ces choses? — demanda vivement le médecin. — Parlez!... — il importe que je sache tout...

Laurent s'empressa de raconter dans ses moindres détails le drame auquel nous avons fait assister nos lecteurs. Tancrède l'écoutait avec une stupeur indicible, et se demandait tout bas :

— Est-ce un rêve?...

— Je comprends maintenant! — reprit le docteur Louis, lorsque Laurent eut achevé son récit, — à l'heure du danger madame la marquise a fait preuve d'un courage surhumain... — Elle a poussé ce courage jusqu'à l'héroïsme dans la lutte victorieuse soutenue par elle pour sauver son enfant, mais, presque sans exception, la nature fait payer de façon cruelle tout abus des forces vitales ! — Vous en avez sous les yeux un douloureux exemple... — Madame la marquise expie la grandeur de son dévouement maternel ! — Les plus hautes cimes attirent la foudre ! — Cette mère sublime est terrassée par le mal !

Des torrents de larmes coulaient sur les joues pâles de Tancrède. Il saisit la main du docteur Louis et il balbutia d'une voix presque éteinte :

— Vous la sauverez, n'est-ce pas?...

— Je l'espère, monsieur le marquis ! — répondit le médecin dont les paupières étaient humides — le péril est immense, il faut que je l'avoue... mais je crois à la justice de Dieu et, quand bien même un miracle serait nécessaire pour sauver cette noble femme, je ne désespérerais point encore !...

. . . .

§

Après avoir quitté le parc par la petite porte pratiquée dans la muraille de clôture et lorsqu'il eut refermé cette porte derrière lui, Lascars essoufflé par sa course rapide, certain d'ailleurs désormais qu'il ne risquait plus d'être poursuivi, s'arrêta pour reprendre haleine. L'incendie de la glacière projetait dans l'espace ses clartés rouges et sinistres, et mettait des reflets intermittents sur les feuillages et sur les troncs des vieux arbres... Le baron se frotta les mains et son visage prit une expression joyeuse...

— Décidément — se dit-il — lorsqu'il m'est arrivé de me plaindre de mon étoile, j'ai fait preuve d'une impardonnable ingratitude ! Jamais créature humaine ne fut, plus que moi, constamment favorisée ! — Tout me réussit ici-bas ! — j'achève à peine de dévorer une fortune, que déjà une nouvelle source de richesse m'arrive du ciel ou de l'enfer ! — je me jette comme un fou dans des situations impossibles où tout autre périrait cent fois pour une !... — j'en sors, et j'en sors triomphant ! — il y a moins d'une heure, j'étais prisonnier, et, selon toute apparence, irrévocablement perdu ! — me voici libre, et maître de l'avenir ! — Pauvre marquise, elle me croit rôti, et se garde bien, je le parierais, de donner une larme à ma cendre ! — Pour la seconde fois la voilà veuve d'un mari vivant ! — Mort de ma vie elle va faire un beau rêve !... — mais gare au réveil !

Lascars étendit sa main droite vers le château de Port-Marly avec un geste moitié railleur, moitié menaçant, puis il descendit sans se presser la pente douce de la colline et, certain d'avance qu'il ne trouverait plus au pied de la berge les bateaux plats des Pirates de la Seine, il prit le chemin du Bas-Prunet. Arrivé en face de l'auberge du Goujon-Aventureux, il fit halte. Les portes et les volets du Cabaret-Rouge étaient soigneusement clos. — Aucune lueur, même la plus pâle, ne s'échappait par leurs fissures.

— Sauvageon dort là-dedans du sommeil du juste ! — se dit Lascars en riant ; — l'éveillerai-je ? — à quoi bon ? J'aurais quelque remords de troubler un repos qui l'arrondit si bien !...

Le baron traversa la route, sauta dans l'un des canots amarrés le long de la berge qui faisait face au Cabaret-Rouge, assujettit les avirons et mit le cap sur le Moulin-Noir. En vertu des sévères règlements de discipline introduits par le prétendu Joël Macquart dans la troupe de bandits dont il était le chef, chaque nuit une sentinelle, relevée de deux heures en deux heures, faisait le guet sur la plus haute marche du petit embarcadère, avec la consigne de donner l'alarme si quelque embarcation suspecte se présentait pour aborder. Lascars fit glisser son canot parmi les pilotis de l'estacade; — il atteignit l'embarcadère et mit pied à terre sans qu'une voix criât :

— Qui va là ?

Surpris et irrité de cette infraction aux usages établis le baron gravit les marches en se promettant de punir sévèrement le factionnaire distrait ou endormi; mais il s'aperçut bien vite que personne ne montait la garde. En même temps un grand tapage de voix criardes, un tumulte inouï de chants, de vociférations, de blasphèmes, s'échappant de l'intérieur même du Moulin-Noir, frappèrent ses oreilles. A ce tumulte se mêlait le bruit particulier des gobelets agités sur la table, des bouteilles entrechoquées.

— Que se passe-t-il donc ici? — se demanda Lascars — est-il possible, est-il vraisemblable que ces bandits aient choisi pour faire orgie la nuit même où leur chef lâchement abandonné par eux, se trouve prisonnier?... car enfin ils ignorent que je suis redevenu libre...

Curieux de savoir d'une façon positive à quoi s'en tenir avant de se présenter à ses hommes, le baron fit le tour du vieux bâtiment et, s'aidant des anfractuosités de la muraille et des lierres entrelacés qui remplaçaient tant bien que mal une échelle, il se hissa jusqu'au niveau d'une des fenêtres éclairant la grande salle occupée jadis par les blutoirs et les meules, et convertie en dortoir et en réfectoire pour les pirates... Lascars eut bientôt la preuve que ce qui lui paraissait invraisemblable était parfaitement vrai. — Les bandits faisaient orgie !... Au milieu de la table un tonneau de vin trônait sur un chantier improvisé à l'aide d'un chevalet à scier le bois. — Son robinet mal fermé laissait couler goutte à goutte sur la nappe une partie de son contenu... — Tout à l'entour se pressaient des cruches à demi pleines, entremêlées de flacons d'eau-de-vie et de bouteilles de liqueur. Chacun des bandits avait en outre à côté de lui sa cruche particulière et sa bouteille spéciale auxquelles il donnait de fréquentes et de longues accolades... Lascars ne pouvait entendre distinctement les paroles prononcés au milieu du brouhaha général, mais l'ivresse éclatait dans les attitudes des buveurs, dans leurs gestes bizarres et violents, et surtout dans l'expression exaltée ou bestiale des visages pourpres et livides. Les caves du Moulin-Noir renfermaient un notable approvisionnement de barriques de vin, de tonnelets d'eau-de-vie et de paniers de liqueurs, provenant du pillage de bateaux marchands faisant route vers Paris, mais le baron, sachant à merveille que les fureurs ou les abrutissements de l'ivresse sont incompatibles avec toute discipline, ne confiait à personne les clefs des caves et faisait monter en sa présence, chaque matin, la quantité de vin et de spiritueux nécessaires aux repas de la journée. Or, la première action des bandits, aussitôt qu'ils s'étaient vus sans chef et livrés à eux-mêmes, avait été de forcer les serrures ou de briser les portes qui sauvegardaient les dangereux liquides, et de se plonger à corps perdu dans les excès de la plus abjecte ivrognerie... Le baron haussa les épaules avec dégoût.

— Si ces misérables n'avaient pas à leur tête un homme tel que moi, — murmura-t-il — avant quinze jours ils seraient pendus depuis le premier jusqu'au dernier...

Tout à coup, et au moment où Lascars allait quitter son poste d'observation, il se fit dans la salle un mouvement imprévu. Le lieutenant Liseron, qui depuis quelques minutes semblait ruminer un grand projet, se dressa sur ses jambes titubantes et, soutenu par deux de ses collègues presqu'aussi avinés que lui, parvint à escalader la table, au milieu de laquelle il se tint debout, grâce au tonneau qui lui servit de point d'appui...

FIN DU PREMIER VOLUME DES PIRATES DE LA SEINE

TABLE DES CHAPITRES

I.	— Une lettre.	1
II.	— Gretchen.	9
III.	— Le serment des Capellen.	17
IV.	— Le roi est mort, vive le roi !	25
V.	— Le commissaire général.	33
VI.	— Chez Pauline.	40
VII.	— Une visite inattendue.	49
VIII.	— Le frère et la sœur.	63
IX.	— Tancrède et Pauline.	72
X.	— Le cabaret rouge.	80
XI.	— Deux anciennes connaissances.	86
XII.	— Une terreur à Bougival.	101
XIII.	— Coup d'œil rétrospectif.	109
XIV.	— Les invisibles.	116
XV.	— Une soirée au Moulin-Noir.	123
XVI.	— Capitaine et lieutenant.	130
XVII.	— L'allée sombre.	138
XVIII.	— Au château.	146
XIX.	— Un cœur qui lutte.	153
XX.	— Le colporteur.	166
XXI.	— Au Moulin-Noir.	175
XXII.	— Pressentiments.	184
XXIII.	— La soirée.	190
XXIV.	— En avant !	200

XXV.	— La nuit.	208
XXVI.	— Une mère.	214
XXVII.	— Résurrection	220
XXVIII.	— Le prisonnier.	228
XXIX.	— La glacière	235
XXX.	— Lascars à l'œuvre.	243
XXXI.	— Le billet de Lascars	250
XXXII.	— Bonheur de se revoir !!! (vieille chanson)	257
XXXIII.	— Pauline et Lascars.	266
XXXIV.	— Le feu purifie.	281
XXXV.	— La fin de la nuit	288
XXXVI.	— Vive la folle orgie et la nappe rouge (chœur d'opéra).	2961

FIN DE LA TABLE DU PREMIER VOLUME

ÉMILE COLIN. — IMPRIMERIE DE LAGNY.

Original en couleur
NF Z 43-120-8

www.ingramcontent.com/pod-product-compliance
Lightning Source LLC
Chambersburg PA
CBHW071509160426
43196CB00010B/1463